**Kohlhammer
Urban**
-Taschenbücher

Band 673

Grundriss der Pädagogik/ Erziehungswissenschaft

Band 13

Herausgegeben von
Werner Helsper, Jochen Kade,
Christian Lüders und Frank-Olaf Radkte

Bereits erschienen:

Band 2
J. Abel/R. Möller/K.P. Treumann
**Einführung in die
Empirische Pädagogik**

Band 3
Diehm/F.-O. Radtke
Erziehung und Migration
Eine Einführung

Band 11
J. Kade/D. Nittel/W. Seitter
**Einführung in die
Erwachsenenbildung/
Weiterbildung**

Band 15
Sigrid Nolda
Pädagogik und Medien

Band 16
Georg Peez
**Einführung in die
Kunstpädagogik**

Band 19
Friedrich Schweitzer
Pädagogik und Religion

**Zu folgenden Themen werden
weitere Bände der Reihe folgen:**

- **Einführung in die
  Schulpädagogik**
- **Einführung in die
  Sozialpädagogik**
- **Integrative Pädagogik**
- **Pädagogik und Philosophie**
- **Pädagogik und Soziologie**
- **Pädagogik und Psychologie**
- **Pädagogik und Sport**

Ulrich Heimlich

Integrative Pädagogik

Eine Einführung

Verlag W. Kohlhammer

Dieses Werk einschließlich aller seiner Teile ist urheberrechtlich geschützt. Jede Verwendung außerhalb der engen Grenzen des Urheberrechts ist ohne Zustimmung des Verlags unzulässig und strafbar. Das gilt insbesondere für Vervielfältigungen, Übersetzungen, Mikroverfilmungen und für die Einspeicherung und Verarbeitung in elektronischen Systemen.

Alle Rechte vorbehalten
© 2003 W. Kohlhammer GmbH Stuttgart
Umschlag: Data Images GmbH
Gesamtherstellung:
W. Kohlhammer Druckerei GmbH + Co. Stuttgart
Printed in Germany

ISBN 3-17-016476-1

Inhaltsverzeichnis

Inhaltsverzeichnis 5

Vorwort 9

Integrative Pädagogik im Rahmen der Erziehungswissenschaft – eine Einleitung 13

1	**Integration entwickeln – Arbeitsfelder integrativer Pädagogik**	23
1.1	Tageseinrichtungen für Kinder (Elementarbereich).	25
1.1.1	Praxis gemeinsamer Erziehung im Elementarbereich	26
1.1.2	Bausteine gemeinsamer Erziehung im Elementarbereich	28
1.1.3	Organisation gemeinsamer Erziehung im Elementarbereich	30
1.1.4	Unterstützungssysteme gemeinsamer Erziehung im Elementarbereich	35
1.2	Allgemeine Schule (Primar- und Sekundarbereich)	45
1.2.1	Praxis des gemeinsamen Unterrichts	46
1.2.2	Bausteine des gemeinsamen Unterrichts.	51
1.2.3	Organisation des gemeinsamen Unterrichts.	54
1.2.4	Unterstützungssysteme für gemeinsamen Unterricht	67
1.3	Berufliche Integration	72
1.3.1	Indirekte berufliche Integration.	74
1.3.2	Direkte berufliche Integration.	77
1.4	Integrative Lebenswelten	79
1.4.1	Integrative Wohnungen	81

1.4.2	Integratives Wohnumfeld	84
1.5	Zusammenfassung: Integrationsnetzwerke	85
2	**Gemeinsamkeit erfahren – Handlungskonzepte integrativer Pädagogik**	**87**
2.1	Integrative Spielförderung	88
2.1.1	Integrative Spielsituationen	88
2.1.2	Methoden integrativer Spielförderung	90
2.2	Integrative Didaktik	95
2.2.1	Prinzipien des gemeinsamen Unterrichts	95
2.2.2	Formen des gemeinsamen Unterrichts	98
2.2.3	Integrative Lernsituationen im Rahmen einer »Bildung für alle«	100
2.3	Integrative Schulentwicklung	103
2.3.1	Pädagogische Schulentwicklung und Integration	104
2.3.2	Integrative Schulentwicklung als Projektlernen	106
2.3.3	Qualitätssicherung und Evaluation in der integrativen Schulentwicklung	108
2.4	Integrative Diagnostik	110
2.4.1	Kind-Umfeld-Analyse	111
2.4.2	Kooperative Lernbegleitung	114
2.5	Integrative Beratung	117
2.5.1	Grundlagen integrativer Beratung	117
2.5.2	Prozessmodell integrativer Beratung	118
2.6	Normalisierung	122
2.6.1	Elemente und Ebenen des Normalisierungskonzepts	123
2.6.2	Entwicklungsperspektiven des Normalisierungskonzepts	125
2.7	Zusammenfassung: Integrative Erfahrungen	127

3	**Voneinander lernen – Theoriemodelle integrativer Pädagogik**	129
3.1	Behinderung und Integration – begriffliche Klärung	131
3.1.1	Von der Behinderung zum sonderpädagogischen Förderbedarf	131
3.1.2	Von der Integration zur Inklusion	137
3.2	Grundkonzeptionen integrativer Pädagogik	147
3.2.1	Materialistisches Modell (Georg Feuser)	147
3.2.2	Integration als Prozess (Helmut Reiser)	153
3.2.3	Ökosystemisches Modell (Alfred Sander)	159
3.2.4	Anthropologisch-ethisches Modell (Urs Haeberlin)	165
3.3	Forschungsprogramm integrativer Pädagogik	177
3.3.1	Forschungsdesigns	178
3.3.2	Forschungsmethoden	183
3.4	Zusammenfassung: Integrative Situationen	190

Ausblick: Kooperation als Kern der Integration? – eine Anregung für zukünftige Diskurse 192

Literaturverzeichnis 196

Anhang 223

Vorwort

»Beziehung ist Gegenseitigkeit.
Mein Du wirkt an mir, wie ich an
ihm wirke. Unsere Schüler bilden
uns, unsere Werke bauen uns
auf.« (Buber [13]1997, S. 23)

Die Integration von Kindern und Jugendlichen mit Behinderung in das Bildungs- und Erziehungssystem ist mittlerweile eine weithin anerkannte gesellschaftliche Aufgabe. Es liegen umfangreiche Forschungsergebnisse zur integrativen Förderung vor. Zahlreiche erfolgreiche integrative Praxismodelle sind entwickelt worden, die bereits Nachahmer finden. Deshalb ist es an der Zeit, Bilanz zu ziehen und den Ertrag der Integrationsentwicklung in den letzten drei Jahrzehnten für die Weiterentwicklung der Pädagogik als Wissenschaft im deutschsprachigen Raum zu resümieren. Damit verbindet sich zugleich die Erwartung, dass in naher Zukunft eine Allgemeine Pädagogik entsteht, die das Problem der »*Gleichheit in der Verschiedenheit*« (Annedore Prengel) zwischen den zahlreichen Kulturen, den unterschiedlichen Geschlechtern und den vielfältigen Fähigkeiten der Menschen thematisiert. Die Integration von Menschen mit Behinderung in Bildungs- und Erziehungseinrichtungen stellt sich als Aufgabe allen pädagogisch Tätigen, gleichsam von der Kinderkrippe bis zum Abitur und darüber hinaus im Arbeits- und Wohnbereich sowie im gesamten öffentlichen Leben.

Mein persönlicher Weg zur Integration begann während meines Studiums, als ich an Stadtranderholungen und Spielgruppen von Kindern und Jugendlichen mit und ohne Behinderung als Betreuer teilnahm. Während meiner beruflichen Tätigkeit als Sonderschullehrer in »Schulen für Lernbehinderte« und »Schulen für geistig Behinderte« kamen mir zunehmend Zweifel an dem Konzept, alle

Kinder und Jugendlichen mit Problemen in einer Gruppe zusammenzufassen, um sie dann gezielt zu fördern. Es fehlte nach meiner Überzeugung die Anregung und das Beispiel der Gleichaltrigen ohne Lern- und Entwicklungsprobleme. Ich habe in den letzten 10 Jahren mehrere Integrationsprojekte im vorschulischen, schulischen und nachschulischen Bereich in Nordrhein-Westfalen, Sachsen-Anhalt, Sachsen und Bayern wissenschaftlich begleitet und mich von der Möglichkeit und Notwendigkeit des integrativen Weges persönlich überzeugt. Bei der Hospitation in integrativen Kindertageseinrichtungen lernte ich von den Kindern etwas über die Selbstverständlichkeit des Umgangs mit Unterschieden. Sie fragten beim gemeinsamen Spiel nicht nach den Mängeln, Fehlern und Unfähigkeiten des Gegenübers. Sie versuchten vielmehr ständig herauszufinden, was der andere mit einbringen kann, wo dessen Stärken liegen, und waren neugierig, dessen Fähigkeiten und Ideen kennen zu lernen. Bei der Begleitung von Schulen, deren Eltern und Lehrende sich für die Einrichtung von Integrationsklassen entschieden, konnte ich etwas erfahren über die notwendigen Veränderungen von Unterrichts- und Schulstrukturen, damit Integration nicht nur Ziel blieb, sondern auch Weg wurde. Die mehrjährige Tätigkeit in einem Begegnungskreis von Menschen mit und ohne Behinderung in der Erwachsenenbildung konfrontierten mich mit der ernüchternden Einsicht, dass Ausgrenzung und Diskriminierung von Menschen mit Behinderung im öffentlichen Raum nach wie vor hautnah erlebt werden kann und wohl auch nur dort wirklich zu bearbeiten ist. Insofern hat *integrative Pädagogik* stets eine *gesellschaftspolitische Dimension*, wie die aktuellen Bemühungen um Gleichstellungsgesetze in den verschiedenen Bundesländern nachdrücklich veranschaulichen. Als Hochschullehrer bemühe ich mich nun seit einigen Jahren darum, Studierende erziehungswissenschaftlicher Studiengänge auf die pädagogischen Anforderungen in Zusammenhang mit der Integration von Menschen mit Behinderung möglichst umfassend vorzubereiten. Als wichtigster Schritt erscheint mir dabei die *Einsicht, dass alle pädagogisch Tätigen die Begleitung und Unterstützung von Menschen mit Behinderung als ihre Aufgabe ansehen.*

All diese erziehungspraktischen Erfahrungen bilden nun den Ausgangspunkt für die folgenden Überlegungen zur *Grundlegung einer Integrativen Pädagogik*. Gleichzeitig verbinde ich mit dem Konzept »Integrative Pädagogik« die Hoffnung, dass es gelingt, die

Erziehungswirklichkeit in einer umfassenderen Weise integrativ zu gestalten. Dieser Bezug zur sozialen Realität von Erziehung und Bildung macht jedoch keineswegs Halt vor der Realität, wie sie nun einmal ist. Vielmehr wird auch der jeweilige gesellschaftliche Stand der Integrationsentwicklung wiederum als gemeinsame Aufgabe begriffen, weil auch die integrative Realität nie nur so ist, wie sie ist, sondern stets so, wie wir sie gemeinsam gestalten (frei nach Jean Anouilh).

Für die Hilfe bei der Fertigstellung des Manuskriptes und bei der Literaturrecherche danke ich Anja Lautner ganz herzlich. Tief in der Schuld stehe ich erneut bei meiner Frau Brigitta, die es weder an Ermutigung und Kritik, noch an (schlecht bezahlten) Korrekturlesediensten hat fehlen lassen. Gewidmet ist das Buch all den pädagogisch Tätigen, die tagtäglich mit hohem Engagement integrative Förderung von Kindern, Jugendlichen und Erwachsenen mit Behinderung praktisch werden lassen.

München, im Mai 2003　　　　　　　　　　　　　　Ulrich Heimlich

Integrative Pädagogik im Rahmen der Erziehungswissenschaft – eine Einleitung

»Die Begegnung mit dem
Anderen ist von Anfang an
Verantwortung für ihn.«
(Lévinas 1995, S. 132)

Integrationsbeispiele

Lukas liegt auf einem kleinen Rollbrett und zieht sich mit den Armen vorwärts. Er will zum Bauteppich, wo die anderen Kinder schon auf den Kissen sitzen. Lukas ist im Kindergarten mit den anderen Kindern aus seinem Stadtteil zusammen, auch wenn er noch nicht laufen kann. Auf dem Bauteppich bekommt Lukas sein Kissen und lehnt sich ein bisschen an die Wand. So kann er alles gut überblicken und sich beteiligen, wenn er will.

Diana tobt mit ihren Freundinnen auf dem Schulhof der Grundschule ausgelassen herum und hat ihren Spass. Als es nach der Pause über die Treppe in das erste Stockwerk des Schulgebäudes zurück in den Klassenraum gehen soll, helfen ihr die Mitschülerinnen, damit sie nicht stolpert. Diana verständigt sich mit den Händen und ihrem sprechenden, lebhaften Gesicht. Ihre Mitschülerinnen haben gelernt, mit ihr eine neue Sprache als Verständigung zu erfinden. Die Lautsprache benötigen sie dafür nicht.

Philipp sitzt in der fünften Klasse der Gesamtschule neben seinem Freund Markus. Manchmal wird Markus etwas ungeduldig, wenn Philipp mal wieder träumt und sich um seine Aufgaben drücken will. Aber dann kann Markus ganz schön energisch werden. Philipp würde zwar lieber seinen Fantasien nachhängen, aber wenn Markus ihm hilft, dann schafft er auch die schweren Malaufgaben im 100.000er Raum. Das Rechenbrett aus dem Montessori-Material hilft ihnen dabei. Markus kann das zwar schon alles, aber wenn er es Philipp erklärt, hat er selbst es auch noch ein bisschen besser verstanden.

Sandra ist eine junge Frau mit Down-Syndrom, die bisher in der Werkstatt für Behinderte arbeitet. Jetzt hat sie einen Arbeitsplatz in einem integrativen Café bekommen. Dort arbeitet sie im »Tandem« mit einer Betreuerin in der Küche, hilft beim Kuchenbacken (Lieblingsrezept: Muffins), Brötchen belegen, Kaffee- und Teekochen. Sie deckt die Tische ein und serviert, wenn die Gäste kommen. Nach und nach spricht sich im Stadtteil herum, dass hier im Gemeindehaus eine kleine Oase der Ruhe entstanden ist, wo sich jeder, der möchte, nach dem anstrengenden Einkauf für wenig Geld ein bisschen ausruhen kann. Sandra freut sich, dass sie endlich mehr Geld verdient und hofft insgeheim, bald mit ihrem Freund zusammenziehen zu können.

Bernd hat es geschafft. Endlich konnte er sich seine eigene Wohnung in einem ganz normalen Miethaus einrichten. »Betreutes Wohnen« nennt sich das Projekt. Bernd wird von einer Sozialarbeiterin und einem Zivildienstleistenden bei seinem Versuch, selbstbestimmt zu leben, unterstützt. Küche und ein großer Begegnungsraum gehören ebenfalls zum Wohnprojekt, sodass jederzeit auch für soziale Kontakte gesorgt ist. Bernd ist sehr stolz darauf, dass er den Mut dazu hatte, als Erwachsener mit einer geistigen Behinderung auf eigenen Füßen stehen zu wollen. Diesen Mut hat er aber erst dadurch erreichen können, dass er bereits in der Schule mit Schülerinnen und Schülern ohne Behinderungen gelernt hat.

Das gemeinsame Spielen, Lernen, Arbeiten und Leben in Kindertageseinrichtungen und Schulen, im Berufsleben und im Wohnviertel, so wie es hier in fünf kleinen Alltagsszenen beschrieben wird, ist mittlerweile auch im deutschsprachigen Raum ein weithin anerkanntes Konzept der pädagogischen Förderung geworden. Über Tageseinrichtungen und Schulen hinaus entstehen vielerorts ebenfalls integrative Arbeits- und Wohnprojekte.

Wer in integrativen Bildungs- und Erziehungseinrichtungen Kinder, Jugendliche und Erwachsene mit und ohne Förderbedarf bei ihren gemeinsamen Tätigkeiten beobachtet, wird feststellen, dass sehr viel Selbstverständliches in diesem sozialen Umgang liegt. Sie haben gelernt, mit Unterschieden kreativ umzugehen, sich gegenseitig in ihrer Verschiedenheit zu akzeptieren und so ganz nebenbei erfahren, wie man Toleranz gegenüber dem Anders-Sein üben kann. Niemand will hier die Beeinträchtigungen der Kinder und Jugendlichen mit sonderpädagogischem Förderbedarf leugnen. Doch wenn ihre Freunde darauf angesprochen werden, antworten sie meist, dass sie sehr wohl von der »Behinderung« wüssten, aber Lukas, Diana, Philipp, Sandra und Bernd ihre Mitschüler, ihre Arbeitskollegen oder ihre Mitbewohner seien wie alle anderen auch. Und genau wie mit den anderen gibt es auch hier hin und wieder Missverständnisse. Nur geschieht das meist nicht wegen der Behinderung, sondern vielmehr wegen bestimmter Verhaltensweisen von Lukas, Diana, Philipp, Sandra oder Bernd. Und die fünf selbst wollen am liebsten so normal wie möglich sein, einfach dazugehören und dabei sein, nach ihren Möglichkeiten mitlernen, Anregungen von den anderen bekommen und den anderen im besten Fall auch einige Anregungen geben, z.B. wie sie mit ihren eigenen Fehlern und Enttäuschungen umgehen lernen und wie sie dabei so stark werden können wie sie selbst, die gelernt haben, sich mit einer Behinderung auseinander zu setzen (nur ihre Umwelt hat das meist noch nicht gelernt!).

So selbstverständlich das Konzept hier klingt und im Alltag zu funktionieren scheint, so wenig selbstverständlich ist es jedoch in seiner Verbreitung bezogen auf das Bildungs- und Erziehungssystem der BRD. Im Gegenteil: Die PISA-Studie hat sogar im Vergleich der beteiligten OECD-Länder (vgl. *Deutsches PISA-Konsortium* 2001) erbracht, dass die BRD das Bildungs- und Erziehungssystem mit der ausgeprägtesten Tendenz zur Auslese und zum Aussortieren hat. In vielen anderen Ländern (siehe zum

Vergleich Kanada, Schweden, Finnland) bleiben die Kinder und Jugendlichen möglichst lange in der Schule zusammen, teilweise bis zum 9. oder gar 10. Schuljahr. Die BRD ist das Land, das am frühesten mit der Auslese nach Leistung (und nach sozialer Herkunft) beginnt. Mit der PISA-Studie ist dieses Auslesesystem allerdings in Verruf geraten. Offenbar kann es international nicht mehr konkurrieren. Deutschland rangiert bei den Leistungen der 15-Jährigen zum Beginn des neuen Jahrhunderts sowohl in der Lesekompetenz als auch in der mathematischen und naturwissenschaftlichen Kompetenz am unteren Ende der zugrunde gelegten Leistungsskalen. Dieses schlechte Ergebnis wird besonders dadurch hervorgebracht, dass es in der BRD offenbar nicht gelingt, lernschwache und sozial benachteiligte Kinder und Jugendliche so zu fördern, dass sie ihre Leistungen im Vergleich zum Schuleintritt in nennenswerter Weise verbessern. Andere Länder schaffen das bei gleichem Anteil an Schülerinnen und Schülern aus anderen Kulturen und bei ähnlicher Sozialstruktur sehr wohl. Angesichts dieser Ergebnisse ist es wohl angemessen, von einem PISA-Schock zu reden. Wie aber könnte ein erfolgreicherer Weg der Förderung aussehen?

Das schlechte Abschneiden des bundesdeutschen Bildungs- und Erziehungssystems in der PISA-Studie sollte eine endgültige Abkehr von dem verfrühten Auslesesystem in der BRD möglich machen. In Kindertageseinrichtungen und Schulen benötigen wir eine neue Spiel- und Lernkultur, die von der Differenz lebt, in der es erlaubt ist, Fehler zu machen und an diesen Fehlern weiter zu lernen, in der jede Schülerin und jeder Schüler in seiner Individualität willkommen ist, nach seinen speziellen Fähigkeiten und Bedürfnissen gefördert wird und sich möglichst selbsttätig auf seinem jeweiligen Entwicklungsniveau mit Problemstellungen auseinander setzt, die auf seine gegenwärtige und zukünftige Lebenssituation übertragbar sind. Wir benötigen Pädagoginnen und Pädagogen, die solche Rahmenbedingungen für ihre Arbeit vorfinden, dass sie in der Lage sind, auf die individuellen Spiel-, Lern- und Förderbedürfnisse jedes einzelnen Kindes und jedes Jugendlichen einzugehen. Sie bedürfen der Unterstützung durch die Leitung von Kindertageseinrichtungen und Schulen im Rahmen von Teamentwicklungs- und Evaluationsprozessen. Sie sollten von der Schulaufsicht bei diesen Entwicklungsprozessen fachlich kompetent beraten werden. Sie sind angewiesen auf eine erziehungswissenschaftliche Qualifizierung, die sie auf eine Pädagogik vorbereitet, der es um alle Kinder und Jugendlichen zu tun ist. Diese Pädagogik ist nicht mit dem Ende der Schulzeit abgeschlossen. Sie stellt auch begleitende Prozesse beim Einstieg in das Berufsleben zur Verfügung und hilft, den manchmal komplizierten Alltag möglichst selbstbestimmt zu bewältigen.

Eine solche Pädagogik wird hier als integrative Pädagogik bezeichnet. Integrativ deshalb, weil sie jene pädagogischen Handlungsformen zusammenfassen soll, die auf die volle gesellschaftliche Teilhabe von Menschen mit Behinderung bei Anerkennung ihrer Selbstbestimmungsrechte abzielt. Integrative Pädagogik bezieht sich also auf die ursprüngliche Wortbedeutung von Integration (zu lat. »*integratio*«) im Sinne der »Wiederherstellung eines Ganzen« bzw. der »Einbeziehung, Eingliederung in ein größeres Ganzes« durch die »Verbindung einer Vielheit von einzelnen Personen oder Gruppen zu einer gesellschaftlichen und kulturellen Einheit«. Damit überschreitet dieser sozialwissenschaftliche Integrationsbegriff das pädagogische Verständnis von Integration im Sinne von gemeinsamen Spiel- und Lernprozessen von Kindern und Jugendlichen mit und ohne Behinderungen. Integration von Menschen mit Behinderung ist nicht nur ein Problem des Bildungs- und Erziehungssystems, sondern vielmehr ein gesellschaftliches. Integration zielt ab auf einen gesellschaftlichen Zustand, in dem »Gemeinsamkeit in der Vielfalt« (vgl. Prengel ²1995) möglich wird. Das Bildungs- und Erziehungssystem kann hier wichtige Vorarbeiten liefern. Vervollständigt wird der Integrationsprozess eines Menschen mit Behinderung jedoch erst bei gelungener Eingliederung im Arbeits-, Wohn- und Freizeitbereich. Letztlich zielt integrative Pädagogik also auf die Gestaltung von integrativen Lebenswelten. Die Integrationsproblematik von Migranten ist dabei im soziologischen Sinne durchaus vergleichbar, auch wenn sie in Gestalt der interkulturellen Pädagogik an anderer Stelle ausformuliert wird (vgl. Bd. 3 in der Reihe »Grundriss der Pädagogik«: Erziehung Migration von Isabell Diehm und Frank-Olaf Radtke 1999).

Damit ist zugleich das Konzept der »integrativen Förderung« angesprochen. Es wird hier als Oberbegriff für die Handlungsdimension der integrativen Pädagogik konstruiert. *Integrative Förderung* umfasst *alle pädagogischen Maßnahmen zur Ermöglichung einer selbstbestimmten, gesellschaftlichen Teilhabe von Kindern,*

Jugendlichen und Erwachsenen mit Behinderungen bzw. mit speziellen Förderbedürfnissen. Auch hier gilt wiederum die lebenslaufbegleitende Perspektive unter der Voraussetzung, dass gelungene gesellschaftliche Integration in jedem Lebensabschnitt vorbereitet sein will und pädagogisch zu begleiten ist. Von der fachlichen Systematik der Erziehungswissenschaft her ist damit im Anschluss an Dieter Lenzen (1999, S. 50f.) der Bereich der Fächer (Dimension 2) vergleichbar mit der interkulturellen Pädagogik angesprochen. Integrative Pädagogik umfasst professionelle pädagogische Tätigkeiten in verschiedenen Bildungs- und Erziehungsfeldern (Dimension 3) und wird aus unterschiedlichen Fachrichtungen und Konzeptionen der Erziehungswissenschaft heraus entwickelt (vgl. Boenisch 2000, S. 25).

Diese Einführung in die integrative Pädagogik hat zum Ziel, Grundwissen bezogen auf integrative Entwicklungen der letzten drei Jahrzehnte im deutschsprachigen Raum zusammenzufassen. Eine Einführung in den internationalen Stand der integrativen Pädagogik würde einen eigenen Band erfordern (vgl. zu den komparativen Aspekten der integrativen Pädagogik: Hans/Ginnold 2000)[1]. Auf die Darstellung historischer Aspekte ist ebenfalls weitgehend verzichtet worden, da inzwischen eine »Geschichte schulischer Integration« (vgl. Schnell 2003) in sehr differenzierter Form vorliegt und in zahlreichen weiteren Beiträgen die Geschichte der Integrationsbewegung in den verschiedenen Landesteilen der alten und neuen BRD nachgezeichnet worden ist (vgl. Heimlich 1998a, 2000a, 2000b; Hüwe/Roebke/Rosenberger 2000; Rosenberger 1998a, 1998b). Zur Frage der Qualifikation für Integrative Pädagogik sei ebenfalls auf die Literatur verwiesen (vgl. Meister/Sander 1993; Boenisch 2000; Obolenski 2001; Mahnke 2002). Dem systematischen Aufbau der folgenden Übersicht liegt das Modell der professionellen pädagogischen Praxis von Dieter Lenzen (1999, S. 32) zugrunde. Er unterscheidet im Anschluss an Aristoteles (384-322 v. Chr.) Theorie (zu griech. »*theoria*«), Praxis (zu griech.

---

1 Fortlaufend aktualisierte Informationen zur integrativen Förderung in den Ländern der Europäischen Union sind unter der Internet-Adresse der »*European Agency for Development in Special Needs Education*« zu finden: www.european-agency.org (*National Working Partner*: Annette Hausotter).

»*praxis*«) und Können (zu griech. »*poiesis*«). Reflektieren, verantwortliches Handeln und »handwerkliches« Können sind auch im pädagogischen Handeln aufeinander bezogen. Ausgehend von der Praxis der integrativen Förderung in Kindertageseinrichtungen und Schulen, im Arbeits-, Wohn- und Freizeitbereich wird deshalb zwischen den Arbeitsfeldern, den Handlungskonzepten und den Theoriemodellen der integrativen Pädagogik unterschieden. Der theoretische Hintergrund des Verfassers ist im Wesentlichen durch das ökologische Modell geprägt, wie es Alfred Sander für die integrative Pädagogik erschlossen hat. Dabei wird jedoch die Herkunft aus der Tradition der Heil- und Sonderpädagogik kritisch mitreflektiert.

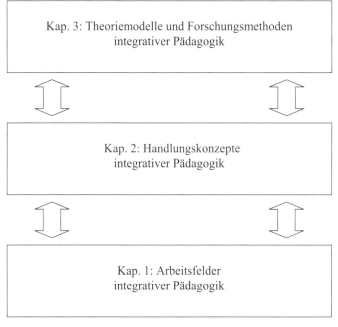

Abb. 1: Ebenen der Theoriebildung in der integrativen Pädagogik

Damit ist zugleich der bisherige Entwicklungsgang der integrativen Pädagogik als erziehungswissenschaftliche Aufgabenstellung beschrieben. Am Anfang steht die integrative Praxis und das integrative »Handwerkszeug«, die Grundlegung integrativer Pädagogik erfolgt erst darauf aufbauend. Aus diesem Grunde bildet auch ein Blick auf den aktuellen Entwicklungsstand der *Arbeitsfelder einer integrativen Pädagogik* den Anfang (Kap. 1). Hier steht die Frage im Vordergrund, an welchem Ort integrative Pädagogik stattfindet und wie sie organisiert ist. Die Spannweite reicht dabei lebenslaufbegleitend von den Kindertageseinrichtungen über die Schulen des Primar- und Sekundarbereichs bis hin zu Bildungs- und Serviceangeboten für Erwachsene im Wohn- und Arbeitsbereich. Wir haben dabei vor allem die Praxis der integrativen Pädagogik im Blick und die vielfältigen Erfahrungen mit integrativen Förderangeboten. Zwischenzeitlich liegen uns jedoch auch ausgereifte und erziehungswissenschaftlich fundierte *Handlungskonzepte einer integrativen Pädagogik* vor (Kap. 2). Dazu zählen sowohl die gemeinsame Erziehung in Kindertageseinrichtungen als auch der gemeinsame Unterricht in der Schule und Beiträge zur Normalisierung im Sinne gesellschaftlicher Integration. Zu fragen ist, wie sich innerhalb der integrativen Pädagogik die pädagogische Handlungsfähigkeit erreichen lässt. Wollen wir mit der Konzeption einer integrativen Pädagogik allerdings die Ebene erziehungswissenschaftlicher Reflexion erreichen, so stehen wir vor der Frage, welche wissenschaftstheoretischen und methodologischen Konzepte dazu beitragen, integrative Pädagogik zu begründen und der kritischen Reflexion zu öffnen. Unterschiedliche Antworten auf die Grundfragen einer integrativen Pädagogik und je spezifische Konsequenzen bezogen auf die Forschungsmethoden resultieren wiederum aus den jeweiligen Theoriemodellen. Von daher werden auch die *Theorien und Methoden einer integrativen Pädagogik* (Kap. 3) im Zusammenhang dargestellt.

Insofern sollen durch diese Einführung auch alle pädagogischen Studiengänge angesprochen werden, da davon auszugehen ist, dass zukünftig in allen pädagogischen Arbeitsfeldern auch integrative Kompetenzen erforderlich sind. Der folgende Text soll dazu eine übergreifende Basisorientierung liefern, die sowohl Anregungen für Lehramtsstudiengänge als auch für erziehungswissenschaftliche Hauptfach- und Nebenfachstudiengänge (Diplom- und Magisterabschluss) umfasst.

Neben dem systematischen Überblick kommt der einführende Charakter dieses Buches insbesondere in den vielfältigen Praxisbeispielen sowie in den Kurzzusammenfassungen am Ende des jeweiligen Kapitels verbunden mit Hinweisen zu einführender Literatur zum Ausdruck. In den gesamten Text sind integrative Situationen aus der Praxis der integrativen Förderung eingearbeitet. Sie beruhen in der Regel auf Protokollauszügen aus Begleitforschungsprojekten im Bereich der integrativen Förderung.

Zentrale Begriffe werden in ihrem Wortursprung und bezogen auf den allgemeinen Sprachgebrauch (im Anschluss an das Deutsche Universalwörterbuch der Duden-Redaktion, ^{5}2003) erläutert. Auf den Begriff »Behinderung« wird hier zum besseren Verständnis durchgängig Bezug genommen, allerdings in einem modernen sozialwissenschaftlichen Sinne. Die Begriffe »sonderpädagogischer Förderbedarf« bzw. »sonderpädagogische Förderschwerpunkte« erhalten jedoch in der Regel den Vorzug. Spezielle Hinweise auf einzelne Förderschwerpunkte bzw. Behinderungsarten sind hier bewusst ausgespart worden, um den interdisziplinären Charakter der integrativen Pädagogik stärker betonen zu können (vgl. zur integrativen Schulpädagogik bezogen auf einzelne Förderschwerpunkte bzw. Behinderungsarten: Myschker/Ortmann 1999). Die Literaturhinweise sind von vornherein auf die einschlägige Grundlagenliteratur eingegrenzt, die auch über Bibliotheken gut zu erreichen ist. Das Fehlen zahlreicher sog. »grauer« Literatur zur integrativen Pädagogik auf der Ebene von Forschungsberichten ist aus diesen Gründen bewusst in Kauf genommen worden.

Ein Zitat zur Einleitung jedes Kapitels soll zum Nachdenken über die philosophischen Grundlagen integrativer Pädagogik einladen. Im Ausblick zum Ende des Buches wird auf diese Denktradition noch einmal rückblickend Bezug genommen. Ergänzende Hinweise zu Nachschlagewerken, Berufsverbänden, Recherchemöglichkeiten und wichtigen Internet-Adressen befinden sich im Anhang.

Die Grundhaltung des vorliegendes Bandes kommt in der Schilderung eines Vaters gut zum Ausdruck, der den Weg seines körperbehinderten Sohnes in die Gesellschaft schildert. Der italienische Schriftsteller Guiseppe Pontiggia schreibt in seinem Roman »Zwei Leben« (2002) teils vor autobiografischem Hintergrund:

»Und wenn wir sagen, dass die Erfahrung uns hilft, die Behinderung zu verstehen, haben wir das Entscheidende noch nicht gesagt, nämlich, dass die Behinderung uns hilft, uns selbst zu verstehen« (Pontiggia 2002, S. 109).

Aus diesem Grunde benötigt eine Gesellschaft die Integration von Menschen mit Behinderung für die Erkenntnis ihres eigenen Zustands.

1 Integration entwickeln – Arbeitsfelder integrativer Pädagogik

> »... wenn Sie etwas verstehen wollen, versuchen Sie, es zu ändern.« (Walter Fenno Dearborn, zit. n. Urie Bronfenbrenner 1989, S. 54)

Am Anfang der Integrationsentwicklung in der BRD stehen Eltern, Erzieherinnen sowie Lehrer/-innen, die ohne Rücksicht auf optimale Rahmenbedingungen, ausgefeilte pädagogische Konzepte und langjährige Erfahrungen damit begonnen haben, sich für die gemeinsame Erziehung von Kindern und Jugendlichen mit und ohne Behinderung einzusetzen. Zunächst muss hier bewiesen werden, dass gemeinsame Erziehung möglich ist und für alle Seiten positive Effekte hervorbringt. Dabei gelingt es gleichzeitig zu zeigen, dass Rahmenbedingungen für gemeinsame Erziehung auch gemeinsam hergestellt werden können.

Die Integrationsentwicklung geht dabei in der Regel von der Aufnahme eines Kindes mit einer Behinderung in Tageseinrichtungen für Kinder oder allgemeinen Schulen aus. In dem Bemühen dieser allgemeinen Bildungs- und Erziehungseinrichtungen, sich auf die besonderen Förderbedürfnisse einzustellen, ändert sich nach und nach das pädagogische Konzept. Zunächst sind solche Spiel- und Lernsituationen zu gestalten, an denen alle Kinder teilnehmen und zu denen alle Kinder beitragen können. Diese Aufgabe ist nicht ohne eine stärkere Zusammenarbeit der pädagogisch Tätigen zu bewältigen. Es kommt also häufig in einem weiteren Schritt zur Entwicklung von Teamstrukturen. In dem Maße, wie die gesamte Einrichtung in diesen Prozess der Konzeptionsentwicklung einbezogen wird, verändert sich in der Folge auch das Konzept der Bildungs- und Erziehungseinrichtung insgesamt und damit die Qualität der internen Kooperation. Schließlich haben sich viele Einrichtungen, die einen solchen Prozess der Integrationsentwicklung durchlaufen, früher oder später auf externe Unterstützungssysteme bezogen und so Formen der externen Kooperation ausgebildet. Dazu zählen auch die sozial- und bildungspolitischen Systeme, die über rechtliche und finanzielle Grundlagen erst die Voraussetzung für Integrationsentwicklungen schaffen. Integrationsentwicklung ist von daher ein kooperativer Prozess, in dessen Verlauf pädagogisch Tätige in Bildungs- und Erziehungseinrichtungen sowohl intern als auch extern die Voraussetzungen und Bedingungen für integrative Förderangebote gemeinsam schaffen. Dieser Prozess kann am ehesten als Mehrebenenmodell mit den folgenden Bereichen konstruiert werden:

- Ebene der Kinder, Jugendlichen und Erwachsenen mit und ohne Behinderung,
- Ebene der integrativen Spiel-, Lern-, Arbeits- und Lebenssituationen,
- Ebene der professionellen pädagogischen (bzw. sonderpädagogischen) Förderung und Begleitung sowie
- Ebene der externen Unterstützungssysteme.

Diese Vorstellung von der Integrationsentwicklung wird hier als ökologisches Entwicklungsmodell gekennzeichnet, da es vielfältige Mensch-Umwelt-Interaktionen voraussetzt und mehrere sozialräumliche Entwicklungszonen unterscheidet. Das Modell liegt auch der folgenden Darstellung der Arbeitsfelder integrativer Pädagogik zugrunde.

Gegenwärtig ist das Konzept der integrativen Förderung auf dem Weg zum Regelangebot. Dies gilt ganz besonders für die Tageseinrichtungen für Kinder (Kap. 1.1). Integrative Förderung ist auch im schulischen Bereich ein allgemein akzeptiertes Angebot in allen Bundesländern (Kap. 1.2). Intensive Bemühungen werden derzeit über die Schule hinaus in der beruflichen Integration unternommen. Dabei werden Sondereinrichtungen wie die Werkstatt für Behinderte (WfB) und die Sonderberufsschulen durch Maßnahmen der direkten Integration von Erwachsenen mit Behinderung in den Arbeitsmarkt ergänzt (Kap. 1.3). Schließlich entstehen gegenwärtig immer mehr integrative Wohnprojekte. Betreutes Wohnen und integrative Wohngruppen sollen die Wohnheime für Behinderte überflüssig machen (Kap. 1.4). Damit entwickelt sich die Integrationsbewegung zu einer sozialen Bewegung, die integrative

Lebenswelten gestalten will. Das Bundesgleichstellungsgesetz und die Ländergesetze zur Gleichstellung Behinderter haben diese gesellschaftspolitische Dimension der Integration von Behinderten fixiert und so die gesellschaftsverändernde Dynamik der Integrationsbewegung aufgegriffen.

Integrative Pädagogik als übergreifende erziehungswissenschaftliche Aufgabenstellung entwickelt sich ausgehend von dieser veränderten Erziehungswirklichkeit. Pädagogische Konzepte, Organisationsmodelle, Forschungsmethoden und pädagogische Kompetenzprofile sind also aus den praktischen Erfahrungen mit integrativer Förderung entstanden. Parallel zur Geschichte der Integrationsentwicklung sollen deshalb nun zunächst die Arbeitsfelder der integrativen Pädagogik im Blickpunkt stehen, die sich lebenslaufbegleitend ausdifferenziert haben. Auch die Geschichte der Integrationsentwicklung in der BRD hat in den Tageseinrichtungen für Kinder begonnen und ist über die Grund- und Sekundarschulen schließlich bei integrativen Arbeits- und Wohnprojekten angelangt. In Bezug auf die Arbeitsfelder wird von der Frage ausgegangen, an welchem Ort integrative Pädagogik stattfindet und wie sie begleitend zum Lebenslauf organisiert ist.[2]

1.1 Tageseinrichtungen für Kinder (Elementarbereich)

In einigen Bundesländern liegen zwar schon die ersten Erfahrungen mit integrativer Pädagogik in der Kinderkrippe vor. Aber in der Regel beginnt die gemeinsame Erziehung in der BRD mit dem Eintritt in den Kindergarten im Alter von drei Jahren. Gleichwohl hat sich bereits in den achtziger Jahren das Spektrum der Institutionen im Elementarbereich, die sich für gemeinsame Erziehung öffnen, erheblich ausgeweitet. Die Aufnahme von Kindern mit

---

2 Für weitergehende Informationen zu den Arbeitsfeldern integrativer Pädagogik sei auf die hervorragende Linksammlung (und vieles andere mehr) der BIDOK-Internetseiten von Volker Schönwiese und seinem Team von der Universität Innsbruck hingewiesen (http://bidok.uibk.ac.at).

Behinderung erfolgt bundesweit zwischenzeitlich in allen Tageseinrichtungen für Kinder (also auch Kindertagesstätten, Kinderhorte, Kinderhäuser) und ebenso in der Tagespflege (also z.b. im Rahmen von Tagesmütterprojekten). Im Jahre 1998 besuchen bundesweit etwa 20.000 Kinder mit Behinderung unterschiedliche Organisationsformen integrativer Tageseinrichtungen für Kinder (zum Vergleich: 27.000 Kinder in Sondereinrichtungen, alle Angaben aus: Bundesministerium für Arbeit und Sozialordnung, BMA 1998, S. 41ff.). Die Integrationsquote beträgt damit etwa 43% – allerdings mit großen Länderunterschieden (zwischen 80% in Bremen sowie Hessen und etwa 14% in Bayern). Ausgehend von der Praxis der gemeinsamen Erziehung wird nun ein Überblick über die gegenwärtige Situation der integrativen Pädagogik im Elementarbereich unseres Bildungs- und Erziehungssystems vorgestellt.[3]

1.1.1 Praxis gemeinsamer Erziehung im Elementarbereich

Kinder treffen sich mit all ihren Unterschieden im gemeinsamen Spiel. Wer eine integrative Tageseinrichtung betritt und sich auf das Spielgeschehen dort einlässt, wird diese Beobachtung unschwer nachvollziehen können (vgl. auch Fritzsche/Schastok 2001, S. 32ff.). Die Spielszenen müssen dabei durchaus nicht immer spektakuläre Momente aufweisen. Das gemeinsame Spiel hat vielmehr einen ganz alltäglichen Charakter im Sinne einer selbstverständlichen Begegnung der Kinder.

- Integrative Situation Nr. 1:
  »Andreas saust durch den Flur des Kindergartens und kommt erst kurz vor einer Gruppe spielender Kinder im Eingangsbereich zum Stehen, die in und um ein Indianerzelt spielen. Er beobachtet zunächst aus sicherer Distanz, rennt dann wieder in den Gruppenraum und kommt nach wenigen Sekunden zurück.

---

3 Aufgrund der föderalen Vielfalt wird dabei bewusst auf eine detaillierte Darstellung der quantitativen und rechtlichen Entwicklungen verzichtet. Die Dynamik der Integrationsentwicklung führt gegenwärtig dazu, dass ein exakter Überblick stets nur vorläufigen Charakter beanspruchen kann.

> Allmählich nähert er sich der Spielgruppe im Eingangsbereich und beteiligt sich schließlich an einem Hüpfspiel mit Matratzen, die am Boden liegen.«

In unserem Dortmunder Projekt »Gemeinsam spielen« haben wir immer wieder die Fähigkeit von Kindern in integrativen Tageseinrichtungen beobachtet, aufeinander zuzugehen und ein gemeinsames Spielthema oder eine andere gemeinsame Tätigkeit zu finden (vgl. Heimlich/Höltershinken 1994). Behinderungen spielen dabei eher eine sekundäre Rolle. Die Kinder fragen sich vielmehr nach ihren unterschiedlichen Fähigkeiten, um diese im gemeinsamen Spiel zu erproben und sich dadurch gemeinsam weiterzuentwickeln.

> - Integrative Situation Nr. 2:
> »Tina sitzt seit geraumer Zeit am Tisch und malt. Dabei beobachtet sie häufig die anderen Kinder beim Spiel. Schließlich geht sie zur Erzieherin und bittet sie mit leiser Stimme darum, ihre Musikcassette jetzt anhören zu dürfen. Die Erzieherin legt die Cassette ein, die Tina heute mitgebracht hat, und Tina setzt sich vor den Recorder. Nach und nach kommen andere Kinder hinzu, die sich neben Tina setzen, die Musik mitsummen oder sich tänzerisch dazu bewegen.«

Es gibt allerdings auch Kinder, die sehr lange Zeit des Abwartens und vorsichtigen Beobachtens benötigen, bevor sie sich in die lebhaften gemeinsamen Aktivitäten der Kindergartengruppe hineinbegeben. Pädagogisch bedeutsam ist es nun, ihnen die Möglichkeit zum individuellen Umgang mit Nähe und Distanz in der Gruppe zu eröffnen. So hat Tina beispielsweise eine sehr enge Freundin, die ihr eine Zeit lang wichtiger ist als viele Freundschaften zu vielen anderen Kindern. Dieses Bedürfnis erfordert zunächst einmal eine grundlegende Respektierung. Interessant ist an diesen integrativen Situationen aber auch, dass der Einsatz von audiovisuellen Medien, Spielmitteln und Angeboten im Bereich der Raumgestaltung das gemeinsame Spiel mit und ohne Behinderung begleiten und unterstützen kann. Auch wenn im gemeinsamen Spiel die spontane Begegnung der Kinder im Vordergrund steht, so kann die Intensität dieser Begegnung doch durch pädagogische Anregungen im Bereich der Spielumwelt von Kindern beeinflusst werden (vgl. Heimlich ²2001 und zur integrativen Spielförderung auch Kap. 2.1 in diesem Band). Fragen wir nun weiter danach, wie diese Situationen des gemeinsamen Spiels möglich geworden sind, so eröffnet sich aufgrund der länderspezifischen Unterschiede ein derart vielschichtiges Bild der gemeinsamen Erziehung im Elementarbereich der BRD, dass gegenwärtig wohl am ehesten von einer »Patchwork-Decke« gesprochen werden kann (mit vielen bunten Elementen, allerdings auch mit immer mehr Nahtstellen und Verflechtungen). Ein Element sind dabei die spezifischen pädagogischen Konzeptionen.

1.1.2 Bausteine gemeinsamer Erziehung im Elementarbereich

Für die gemeinsame Erziehung im Elementarbereich stehen mehrere neu entwickelte und erprobte Ansätze zur Verfügung, die vor allem in Modellversuchen einzelner Bundesländer entstanden sind. Gemeinsam ist diesen pädagogischen Konzepten das Bemühen, zu einem Dialog zwischen allen Beteiligten (Kinder und Erwachsene) anzuregen. Zu unterscheiden sind im Wesentlichen die folgenden Ansätze:

- Georg Feuser (1987) fasst auf der Basis eines Modells der kognitiven Entwicklung im Anschluss an die Tätigkeitspsychologie des russischen Psychologen Lew S. Vygotskij (1896-1934) den Kern integrativer Prozesse als »gemeinsames Spielen und Lernen aller am gemeinsamen Gegenstand« zusammen. Um diese Forderung an die gemeinsame Erziehung praxiswirksam umsetzen zu können, ist die Analyse des Lerngegenstandes, der individuellen Voraussetzungen des jeweiligen Kindes und der notwendigen Handlungsschritte erforderlich. In der Praxis der Tageseinrichtungen für Kinder bietet besonders die Arbeit in Projekten und das gemeinsame Spiel Anknüpfungspunkte für eine solche basale Pädagogik, die sich an der individuellen Entwicklung des einzelnen Kindes orientiert (Konzept der »Zone der nächsten Entwicklung (ZNE)« nach Vygotskij 2002/1934).
- Helmut Reiser u.a. (1987) stellen die Interaktionsprozesse in den Mittelpunkt ihrer Überlegungen zur gemeinsamen Erziehung. Neben der Unterscheidung von vier Ebenen integrativer Prozesse (innerpsychische, interaktionale, institutionelle und gesellschaftliche) dürfte die Betonung

der personalen und emotionalen Dimension der gemeinsamen Erziehung der besondere Akzent dieses Konzeptes sein. Integrative Prozesse werden hier insbesondere als Gruppenprozesse auf der Basis des Modells der »Themenzentrierten Interaktion (TZI)« nach Ruth C. Cohn (^{12}1994/1975) verstanden.
- Hans Meister (1991) hat demgegenüber darauf aufmerksam gemacht, dass integrative Prozesse aus der ökologischer Sicht aufbauend auf Urie Bronfenbrenner (1989) in ein Umfeldsystem eingebettet sind, die unter dem Aspekt der Ressourcen für eine gemeinsame Erziehung betrachtet werden müssen. In dieser Sichtweise geraten vornehmlich die Rahmenbedingungen und Unterstützungssysteme der gemeinsamen Erziehung in den Blick. Mithilfe der von Alfred Sander entwickelten »Kind-Umfeld-Analyse« (2002a) wird versucht, die regionale Entwicklung hin zu einer integrationsfähigen Tageseinrichtung für alle Kinder zu unterstützen.
- Wolfgang Dichans (1990) zeigt schließlich ausgehend von der Lebenssituation gegenwärtiger Kinder die Möglichkeiten der Gestaltung von »Erfahrungsräumen«, in denen die Bewältigung zukünftiger Lebenssituationen erprobt werden soll. Zentraler Bezugspunkt ist dabei das soziale Lernen im gemeinsamen Spiel, aus dem Kinder »Ich-, Sozial- und Sachkompetenzen« entwickeln. Das Konzept stützt sich auf die von Jürgen Zimmer (1991) angeregte breite konzeptionelle Bewegung zu den Situationsansätzen im Bereich der Kindertageseinrichtungen und hat von daher eine hohe Alltagsnähe.

Von besonderer Bedeutung erscheint allerdings die Frage der praktischen Wirksamkeit der pädagogischen Konzeptionen. So hat das Deutsche Jugendinstitut (DJI) in einer Erzieherinnenbefragung (vgl. Pelzer 1990) ermitteln können, dass die Praxis der gemeinsamen Erziehung überwiegend durch den Situationsansatz bestimmt wird. Darüber hinaus bauen die Erzieherinnen am häufigsten Elemente der Montessori-Pädagogik mit ein. In einem landesweiten Modellprojekt in Sachsen hat sich beispielsweise gezeigt, dass die beteiligten Modelleinrichtungen auf dem Weg der Integrationsentwicklung einen einrichtungsbezogenen Konzeptionsmix bevorzugen und dabei durchaus je spezifische pädagogische Profile entwickeln. Konzeptionsentwicklung ist so auch Bestandteil eines gemeinsamen Entwicklungsprozesses in den Einrichtungsteams, in dem kontinuierlich an der pädagogischen Qualität gearbeitet wird.

Im Rückblick auf die Entwicklung der gemeinsamen Erziehung im Elementarbereich seit Anfang der siebziger Jahre lassen sich nun eine Reihe von Qualitätsstandards unterscheiden, die den organisatorischen Rahmen in diesem Arbeitsfeld integrativer Pädagogik inzwischen konkret ausprägen (vgl. Heimlich 1995, S. 33ff.). Diese sollen im Bereich der Rechtsgrundlagen, der Rahmenbedingungen und der Organisationsformen gemeinsamer Erziehung im Elementarbereich aufgezeigt werden.

1.1.3 Organisation gemeinsamer Erziehung im Elementarbereich[4]

Wohnortnahe Integration gilt allenthalben als Leitbild der gemeinsamen Erziehung im Elementarbereich. Mit dem »Achten Jugendbericht« des damaligen Familien- und Jugendministeriums (Bundesministerium für Jugend, Familie, Frauen und Gesundheit, BMJFFG 1990) und den Ausführungsgesetzen der Länder zum Kinder- und Jugendhilfegesetz (KJHG) von 1991[5] beginnt auch im Bereich der Tageseinrichtungen für Kinder eine neue Entwicklung (vgl. Junge/Lendermann 1990). Die Projektgruppe »Kinder mit besonderen Problemen« beim Deutschen Jugendinstitut (DJI) in München hat integrative Einrichtungen bundesweit begleitet, deren Erfahrungen dokumentiert und in abschließenden Arbeiten im Jahre 1990 ausgewertet und resümiert (vgl. die Abschlussberichte in der Zeitschrift »Gemeinsam leben« von Jens Lipski und Alfred Hoessl, 1990). Etwa seit Beginn der neunziger Jahre melden die ersten Bundesländer Ansätze einer flächendeckenden Versorgung mit gemeinsamer Erziehung in Tageseinrichtungen. Bremen und Berlin sind diesem Ziel am nächsten gekommen. Aber auch Hessen hat durch ein landesweites Verbundsystem an Einzelintegration, Integrationseinrichtungen und Frühförderstellen die Weichen in Richtung flächendeckendes Angebot gestellt. Der »Achte Jugendbericht« trägt dieser Entwicklung insofern Rechnung, als er die Zielsetzung der wohnortnahen Integration noch einmal prägnant formuliert:

---

4 Überarbeitete und aktualisierte Fassung meines Beitrages »Gemeinsame Erziehung im Elementarbereich – Bilanz und Perspektiven der Integrationspraxis in Tageseinrichtungen für Kinder« in: Rosenberger, Manfred (Hrsg.): Ratgeber gegen Aussonderung. Heidelberg: Edition Schindele, ²1998c, S. 73–90
5 Zum Gesetzestext vgl. Junge/Lendermann (1990)

»Übergreifendes Ziel ist dabei die wohnungsnahe gut ausgestattete Einrichtung, die allen Kindern des Einzugsgebietes offen steht.« (BMJFFG 1990, S. 103)

Jede Tageseinrichtung müsste nach dieser Zukunftsvorstellung in der Lage sein, Kinder mit Behinderung aufzunehmen. Dahinter steht die Idee eines Lebens in der Gemeinschaft aller unter völligem Verzicht auf die Aussonderung in besondere Institutionen wie Sonderkindergärten usf. Integrationsfähig hat somit nicht das Kind mit einer Behinderung zu sein. Vielmehr geht es um die Entwicklung integrationsfähiger Tageseinrichtungen für Kinder. Dies ist nur durch eine deutliche Dezentralisierung und Regionalisierung der Angebotsstrukturen von Jugendhilfe insgesamt zu realisieren. Insofern müssen wir uns wohl von der Ausschließlichkeit zentraler institutionalisierter Angebotsformen von Jugend- und Familienhilfe verabschieden. Es sind kleine Einheiten, kleinräumige Lösungen und auch halbinstitutionalisierte Formen erforderlich, um mehr Wohnortnähe zu erreichen. Als Begründungszusammenhang einer solchen Entwicklungsperspektive dient dabei zugleich das Konzept einer alltags- bzw. lebensweltorientierten SozialPädagogik nach Hans Thiersch (1986, 1992).

Rechtsgrundlagen und Finanzierung

Auch durch das neue Kinder- und Jugendhilfegesetz (KJHG) besteht nach wie vor keine einheitliche rechtliche Grundlage für gemeinsame Erziehung im Elementarbereich. Gegenwärtig müssen sich die Eltern und Erzieherinnen noch mit den Unwägbarkeiten einer »Mischfinanzierung« aus Jugend- und Sozialhilfemitteln auseinander setzen. Während die Förderung der Kinder ohne Behinderung aus Jugendhilfemitteln bestritten wird (Personal- und Betriebskosten), wird der sog. »behinderungsbedingte Mehraufwand« aus Sozialhilfemitteln finanziert (Bundessozialhilfegesetz, BSHG). Die Folge ist in der Regel ein erheblicher zusätzlicher Verwaltungsaufwand. Ebenfalls nachteilig für die Weiterentwicklung der gemeinsamen Erziehung im Elementarbereich wirken sich die Vergabekriterien des BSHG aus. So muss die jeweilige Einrichtung z.B. als teilstationäres Angebot anerkannt werden und eine Öffnungszeit über Mittag anbieten. Das ist bei Kindertagesstätten mit einer gewissen Anzahl von Tageskindern einschließlich

Mittagsmahlzeit und Nachmittagsbetreuung meist zu gewährleisten. In Halbtageseinrichtungen entstehen aber bereits Probleme, die Anerkennung als teilstationäre Einrichtung zu erreichen. Durch die Ausweitung der Öffnungszeiten nach dem KJHG sind hier neue Möglichkeiten erschlossen worden. Allerdings ist besonders die Aufnahme von einzelnen Kindern mit Behinderung in die Tageseinrichtung (sog. »Einzelintegration«, d.h. Aufnahme eines einzelnen Kindes mit einer Behinderung in eine Tageseinrichtung für Kinder) nach wie vor nur schwer in die Kriterien des BSHG einzuordnen. Das Bundesland Hessen hat aus diesem Grunde einen eigenen Integrationserlass für den Elementarbereich herausgegeben, in dem sowohl die Einzelintegration in der Doppelzuständigkeit von Jugendhilfe und Sozialhilfe sowie die Kooperation zwischen Tageseinrichtung und Frühförderung geregelt wird. Zukunftsvorstellung wäre demnach im Sinne einer Zwischenlösung eine weit reichende Interpretation des BSHG durch entsprechende Integrationserlasse der Bundesländer, um auch die Integration eines einzelnen Kindes mit Behinderung in die Tageseinrichtung seines Stadtteiles bzw. Sprengels zu ermöglichen. Nur mit dieser Möglichkeit wird sich die flächendeckende Integration im Elementarbereich realisieren lassen (vgl. Ziller/Sauerbier 1992; Ziller 1998).

Rahmenbedingungen

Es lässt sich festhalten, dass bundesweit eine eindeutige Tendenz zur Reduzierung der Gruppengröße besteht, wenn ein Kind mit einer Behinderung aufgenommen wird (vgl. Heimlich 1995, S. 43ff.). Ein Ausschluss von Kindern bei bestimmten Behinderungsarten (z.B. schweren Behinderungen) ist grundsätzlich in keinem Bundesland vorgesehen. Die Gruppengrößen gleichen sich gegenwärtig jedoch meist der jeweiligen Normalgröße an. Während vor allem in der Modellversuchsphase in den Bundesländern in der Regel eine Gruppenstärke unter 20 angestrebt worden ist, sind nunmehr Gruppenstärken bis zu 30 Kindern keine Seltenheit mehr. In diesen Fällen wird eine Dreier-Besetzung der Gruppe angestrebt (also drei Erzieherinnen), in vielen Fällen sogar noch mit zusätzlichem Pflegepersonal. In der Regel arbeiten die Einrichtungen jedoch mit einer Doppelbesetzung, wobei eine

Erzieherin über die heilpädagogische Zusatzqualifikation verfügen sollte. Angestrebt wird ebenfalls eine enge Zusammenarbeit im Team der Erzieherinnen, möglichst mit fachlicher Begleitung durch Fachberaterinnen oder professionelle Supervision. Hinsichtlich der Ausstattung hat sich ein zusätzlicher Kleingruppenraum zur Differenzierung sowie ein großer Mehrzweckraum für bewegungsintensive Angebote als sinnvoll erwiesen. Vielen integrativ arbeitenden Einrichtungen ist auch die Einbindung von externen therapeutischen Fachkräften gelungen. Häufig ist damit ebenfalls ein speziell ausgestatteter Therapieraum verbunden, den die Kinder begleitend zum Angebot in der jeweiligen Gruppe aufsuchen können. Dabei kommt es immer wieder zu integrativen Kleingruppen, weil beispielsweise bewegungsorientierte Angebote für alle Kinder eine hohe Attraktivität beinhalten und sich auch Kinder ohne Behinderung gern daran beteiligen.

Organisationsformen

In den Tageseinrichtungen für Kinder lässt sich ein eindeutiges Schwergewicht bei der Einzelintegration feststellen. Alle Bundesländer haben diese Möglichkeit mehr oder weniger explizit vorgesehen und erkennen somit den unbestreitbaren Vorteil der Wohnortnähe an (vgl. Heimlich 1995, S. 50ff.). Daneben besteht jedoch nach wie vor die integrative Kindertagesstätte, die ausschließlich integrativ arbeitet, häufig überdurchschnittlich gut ausgestattet ist und auch über therapeutische Fachkräfte verfügt. In der Regel weisen diese Einrichtungen jedoch einen großen Einzugsbereich auf und haben deshalb den Nachteil, dass sie nur nach langen Fahrzeiten erreicht werden können und so die Kinder aus ihrem Alltagsleben im Stadtteil weitgehend entfremden. Aber auch im Bereich der Sondereinrichtungen hat sich ein Öffnungsprozess vollzogen: Viele Sonderkindergärten richten integrative Gruppen ein. In Hessen ist nachvollziehbar, wie sich ehemalige Sondereinrichtungen später zu einer integrativen Kindertagesstätte umgestalten, d.h. die Standorte werden nicht geschlossen, sondern verändern lediglich ihr Konzept und ihren Auftrag. Der Beginn dieser Entwicklung ist bei den additiven Formen der Kooperation mit einer benachbarten Regeleinrichtung zu sehen. Darüber hinaus kommen in einigen Bundesländern bereits integrative Entwicklungen in der Kinderkrippe hinzu. Hier liegen erst wenige Erfahrungen vor, da der Versorgungsgrad mit Krippenplätzen insgesamt in der BRD nach wie vor gering ist. Eine immer größere Bedeutung bekommt angesichts des Ausbaus integrativer Förderangebote in den Grundschulen der Kinderhort. Wenn Kinder mit Behinderung vormittags gemeinsam zur Schule gehen, so liegt es nahe, ihnen auch am Nachmittag den gemeinsamen Besuch des Kinderhorts zu ermöglichen. Altersgemischte Gruppen bezogen auf die 0;4- bis 6-Jährigen und Kinderhäuser mit konzeptionellem Bezug zum Stadtteil und zur Familiensituation ergänzen diese breitgefächerte Angebotsstruktur. Zumindest im Bereich der gesetzlichen Grundlagen sehen einige Bundesländer auch die integrative Tagespflege vor (integrative Betreuung von Kindern in der Familie z.B. durch Tagesmütter), um die Familiennähe des Jugendhilfeangebotes auch für Familien mit behinderten Kindern sicherzustellen. Im Überblick zur gemeinsamen Erziehung im Elementarbereich der Länder in der BRD zeigt sich so eine große Vielfalt der Organisationsformen. Hessen hat über den Weg der Vernetzung der verschiedenen Angebotsformen unter Einbeziehung der Frühförderstellen und Sozialpädiatrischen Zentren den Weg zur flächendeckenden Integration deutlich gemacht. Damit einher geht nicht das Problem einer quantitativen Erweiterung der zur Verfügung stehenden integrativen Plätze für Kinder mit Behinderungen und deren Finanzierung, sondern in gleicher Weise ein Problem der qualitativen Entwicklung. Flächendeckende Integration im Elementarbereich als Zielperspektive macht umfassende Systeme des Qualitätsmanagements erforderlich.

1.1.4 Unterstützungssysteme gemeinsamer Erziehung im Elementarbereich

Tageseinrichtungen für Kinder, die sich für gemeinsame Erziehung geöffnet haben, sind auf die Kooperation mit externen Partnern angewiesen. Dazu zählen beispielsweise Therapeuten, aber auch die Frühförderung und insbesondere die Fachberatung des jeweiligen Trägers der Einrichtung. Ausgehend von der Aufnahme eines Kindes mit einer Behinderung ergibt sich deshalb im Gesamtüberblick ein Prozess der Qualitätsentwicklung, der sich auf verschiedenen Ebenen von innen nach außen fortsetzt.

Qualitätsentwicklung gemeinsamer Erziehung im Elementarbereich

Der Begriff »Qualität« (von lat. *qualitas* = Beschaffenheit, Eigenschaft) bezeichnet ganz allgemein die charakteristischen Eigenschaften einer Sache oder einer Person. Somit hat Qualität stets mit Bewertung und subjektiven Normen zu tun. Es dürfte deshalb immer schwer sein, eine Qualität gemeinsamer Erziehung in objektiver Weise zu standardisieren oder zu messen. Qualität gemeinsamer Erziehung ist eine spezifisch »soziale Qualität«, enthält deshalb stets eine Vorstellung von guter Qualität und umfasst von daher immer eine normative Dimension:

»Mit sozialer Qualität ist ein Wertkomplex gemeint, der sich auf das Individuum als Person, begabt mit unverlierbarer Menschenwürde, und zugleich auf seine Zugehörigkeit (Inklusion) zu anderen in einer ihm und dem Gemeinwohl förderlichen Weise bezieht« (Speck 1999, S. 129).

Als Teilwerte von sozialer Qualität führt Otto Speck (a.a.O., S. 130ff.) nun »Menschlichkeit«, »Autonomie«, »Professionalität«, »Kooperativität«, »Organisationale Funktionabilität« und »Wirtschaftlichkeit« an. Diese »Eckwerte« sozialer Qualität (a.a.O., S. 143) stehen in einem Wechselverhältnis zueinander. Der gesellschaftliche Umgang mit Behinderung erfordert eine bestimmte soziale Qualität, wie im nordamerikanischen »*quality of life*«-Modell deutlich geworden ist. Diese Qualität hängt nicht nur von quantitativen Faktoren ab, sondern ebenso von der subjektiven Einschätzung der jeweiligen Lebenswelt durch die Betroffenen selbst (vgl. Beck 1994; Wacker 1994). Soziale Qualität im Bereich der Behindertenhilfe beinhaltet also stets eine integrative Qualität, ist demnach verbunden mit der Frage, inwieweit Menschen mit Behinderung teilhaben können.

Ausgehend von diesem Rahmenkonzept wird die Qualitätsentwicklung gemeinsamer Erziehung im Elementarbereich als Mehrebenenmodell konstruierbar. Dabei ist bereits auf den ersten Blick deutlich, dass die Qualitätsentwicklung nicht nur durch die einzelne Tageseinrichtung geleistet werden kann, sondern vielmehr eine Aufgabe für ein ganzes Netzwerk an professionellen Kooperationsbeziehungen darstellt. Die verschiedenen Ebenen werden nun bezogen auf die Teilwerte sozialer Qualität nach Speck beschrieben.

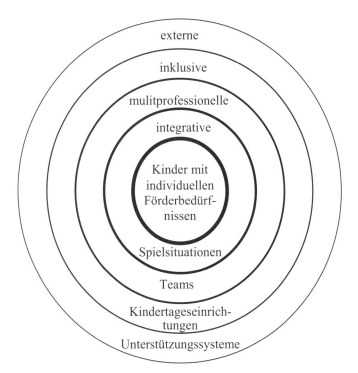

Abb. 2: Qualitätsentwicklung gemeinsamer Erziehung im Elementarbereich

- Die soziale Qualität der gemeinsamen Erziehung bezogen auf Kinder mit individuellen Förderbedürfnissen umfasst zunächst einmal die Möglichkeit der Teilhabe. Von daher gewinnen Förderkonzepte, die soziale Begegnung von Kindern mit unterschiedlichen Kompetenzen gewährleisten, eine besonders hohe Bedeutung bei der Qualitätsentwicklung. Zugleich haben Kinder mit individuellen Förderbedürfnissen den Anspruch auf eine angemessene Förderung ihrer Entwicklung bei gleichzeitigem Respekt vor ihren Selbstbestimmungsrechten (*Autonomie*).
- Der Kern integrativer Prozesse in Tageseinrichtungen für Kinder wird nach übereinstimmender Auffassung aller einschlägigen pädagogischen Konzeptionen einer gemeinsamen Erziehung im Elementarbereich durch

das gemeinsame Spiel gebildet (vgl. Heimlich 1995, S. 65ff.). Kinder mit und ohne Behinderung lernen beim gemeinsamen Spiel in integrativen Tageseinrichtungen sehr viel voneinander und regen sich gegenseitig zur Entwicklung an. Sie erfahren dabei etwas von den individuellen Unterschieden und entwickeln daraus neue Gemeinsamkeiten (*Menschlichkeit*). Damit wird eine neue Förderressource erschlossen: die Gruppe der Gleichaltrigen (*peer-group*). »Soziale Qualität« wird auf dieser Ebene insbesondere über die Entwicklung des pädagogischen Konzeptes gewährleistet.

- Der Reformprozess der Integrationsentwicklung ist für einzelne Erzieherinnen nicht mehr zu bewältigen. Teamentwicklung muss deshalb als entscheidender Bestandteil der Entwicklung »sozialer Qualität« hinzukommen (*Professionalität*). Die Zusammenarbeit im multiprofessionellen Team bezieht sich zum einen auf Kinder mit ihren individuellen Förderbedürfnissen. Hier bieten sich beispielsweise fallbezogene Teambesprechungen an, an der alle pädagogisch Tätigen teilnehmen, die an der Förderung des Kindes beteiligt sind. Zur Teamarbeit zählt aber ebenso die gemeinsame und arbeitsteilige Vorbereitung des differenzierten Gruppenangebotes und die kooperative Gestaltung des Kindergartentages in seinen vielschichtigen Dimensionen (*organisationale Funktionalität*). Zusätzlich ist die Teamsitzung die eigentliche Instanz der Entwicklung eines einrichtungsspezifischen pädagogischen Konzeptes unter Einschluss der gemeinsamen Erziehung.
- Gemeinsame Erziehung im Elementarbereich ist allerdings ebenso auf regionale und überrregionale Unterstützungssysteme angewiesen. Soziale Qualität wird auf dieser Ebene durch die Einbeziehung diagnostischer und therapeutischer Kompetenzen sichergestellt (*Kooperativität*). Gerade bei der Einzelintegration fällt es häufig noch schwer, dieses Qualitätsmerkmal sicherzustellen. Zentrale Integrationseinrichtungen bzw. Schwerpunkteinrichtungen mit langjährigen Erfahrungen in der gemeinsamen Erziehung haben demgegenüber therapeutische Fachkräfte und Ausstattungsmerkmale mit in die Einrichtung einbezogen. Zu den Unterstützungssystemen zählt aber ebenso der jeweilige Träger der Einrichtung, die Frühförderstelle, die Fachberatung und der Bereich der Bildungs- und Sozialpolitik insgesamt, da von hier aus über Gesetze, Verordnungen, Erlasse, Finanzierungsmodelle und Formen der fachlichen Begleitung in der Regel die Rahmenbedingungen für gemeinsame Erziehung in Kindertageseinrichtungen gesetzt werden (*Wirtschaftlichkeit*).

Damit wären die strukturellen Komponenten von Integrationsnetzwerken im Elementarbereich unterschieden. Zum Bild des Netzwerkes zählt aber ebenso das vielfältige Muster an Innen- und Außenbeziehungen in und zwischen den verschiedenen strukturellen Ebenen. Beim Aufbau von Integrationsnetzwerken im Elementarbereich geht es also immer um zwei Entwicklungsschritte: den Aufbau von institutionellen Strukturen, die integrative Qualität haben, und die Herstellung einer Vielfalt an Beziehungen in und zwischen den Strukturen, damit die integrative Qualität aufrechterhalten bleiben kann.

Bei der praktischen Umsetzung von Qualitätsentwicklung bezogen auf gemeinsame Erziehung im Elementarbereich wird in der Regel ein dialogisches Modell bevorzugt. Im Unterschied zu Modellen der standardisierten Messung von Qualität (vgl. zum Überblick und zur Kritik: Tietze 1998; Fthenakis/Textor 1998) lässt sich integrative Qualität nur im jeweiligen Kontext entwickeln. Diese Aufgabe korrespondiert mit dem Ansatz des Kronberger Kreises (vgl. Haberkorn 1999, S. 228f.). »Qualität im Dialog entwickeln« – so lautet kurz gefasst das Motto dieses Konzeptes. Mit der Zielsetzung, die Arbeit in den Tageseinrichtungen für Kinder weiter zu entwickeln und die eigenen Vorstellungen der Qualität pädagogischen Handelns genauer zu fassen, hat hier ein Arbeitskreis mit Fachleuten aus Fachberatung, Fortbildung und Wissenschaft ein Konzept der Qualitätsentwicklung und Qualitätssicherung formuliert, das alle Beteiligten mit einbezieht. Erzieherinnen sollen angeregt werden, den Prozess der Qualitätsentwicklung selbst in die Hand zu nehmen, gemeinsam im Team und mit der Kindergartenleitung zu gestalten und dabei von der Fachberatung begleitet zu werden. Im einzelnen werden sieben Dimensionen bzw. Bereiche der Qualitätsentwicklung unterschieden: Programm/Prozess, Leitung, Personal, Einrichtung/Raum, Träger, Kosten/Nutzen und Förderung von Qualität. Innerhalb jeder Dimension werden drei Schritte der Qualitätsentwicklung unterschieden: 1. Beschreibung von Qualitätsstandards, 2. Formulierung erkenntnisleitender Fragen und 3. Beschreibung der guten Fachpraxis mithilfe von Indikatoren bzw. Merkmalen. Der gesamte Prozess wird vornehmlich unter dem Gesichtspunkt der gemeinsamen Reflexion über Qualität gesehen und weniger im Sinne einer rigiden Qualitätskontrolle. Als Materialien zur Qualitätsbeschreibung sind ausdrücklich nicht nur Check-Listen oder Fragebögen, sondern vielmehr eine möglichst praxis- und erfahrungsorientierte Vielfalt vorgesehen. Übertragen auf das Problem der integrativen Qualität gemeinsamer Erziehung in Tageseinrichtungen für Kinder könnte der dialogische Ansatz anhand der folgenden Übersicht vom jeweiligen Einrichtungsteam in Verbindung mit Fachberatung und Träger jeweils inhaltlich gefüllt werden:

Schritte Dimensionen	Qualität- standards	Erkenntnislei- tende Fragen	**Indikatoren**
1. Pädagogisches Konzept			
2. Team			
3. Ausstattung/Raum			
4. Tagesplanung			
5. Diagnose/Therapie			
6. Unterstützungssysteme			
7. Eltern			
8. Förderung von Qualität			

Abb. 3: Integrative Qualität im Dialog entwickeln

Im Rahmen dieser Qualitätsentwicklung nehmen zwei Unterstützungssysteme eine besonders wichtige Stellung ein: die Fachberatung und die Frühförderung. Deshalb werden nun die vorliegenden Erfahrungen zur Kooperation zwischen Tageseinrichtung und Fachberatung sowie Frühförderung noch einmal hervorgehoben.

Integrative Frühförderung

Integrative Frühförderung findet zunächst einmal an einem anderen Förderort statt (vgl. Heimlich 2000c). Aus der Sicht der Frühförderstellen und sozialpädiatrischen Zentren ist damit der ambulante Förderbereich angesprochen. Diagnostik-, Förder- und Therapiekompetenzen können auch in integrativen Tageseinrichtungen bereitgestellt werden. Sie sind nicht an einen besonderen Förderort gebunden. Umfangreiche Erfahrungen liegen uns dazu aus Hessen und Bayern vor. So haben schon Ende der achtziger Jahre etwa 80% der Frühförderinnen und Frühförderer in Bayern zumindest Kontakt zu Regelkindergärten. Knapp die Hälfte der Frühförder/-innen arbeitet seinerzeit sogar im Regelkindergarten (vgl. Peterander/ Speck 1990). In Hessen sieht die Rechtsverordnung zur gemeinsamen Erziehung bereits seit 1991[6] die Beteiligung des landesweiten Netzes der Frühförderstellen an der gemeinsamen Erziehung in Tageseinrichtungen vor. Martin Thurmair von der Münchener Arbeitsstelle für Frühförderung kommt in einem Überblick zur integrativen Frühförderung zu dem Schluss:

»Frühförderstellen engagieren sich zu einem guten Teil für die Integration von Kindern mit besonderen Bedürfnissen in die allgemeinen Kindergärten vor allem dadurch, dass sie die dort auch notwendigen therapeutischen, pädagogischen und beratenden Angebote zur Verfügung stellen können.« (Thurmair 1998, S.65)

Zwischenzeitlich liegen ausgearbeitete pädagogische Konzepte zur integrativen Früherziehung vor (vgl. Tietze-Fritz 1997). Dabei wird allerdings deutlich, dass sich nicht nur der Ort der Förderung verändert. Auch das pädagogische Konzept der Frühförderung – wie der sonderpädagogischen Förderung überhaupt – erfährt eine deutliche Weiterentwicklung unter integrativem Aspekt (vgl. Heimlich 1998b). Das zeigt sich beispielsweise an der Erwartungshaltung von Erzieherinnen und Eltern. Frühförderung soll danach in der Kindergartengruppe unter Einbeziehung anderer Kinder stattfinden und nicht mehr in einem separaten Raum als Einzelförderung.

Bezogen auf das Mehrebenenmodell der Qualitätsentwicklung gemeinsamer Erziehung im Elementarbereich (s. Abb. 2), können die Aufgaben integrativer Frühförderung nun genauer beschrieben werden. Für die Kinder mit Behinderung in integrativen Tageseinrichtungen werden von der integrativen Frühförderung im Rahmen einer Kind-Umfeld-Analyse die jeweiligen Entwicklungsschwerpunkte und vorhandenen Förderressourcen in einen gemeinsamen Förderplan mit dem Ziel der Integration eingebracht. Im Bereich der integrativen Spielsituationen in integrativen Tageseinrichtungen ist integrative Frühförderung in den Gruppenalltag einbezogen und flankiert die integrativen Prozesse durch spezielle Förderma-

---

6 Richtlinien für die gemeinsame Förderung behinderter und nichtbehinderter Kinder in Kindertagesstätten von 07.02.1991 (StAnz, Nr. 10, 1991, S. 684)

terialien hinsichtlich der jeweiligen Förderschwerpunkte, eine fortlaufende Entwicklungsdiagnostik sowie spezielle Förder- bzw. Therapiemaßnahmen oder auch Beratungsangebote. Die Frühförderstellen gelten als multiprofessionelle Kompetenzzentren, in denen spezifische Qualifikationen und unterschiedliche Professionen gebündelt werden. Außerdem wird auf dieser regionalen Ebene von Unterstützungssystemen ein Pool von Förder- und Therapiematerialien bereitgehalten, die den verschiedenen Förderschwerpunkten zugeordnet sind (wie Sprache, Motorik, Wahrnehmung, Kognition, Interaktion usf.). Die Frühförderstellen nehmen darüber hinaus Beratungsaufgaben bezogen auf Eltern und Tageseinrichtungen wahr. Außerdem wird von den Frühförderstellen aus der Einsatz des mobilen und ambulanten Personals geplant. Sozialpädiatrische Zentren können demgegenüber eher der Ebene der überregionalen Unterstützungssysteme einer gemeinsamen Erziehung zugeordnet werden. Hier sind spezielle Kompetenzen in der Frühdiagnostik und Frühtherapie wie beispielsweise medizinische sowie eine entsprechende apparative Ausstattung angesiedelt, möglicherweise in Verbindung mit einer Kinderklinik. Auch hier müssen die mobilen und ambulanten Dienste besonders akzentuiert werden (vgl. Schlack 1995). Neben dem weiteren Ausbau der institutionellen Strukturen von Frühförderung und Sozialpädiatrie stellt sich gegenwärtig die Aufgabe einer Weiterentwicklung der Beziehungen zwischen diesen Strukturen. Koordinierungsbeauftragte, Kooperationsverträge, gemeinsame Hilfepläne – all das ist Ausdruck dieses Entwicklungsstadiums der integrativen Frühförderung. Als Zielsetzung könnte mit Hans Thiersch (1998) das Bild von den »befreundeten Nachbarn« herangezogen werden. Tageseinrichtungen für Kinder, Frühförderstelle und Sozialpädiatrische Zentren bilden gemeinsam ein Netzwerk früher Hilfen aus, um mehr Begegnung zwischen Kindern mit und ohne Behinderung zu ermöglichen.

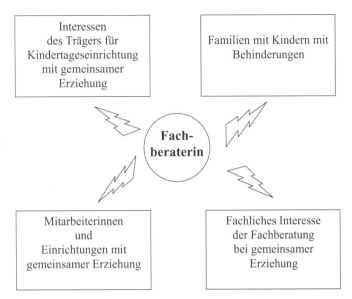

Abb. 4: Fachberatung für gemeinsame Erziehung im Interessenkonflikt

Fachberatung für gemeinsame Erziehung

Eine nachgerade klassische Netzwerkfunktion für die gemeinsame Erziehung übernimmt die Fachberatung, wie auch Helga Merker vom Sozialpädagogischen Institut (SPI) in Köln im Jahre 1993 in einer ersten, noch eher allgemeinen Bestandsaufnahme festhält. Die Notwendigkeit der fachlichen Begleitung von Erzieherinnen bei der gemeinsamen Erziehung wird allenfalls angemerkt (vgl. Marte 1990). Allerdings gilt auch für die Fachberatung allgemein, dass die intensive Fachdiskussion erst in den neunziger Jahren beginnt (vgl. Irskens/Engler 1992; Devivere/Irskens 1996). Die Schwierigkeit in der Ausgestaltung der Funktion »Fachberatung für gemeinsame Erziehung« besteht vor allem darin, dass die Fachberaterin zwischen höchst unterschiedlichen Erwartungshaltungen vermitteln muss. Im Rahmen des Qualifikationsprojektes »Multiplikatorenfortbildung Tageseinrichtungen für Kinder

(MFT)«, das von 1992 bis 1996 in den östlichen Bundesländern durchgeführt wird, entstehen dazu einige interessante Ergebnisse (vgl. Diller-Murschall/Haucke/Breuer 1997). So weist Karl-Heinz Wolf, einer der Moderatoren in diesem Projekt, darauf hin, dass Fachberatung in einem »magischen Viereck« zwischen Träger-, Eltern-, Mitarbeiterinnen- und Fachinteressen verortet werden kann. Für die Fachberatung bei gemeinsamer Erziehung gilt dies entsprechend.

Der oder möglicherweise sogar die Träger (also z.B. Kommunen, Diakonisches Werk, Caritasverband, Arbeiterwohlfahrt, Volkssolidarität usf.), mit denen die Fachberatung kooperiert bzw. bei der die Fachberaterin angestellt ist, erwartet die möglichst reibungslose verwaltungstechnische Organisation des Personaleinsatzes und der Aufnahme von Kindern mit Behinderung bei gleichzeitig möglichst sparsamem Einsatz der in der Regel begrenzten Mittel. Eltern und Kinder mit Behinderung erwarten hingegen, dass sie nach ihrem Wunsch in die Tageseinrichtung ihrer Wahl aufgenommen werden und dort eine möglichst optimale personelle und sachliche Ausstattung vorfinden. Die Mitarbeiterinnen und Einrichtungen erwarten wiederum Unterstützung bei der Sicherstellung der Ressourcen, bei der Entwicklung von Förder- bzw. Hilfeplänen und bei Schwierigkeiten in der Teamentwicklung. Das eigene fachliche Interesse der Fachberatung richtet sich schließlich häufig eher auf die Unterstützung bei der Entwicklung des pädagogischen Konzeptes einer Tageseinrichtung sowie die Mitgestaltung der Fort- und Weiterbildung der Mitarbeiterinnen zu speziellen Fragen des heilpädagogischen Handelns.

Die Fachberaterin bzw. der Fachberater steht also potenziell immer im Konflikt zwischen knappen Ressourcen des Trägers und einer weiter steigenden Zahl von Eltern mit Integrationswunsch, zwischen verwaltungstechnischen und heilpädagogischen Erfordernissen – letztlich zwischen Beratung und Kontrolle. Es gibt Fachberaterinnen und Fachberater, die in langen Berufsjahren eine Balance zwischen diesen widerstreitenden Interessen erreicht haben. Ilse Keppler, eine Fachberaterin aus Baden-Württemberg, die im Jahre 1996 nach 27 Jahren in den Ruhestand geht, berichtet beispielsweise über ihre Berufserfahrung:

»So ist die wesentlichste Aufgabe einer Fachberatung zu schauen, wie sie sich den Zugang zum Träger und damit zu den Einrichtungen immer offen hält und gleichzeitig alle Probleme offensiv angeht. Dabei hüte ich mich, vorzeitig einseitig Partei zu ergreifen.« (Kercher/Behrends 1996, S. 21)

Zusätzlich erschwert wird die Anforderung an die Fachberatung, wenn man den quantitativen Umfang der Arbeit bedenkt. In der Befragung von 143 Fachberaterinnen kommen Wassilios E. Fthenakis u.a. (1995, zit. n. Hoffmann 1999, S. 200) zu dem Ergebnis, dass mehr als die Hälfte der Fachberaterinnen 230 Fachkräfte und mehr zu betreuen haben. Insofern ist auch der Hinweis auf die Grenzen der Fachberatung und das in diesen Grenzen Leistbare erlaubt.

In Bezug auf die Qualifikation und Kompetenz der Fachberatung für gemeinsame Erziehung kann zunächst festgehalten werden, dass der dazu notwendige Professionalisierungsprozess in der Regel selbstständig gestaltet werden muss. Eine der wichtigsten Voraussetzungen für die Bewältigung der komplexen Fachberatungsaufgaben ist somit die berufliche Erfahrung als Erzieherin in einer Kindertageseinrichtung mit gemeinsamer Erziehung *(Erfahrungswissen)*. Häufig sind die Fachberaterinnen und Fachberater auch bereits mit Leitungsfunktionen in der Kindertageseinrichtung betraut gewesen oder verfügen über Erfahrungen in der Durchführung von Fort- und Weiterbildungsmaßnahmen. Eine spezielle Ausbildung wird aber weder für die Fachberatung noch für das spezielle Aufgabenfeld »Fachberatung bei gemeinsamer Erziehung« angeboten. Dies wäre jedoch dringend erforderlich, da die Fachberatung auf ein spezifisches Handlungswissen im Bereich der Teamentwicklung, Organisationsberatung, Fallbesprechungen, Evaluation, Qualitätsmanagement usf.) zurückgreifen muss. Dies erfordert kurz- und mittelfristig mindestens ein intensives Fort- und Weiterbildungsangebot. Fachberatung benötigt allerdings nicht nur spezifische instrumentelle Kompetenzen *(Erfahrungs- und Handlungswissen)*, sondern ebenso reflexive Kompetenzen. Sie muss in der Lage sein, Integrationsentwicklungen kritisch zu analysieren, neue Perspektiven zu entwerfen und Begründungszusammenhänge für integrative Pädagogik vorzustellen. Insofern ist die Fachberatung ebenfalls auf ein Theoriewissen zu den Grundlagen integrativer Pädagogik angewiesen. Dazu zählt ein verändertes Bild der Kinder mit Behinderung (kompetenzorientierte Anthropologie) sowie eine prinzipielle Neuorientierung des Umgangs mit Behinderungen (assistierende Handlungsstrukturen) und Grundlagenkenntnisse zu den wesentlichen Modellen einer integrativen Pädagogik (vgl. auch Kap. 3 in diesem Band). Angesichts dieses Kompetenzprofils ist langfristig sicher auch an ein universitäres Studium zu denken (Diplom bzw. Magister mit Hauptfach Pädagogik/ Erziehungswissenschaft).

Verfolgen wir den integrativen Lebensweg der Kinder mit Behinderung nun weiter, so steht als nächste Hürde der Eintritt in die Grundschule an.

1.2 Allgemeine Schule (Primar- und Sekundarbereich)

Aufgrund der positiven Erfahrungen mit gemeinsamer Erziehung in Tageseinrichtungen für Kinder wenden sich in der BRD seit Anfang der siebziger Jahre Eltern von Kindern mit Behinderung an die jeweilige Grundschule in ihrem Stadtteil bzw. Sprengel und versuchen, bei der Schulleitung die Aufnahme ihrer Kinder und damit eine wohnortnahe Form der schulischen Förderung zu erreichen (vgl. auch Deutscher Bildungsrat 1974). Einzelne Grundschul- und Sonderschullehrkräfte erklären sich bereit, sich auf diesen Versuch einzulassen. Am Anfang dieses Schulentwicklungsprozesses stehen beispielsweise die Fläming-Schule (ab 1975, vgl. Projektgruppe Integrationsversuch 1988) und die Uckermark-Schule in Berlin (ab 1982, vgl. Heyer/Preuss-Lausitz/Zielke 1990), gefolgt von zahlreichen Modellversuchen an einzelnen Schulen in den westlichen Bundesländern. In Ostdeutschland setzt die Entwicklung des gemeinsamen Unterrichts erst nach 1989 ein (vgl. Heimlich 2000a). Seit 1999 weist das Sekretariat der Kultusministerkonferenz (vgl. Sekretariat ... 2002) in seinen amtlichen Daten zur sonderpädagogischen Förderung auch die Schüler/ -innen mit sonderpädagogischem Förderbedarf in den allgemeinen Schulen aus. Im Jahre 2000 werden bundesweit mehr als 14% dieser Schülergruppe in allgemeinen Schulen gefördert (insgesamt 68.400, 14.000 bzw. 25,7% mehr als im Jahr 1999). Einzelne Bundesländer weisen bereits Anteile von mehr als 20% auf. Fast drei Viertel dieser Schüler/-innen besuchen die Grundschule (insgesamt 49.800 bzw. 72,8%) und der Rest die Hauptschule (8.600

bzw. 12,6%), die integrierte Gesamtschule (4.100 bzw. 6,0%) oder die Orientierungsstufe (2.900 bzw. 4,2%). Die Förderschwerpunkte Lernen, Sprache sowie emotionale und soziale Entwicklung umfassen gut zwei Drittel dieser Schülergruppe (alle Angaben aus: Sekretariat ... 2002).

Auch die schulische Integrationsentwicklung als Arbeitsfeld wird nun mithilfe des ökologischen Mehrebenenmodells ausgehend von der Praxis der integrativen Förderung in der Grundschule über praktisch bedeutsamen didaktisch-methodischen Konzeptionen, darauf bezogene organisatorische Standards und die externen Unterstützungssysteme dargestellt (zur integrativen Didaktik als Handlungskonzept, s. Kap. 2.2).

1.2.1 Praxis des gemeinsamen Unterrichts

Im Schulalltag fällt der gemeinsame Unterricht besonders durch seine Unterschiede zum herkömmlichen Frontalunterricht auf. Das soll für die Grundschule zunächst an dem Unterrichtsbeispiel »Wir planen ein Kartoffelfest« verdeutlicht werden.

Primarbereich

- Integrative Situation Nr. 3:
In der dritten Grundschulklasse aus Wesel (NRW), in der das Kartoffelprojekt durchgeführt wird, befinden sich 20 Schüler/-innen, davon 3 mit Hörschwierigkeiten und 2 Kinder, die nach den Richtlinien der Schule für Geistigbehinderte unterrichtet werden. Es sind im Laufe des Projektes die folgenden Lernwege zum gemeinsamen Lerngegenstand zu unterscheiden: Einladungstext gestalten mit dem Stempelkasten, Kartoffelwaffeln backen, Experiment zur Überprüfung des Wassergehaltes der Kartoffel, Fragen für ein Kartoffel-Quiz, Theaterstück zum Gedicht »Der Kartoffelkäfer«, Tischdecken herstellen mit Kartoffeldruck, Anzahl der Stühle und Tische für das Fest. Sonderpädagogische Unterstützung ist dabei vor allem über die Visualisierung von Arbeitsaufträgen, den Einsatz von Bildrezepten und die individuelle Lernbegleitung erkennbar.[7]

Versuchen wir, aufbauend auf dieser integrativen Lernsituation den Alltag des gemeinsamen Unterrichts einmal zu rekonstruieren, so lassen sich einige bewährte Bausteine anführen. Gemeinsamer Unterricht ist demnach ein Lehr-Lernprozess, der auf die unterschiedlichen Lernbedürfnisse in einer heterogenen Lerngruppe ausgerichtet wird. Es ist ein Unterricht erforderlich, der das Prinzip der inneren Differenzierung konsequent umsetzt (vgl. Gehrmann 1997), um den heterogenen Förderbedürfnissen der Schüler/-innen gerecht werden zu können. Lebensweltorientierung als Nähe zu den Alltagserfahrungen von Schüler/-innen sowie soziales Lernen als Möglichkeit der gegenseitigen Anregung und des Erlebens von sozialer Nähe und Distanz zeigen die besonderen Vorzüge des gemeinsamen Unterrichts. Handlungsorientierung, Projektlernen und Bestandteile des offenen Unterrichts wie Freie Arbeit und Wochenplanunterricht (vgl. Schöler ²1999) komplettieren mit unterschiedlichen Akzentuierungen das Bild eines Unterrichtsgeschehens, das allen Schülern/-innen ein selbsttätiges Lernen und selbstbestimmte soziale Erfahrungen anbietet. Häufig steht der Stuhl- bzw. Gesprächskreis im gemeinsamen Unterricht der Primarstufe im Mittelpunkt des Geschehens und verbindet gleichsam als »Drehscheibe« die vielfältigen Aktivitäten im Klassenraum (vgl. Schall 1995, S. 76ff.). Der Klassenraum selbst wird in viele Lernbereiche ausdifferenziert, sodass eine Fülle an unterschiedlichen Aktivitäten gleichzeitig ablaufen kann. Bezogen auf Kinder mit sonderpädagogischem Förderbedarf ist es erforderlich, dass individuelle Förderpläne vorliegen, damit die Fördermaßnahmen im Wochenverlauf entsprechend koordiniert ablaufen können. Sie bieten zugleich die Grundlage für die Dokumentation der Lern- und Entwicklungsfortschritte (vgl. zur Praxis des gemeinsamen Unterrichts: Bews 1992; Heyer u.a. 1993; Jaumann-Graumann/ Riedinger 1996).

Empirische Studien in Verbindung mit Schulversuchen (Feuser/ Meyer 1987; Wocken/Antor 1987; Dumke ²1993; Krawitz 1995) zeigen überdies, dass Schüler/-innen mit und ohne Behinderung

---

7 Das Unterrichtsbeispiel stammt aus dem Videofilm »Grundschulen auf dem Weg« vom Landesinstitut für Schule und Weiterbildung in Soest aus dem Jahre 1992.

vom gemeinsamen Unterricht auch hinsichtlich ihrer Leistungen profitieren. Die Schulleistungen von Schülern/-innen ohne Behinderung sind mit denen in Regelklassen ohne Integration vergleichbar. Die Schulleistungen von Schülern/-innen mit Behinderung sind in einzelnen Lernbereichen sogar besser (z.B. die Mathematikleistungen von Schülern/-innen mit dem Förderschwerpunkt »Lernen«) im Vergleich zur Sonderschule – zumindest jedoch gleich gut. Der Schulleistungsvergleich darf jedoch nicht unabhängig von den sozialen Kompetenzen und der impliziten Werteerziehung des gemeinsamen Unterrichts gesehen werden. Bei gleich guten Schulleistungen verbucht der gemeinsame Unterricht für sich immer noch einen Kompetenzvorteil auf Seiten der Schüler/-innen im Bereich grundlegender Bildungs- und Erziehungsziele wie Toleranz, Solidarität und Akzeptanz von individuellen Unterschieden. Insofern wird auch verständlich, wenn sich immer mehr Eltern von Kindern ohne Behinderung für den gemeinsamen Unterricht bewusst und gezielt entscheiden.

Die Wirkungen des gemeinsamen Unterrichts sind in zahlreichen empirischen Studien bestens erforscht, sodass an dieser Stelle auf einige Forschungsübersichten (vgl. die Arbeiten der INTSEP-Forschungsgruppe in Fribourg/Schweiz: Haeberlin u.a. ²1991 und Bless 1995; Hildesmidt/Schnell 1998) sowie die umfassende Studie von Dieter Dumke (²1993) verwiesen werden kann. Anfängliche Probleme bei der sozialen Integration erweisen sich späterhin als Effekte unterschiedlicher Organisationsformen der integrativen Förderung. So wird etwa in der Schweiz unter dem Rahmenkonzept Integration in der allgemeinen Schule auch die individuelle Förderung von Schülern/-innen außerhalb der Jahrgangsklasse in einem separaten Raum auf ihre integrativen Effekte hin untersucht (vgl. Haeberlin u.a. ²1991, S. 46). Während sich dabei erneut die Schulleistungsvorteile für die integrative Förderung in dieser individualisierten Form bestätigen lassen, werden gleichzeitig Prozesse der sozialen Ausgrenzung beobachtet. Spätere Studien haben in dieser Hinsicht allerdings belegen können, dass ein reformpädagogisch orientierter Unterricht, in dem die Schüler/-innen im Klassenverband verbleiben, solche Ausgrenzungstendenzen nicht nach sich zieht. Allenfalls Kinder und Jugendliche mit massiven Verhaltensproblemen (vgl. Wocken 1993) werden von anderen Kindern deutlich abgelehnt – nicht jedoch Kinder und Jugendliche, die umfassende Lernprobleme haben. Die soziale Ausgrenzung von

Kindern und Jugendlichen mit massiven Verhaltensproblemen ist insofern nachvollziehbar, weil gerade die gestörte soziale Interaktion das zentrale Merkmal ihres sonderpädagogischen Förderbedarfs darstellt und entsprechende Fördermaßnahmen wie Rückzugsmöglichkeiten außerhalb des Klassenraums, verhaltenstherapeutische Maßnahmen usf. erfordern (vgl. Myschker 1999).

Sekundarbereich

Lange Zeit scheint es zweifelhaft, ob sich die Integration im Sekundarbereich fortsetzen lässt. Zu deutlich steht die Selektionstendenz eines mehrgliedrigen Schulwesens gerade im Sekundarbereich im Vordergrund. Die bisher vorliegenden Erfahrungen zur Integration in der Sekundarstufe I bestätigen diese anfänglichen Befürchtungen jedoch nicht.

Besonders die Gesamtschulen erweisen sich als integrationsfähige Systeme im Bereich der weiterführenden Schulen (vgl. Schley/Boban/Hinz 1989; Schley/Köbberling 1994; Preuss-Lausitz/Maikowski 1998). Ähnlich wie die Grundschulen sind die Gesamtschulen in einigen Bundesländern als »Schulen für alle« konzipiert. So entwickeln beispielsweise die Gesamtschulen in Köln-Holweide und Bonn-Beuel integrative Schulprogramme, in denen die Aufnahme von Jugendlichen mit Behinderung fest verankert wird. Bezogen auf den gemeinsamen Unterricht lernen die Gesamtschulen von den Grundschulen und übernehmen wesentliche Elemente der dort entstandenen Konzepte (vgl. Liebert 1995). Das folgende Unterrichtsbeispiel zeigt den alltäglichen Charakter des gemeinsamen Unterrichts in der Sekundarstufe:

- Integrative Situation Nr. 4:[8]
Im Rahmen der Projektwoche »Zwischen Vergangenheit und Zukunft leben« entscheidet sich eine Projektgruppe (10 Jugend-

---

8 Das Unterrichtsbeispiel stammt von: Ebert, Elke: »Zwischen Vergangenheit und Zukunft leben« – Projektwoche in einer integrativ arbeitenden Jahrgangsstufe der Gesamtschule. In: Heimlich, Ulrich: Gemeinsam lernen in Projekten. Bausteine für eine integrationsfähige Schule. Bad Heilbrunn: Klinkhardt, 1999a, S. 107–111

> liche, 1 Schüler mit einer Lernbehinderung) der fünften Jahrgangsstufe der Integrierten Gesamtschule in Halle/S. für die Erforschung der Geschichte ihrer Heimatstadt. Unter dem Motto »Halle zwischen gestern und morgen« beschäftigt sich die Projektgruppe mit Sagen und Geschichten, einem alten Stadtplan und vielen weiteren Informationsmaterialien. Als Ziel wird die Erstellung eines historischen Stadtführers festgelegt. Die Schüler/-innen erkunden bei Spaziergängen den Verlauf der alten Stadtmauer, besuchen den Stadtgottesacker aus der Spätrenaissance und das Saline-Museum, in dem die Geschichte der halleschen Salzsieder (der sog. »Halloren«) hautnah erfahren werden kann. Passanten und Experten werden befragt, eine Menge selbsterstelltes Fotomaterial entsteht und wird schließlich für die Präsentation des Stadtführers gesichtet.

Ebenfalls zeigt sich, dass die reformpädagogischen Unterrichtskonzepte aus den Grundschulen nicht ohne weiteres in die Gesamtschulen übernommen werden können. Viele Sekundarschullehrer/-innen durchlaufen in Verbindung mit dem gemeinsamen Unterricht zunächst einen Prozess der Weiterqualifizierung, in dessen Verlauf sie sich von dem stark fachorientierten Unterricht mehr und mehr einem kindzentrierten pädagogischen Konzept zuwenden. Zur Koordination der integrativen Förderung in den mehrzügigen Jahrgangsstufen (mit mehreren Jahrgangsklassen) eignet sich die Wochenplanarbeit ganz besonders. Der Wochenplan ist nicht nur für die Schüler/-innen die wichtigste Grundlage in Bezug auf ihren eigenen Lernprozess. Vielmehr organisieren auch die Lehrer/-innen im Sekundarbereich ihre gemeinsame pädagogische Arbeit in der Jahrgangsstufe über den Wochenplan und benutzen ihn so als »Drehscheibe« des gemeinsamen Unterrichts im Sekundarbereich. Ergänzt wird dieser didaktisch-methodische Grundbaustein durch Elemente wie Freiarbeit, differenzierten Fachunterricht, Gruppen- und Projektunterricht sowie fächerverbindendes Lernen (vgl. Heimlich/Jacobs 2001, S. 92ff.).

Empirische Studien bestätigen, dass auch Sekundarschulsysteme die Probleme der sozialen Integration bewältigen können (vgl. Hildeschmidt/Sander 1995). Aus Langzeitstudien wird überdies deutlich, dass die soziale Entwicklung von Schülern/-innen in Integrationsklassen des Sekundarbereichs einen normalen Verlauf nimmt: Der Betonung von individuellen Differenzen und der Suche nach der eigenen Identität in der Phase der Pubertät folgt in den höheren Altersgruppen wiederum ein Gefühl der Zusammengehörigkeit im Bewusstsein der Unterschiede zwischen den einzelnen – gleichsam auf einem höheren, stärker reflektierten Niveau (vgl. Köbberling/Schley 2000).

Aus diesen Erfahrungen mit dem gemeinsamen Unterricht im Primar- und Sekundarbereich lassen sich nun einige didaktisch-methodische Bausteine des gemeinsamen Unterrichts ableiten.

1.2.2 Bausteine des gemeinsamen Unterrichts

Aus der Praxis des gemeinsamen Unterrichts heraus erweisen sich bestimmte Methoden als besonders geeignet. Insofern entwickelt sich parallel zu den Schulversuchen in Berlin, Bremen, Hamburg, Hessen, Nordrhein-Westfalen, Rheinland-Pfalz und Saarland ab Mitte der achtziger Jahre rasch ein pragmatischer Grundkonsens zu Bausteinen des gemeinsamen Unterrichts. Dabei lassen sich im Wesentlichen zwei Richtungen mit vielen Parallelen und Überschneidungen unterscheiden: der offene Unterricht und der Projektunterricht.

- Meist wird auf dieser Ebene der didaktischen Theoriebildung zum gemeinsamen Unterricht auf die Parallelen zum »Offenen Unterricht« hingewiesen (vgl. Wocken 1987a, S. 72ff.; Schöler ²1999, S. 78f. und S. 239 ff.). Gemeinsamer Unterricht wäre demnach eine Öffnung des Unterrichts für eine Vielfalt an Methoden und Lernwegen (*Öffnung der Schule nach innen*). Außerdem soll sich die Schule, die gemeinsamen Unterricht durchführt, zu ihrem sozialräumlichen Umfeld hin öffnen (*Öffnung der Schule nach außen*) (vgl. Wallrabenstein 1991). Begründet wird der offene Unterricht in der Regel mit veränderten Sozialisationsbedingungen von Kindern in modernen Gesellschaften (vgl. Wopp 1994). Lehrer/-innen berichten gegenwärtig immer wieder, dass die homogene Lerngruppe einfach nicht mehr vorhanden ist. Kinder und Jugendliche werden offenbar immer unterschiedlicher. Kinder mit sonderpädagogischem Förderbedarf sind vor diesem Hintergrund also lediglich ein weiteres Element der ohnehin vorhandenen Heterogenität in Schulklassen (vgl. Hinz 1993). Grundbausteine des offenen Unterrichts sind Freie Arbeit, Wochenplan, Stuhl- bzw. Gesprächskreis und der strukturierte Klassenraum einschließlich der Ausstattung mit entsprechenden Lernmaterialien für selbsttätige Lernprozesse. Parallelen ergeben sich hier insbesondere zum Werkstattunterricht (vgl. Wiater/Dalla

Torre/Müller 2002) und zum schülerorientierten Unterricht (vgl. für den heil- und sonderpädagogischen Bereich: Reiß/Eberle ²1994; Heimlich 1997).
- Zum Problem gerät im differenzierenden und individualisierenden Unterricht häufig der Versuch, gemeinsame inhaltliche Bezugspunkte mit den Schülern/-innen zu entwickeln und soziale Lernprozesse zu ermöglichen. Dies ist auch ein Ansatzpunkt der Kritik bezogen auf den offenen Unterricht. Das Lernen in Projekten ermöglicht im Unterschied dazu gleichsam *a priori* die *Konstruktion von gemeinsamen Lerngegenständen* in der Schüler-Lehrer-Interaktion (vgl. Jaumann-Graumann 2001). Von daher hat der Projektunterricht auch den Vorteil, dass die *Kooperation aller auf der Basis ihrer jeweiligen Kompetenzen an einem gemeinsamen Lerngegenstand* möglich wird – wie Georg Feuser (vgl. Feuser/Meyer 1987) es in seiner weithin bekannt gewordenen Kurzformel festgehalten hat. Irene Demmer-Dieckmann (1991) macht in ihrem Erfahrungsbericht zum gemeinsamen Unterricht darauf aufmerksam, dass Projektlernen und innere Differenzierung nicht in Widerspruch zueinander stehen. Das Lernen in Projekten erfordert durch die Vielfalt der Lernwege geradezu Differenzierung und Individualisierung (vgl. Heimlich 1999a).

Die Bedeutung reformpädagogischer Unterrichtskonzepte in Verbindung mit dem Projektlernen im gemeinsamen Unterricht bestätigen auch die Lehrer/-innen aus Integrationsklassen. Ulf Preuss-Lausitz (1997a, S. 135) kommt in seiner Befragung der Integrationsklassenlehrer/-innen der Jahrgangsstufen eins bis sechs in Brandenburg (sechsjährige Grundschule wie in Berlin) zu dem Ergebnis, dass die Mehrheit der Lehrer/-innen die innere Differenzierung (98,4%), die Freie Arbeit (85,7%), den fächerübergreifenden Unterricht (71,4%), den Morgenkreis (69,8%) und Projekte (65,1%) im gemeinsamen Unterricht für unverzichtbar halten. Untersuchungen im Sekundarbereich bestätigen diese Einschätzung im Wesentlichen, auch wenn der Stellenwert des Wochenplans in der Gesamtschule deutlich höher eingestuft wird (vgl. Heimlich/Jacobs 2001, S. 122ff.).

Eine eigenständige didaktisch-methodische Problematik ergibt sich im gemeinsamen Unterricht häufig bezogen auf die *Leistungsmessung* und -bewertung. Insbesondere wenn Kinder und Jugendliche mit Behinderung die Ziele und curricularen Anforderungen der allgemeinen Schulen nicht erreichen, wird eine differenzierte Form der Leistungsbewertung unabdingbar (vgl. Weinert 2002a). Die verbale Leistungsbeurteilung, die in den ersten Grundschuljahren in allen Bundesländern zum Standard zählt, eröffnet hier noch weit reichende Möglichkeiten einer individualisierten Rückmeldung über die erzielten Lernfortschritte für Schüler/-innen sowie deren Eltern (*individuelle Bezugsnorm*). Die Kinder und Jugendlichen schätzen dabei besonders die gemeinsame Form, die für alle verbindlich ist und sichtbare Formen der Ausgrenzung nicht zulässt. Spätestens beim Übergang in den Sekundarbereich stehen die Zensuren wieder im Mittelpunkt. Die Kinder werden nun nicht mehr nur mit ihrem eigenen Leistungspotenzial verglichen, sondern ebenso mit den Schulleistungen ihrer Mitschüler/-innen (*soziale Bezugsnorm*). Lernen die Schüler/-innen im gemeinsamen Unterricht nach unterschiedlichen curricularen Anforderungen (also z.B. Grundschule und Förderschule für Lernbehinderte bzw. zur individuellen Lernförderung), wird die Leistungsbewertung durch differenzierte *sachliche Bezugsnormen* erweitert. Schüler/-innen berichten hier über Ungerechtigkeiten, wenn sie nun bemerken, dass ein Mitschüler bzw. eine Mitschülerin für einfachere Leistungen die gleiche Zensur wie andere für komplexere Leistungen erhalten. Lehrer/-innen halten deshalb im gemeinsamen Unterricht in der Regel an der schriftlichen Leistungsbewertung in Ergänzung zur Zensurenbenotung fest (vgl. für die Primarstufe: Schöler ²1999 S. 243ff. und für die Sekundarstufe: Heimlich/Jacobs 2001, S. 129ff.). Insofern entspricht die Praxis der Leistungsbewertung im gemeinsamen Unterricht den neueren Anforderungen an eine Bezugsnormen-Vielfalt mit einem Schwerpunkt bei den curricularen Anforderungen und unter Einbeziehung der Selbstbeurteilung der Schüler/-innen (vgl. Rheinberg 2002).

Letztlich stellt uns der gemeinsame Unterricht allerdings vor die Frage, inwieweit es weiterhin gerechtfertigt erscheint, dass für die unterschiedlichen Schulformen jeweils separate Richtlinien erlassen werden. Inzwischen zeigen zahlreiche Nachbarländer wie der PISA-2000-Spitzenreiter Finnland, dass ein nationales Basis-Curriculum für alle Schulformen nicht in Widerspruch zu hervorragenden Schulleistungen steht und außerdem den Vorteil mit sich bringt, dass eine Reduktion auf das Wesentliche unabdingbar wird. *Integrative Curricula*, die auch Schüler/-innen mit den Förderschwerpunkten »Lernen« und »geistige Entwicklung« einbeziehen, zählen allerdings noch zu den Zukunftsaufgaben einer integrativen Pädagogik in der BRD (vgl. Podlesch 1998, S. 118ff.).

Damit sind wir bereits bei den Rahmenbedingungen des gemeinsamen Unterrichts angelangt. Auch integrative Pädagogik in der Schule erfordert nicht nur pädagogisch-konzeptionelle Innovationen. Sie steht und fällt gleichzeitig mit der Gestaltung eines Förderortes in der allgemeinen Schule durch eine angemessene personelle und materielle Ausstattung.

1.2.3 Organisation des gemeinsamen Unterrichts

Auch für den gemeinsamen Unterricht haben sich seit Mitte der siebziger Jahre begleitend zu den Schulversuchen in den Bundesländern und durch die Überführung der Integrationsklassen in die Regelform bestimmte Qualitätsstandards herausgebildet, die erfahrungsgemäß eine erfolgreiche Umsetzung der pädagogischen Konzeption erwarten lassen. Dazu zählen 1. die gesicherten Rechts- und Finanzgrundlagen, 2. die personellen und materiellen Rahmenbedingungen sowie 3. eine Vielfalt an Organisationsformen integrativer Förderung.

Rechtsgrundlagen und Finanzierung

Die *schulrechtlichen Grundlagen* des gemeinsamen Unterrichts sind im Wesentlichen in die Kulturhoheit der Länder hineingestellt und zeigen im Überblick ein vielfältiges Bild.[9] Gleichwohl haben die Erfahrungen mit gemeinsamem Unterricht in den achtziger Jahren auch dazu beigetragen, dass nunmehr ein bundesweiter Rechtsrahmen für die integrative Förderung in der allgemeinen Schule vorliegt.

---

9 Aufgrund der Dynamik der Entwicklung in diesem Arbeitsfeld integrativer Pädagogik wird auf eine detaillierte Darstellung verzichtet. Hier eignen sich nach meiner Erfahrung fortlaufend aktualisierte Internet-Darstellungen wesentlich besser (vgl. die Übersicht der Arbeitsgruppe sonderpädagogische Beruf der GEW: www.gew.de). Die Situation in den einzelnen Bundesländern wird von Manfred Rosenberger im Jahre 1998 zusammengefasst (vgl. Rosenberger 1998). Rainer Lersch legt nochmals einen aktuellen Überblick vor (vgl. Lersch 2001).

Im Zuge der Integrationsentwicklung erhält die *Änderung des Grundgesetzes* (GG) von 1994 eine schulrechtliche Relevanz[10]. Der Anti-Diskriminierungs-Grundsatz (»Niemand darf wegen seiner Behinderung benachteiligt werden.«) in Artikel 3, Abs. (3) wird in der Rechtsprechung des Bundesverfassungsgerichts vom 8. Oktober 1997 so ausgelegt, dass nunmehr alle Bundesländer verpflichtet sind, auch Maßnahmen der integrativen Förderung vorzuhalten. Einschränkend erfolgt allerdings der Hinweis auf die vorhandenen Haushaltsmittel. Gleichwohl nutzen viele Eltern in den Folgejahren diese höchstrichterliche Rechtsprechung als Grundlage für Petitionen in den Landtagen (z.B. Sachsen, Bayern), um ihren Antrag auf gemeinsamen Unterricht durchzusetzen. So ist nicht zuletzt ein Grundrecht mit dafür verantwortlich, dass mittlerweile alle Bundesländer rechtliche Regelungen zum gemeinsamen Unterricht fixiert haben.

Ein weiterer Impuls für einen bundesweiten Rechtsrahmen geht von der *Kultusministerkonferenz der Länder (KMK)* aus. Obwohl die Verlautbarungen der KMK weder den Charakter eines Gesetzes noch einer Verordnung haben, so kann doch von einer gewissen Verbindlichkeit ausgegangen werden. Die »Empfehlungen zur sonderpädagogischen Förderung in den Ländern der BRD« von 1994 (vgl. Sekretariat ... 1994a) tragen jedenfalls in den folgenden Jahren maßgeblich dazu bei, dass in allen Bundesländern die Bemühungen um integrative Förderung in der allgemeinen Schule verstärkt werden. Sonderpädagogische Förderung kann nach diesem bundesweiten Minimalkonsens der Kultusminister der Länder nun auch an allgemeinen Schulen stattfinden. Die Förderung an den Sonder- bzw. Förderschulen und damit die Sonderpädagogik insgesamt soll zukünftig lediglich subsidiären (also nachrangigen) Charakter haben (vgl. Heimlich 1999a). Daraus folgt, dass auch bei festgestelltem sonderpädagogischen Förderbedarf zunächst die Förderung an der allgemeinen Schule erprobt werden muss – gegebenenfalls mit sonderpädagogischer Unterstützung. Ein sonderpädagogischer Förderbedarf zieht seither nicht mehr ohne

---

10 Bundeszentrale für politische Bildung (Hrsg.): Grundgesetz für die Bundesrepublik Deutschen. Textausgabe. Stand: Juli 2002 (kostenlos zu beziehen über die Bundeszentrale für politische Bildung, Berliner Freiheit 7, 53111 Bonn

weiteres eine Überweisung an den besonderen Förderort (Sonder- bzw. Förderschule) nach sich. Die sonderpädagogische Förderung ist damit als Aufgabe aller Schulformen festgelegt.

Beispielhaft für die rechtlichen Rahmenbedingungen zum gemeinsamen Unterricht in den Bundesländern wird die Integrationsverordnung (IVO) des Bundeslandes Saarland aus dem Jahre 1987.[11] Vorausgegangen ist eine Änderung des Schulordnungsgesetzes im Jahre 1986. Seither heißt es in § 4, dass der »Unterrichts- und Erziehungsauftrag der Schulen der Regelform grundsätzlich auch die behinderten Schüler« umfasst. Schüler/-innen mit sonderpädagogischem Förderbedarf können demnach am Unterricht der allgemeinen Schulen teilnehmen, wenn die erforderliche sonderpädagogische Förderung gesichert ist. Es sind alle Behinderungsarten und alle Schulformen einbezogen. Werden die Schüler/-innen mit sonderpädagogischem Förderbedarf *zielgleich* gefördert, gelten die Curricula und die Leistungsanforderungen der allgemeinen Schule einschließlich der Leistungsbeurteilung auch für diese Gruppe. Erfolgt die Förderung *zieldifferent*, so gelten die Curricula der Schulen für den entsprechenden Förderschwerpunkt (also z.B. Förderschwerpunkt »Lernen« und »geistige Entwicklung«). Die Erziehungsberechtigten stellen den Antrag auf gemeinsamen Unterricht. Als nächster Schritt erfolgt dann die Feststellung des sonderpädagogischen Förderbedarfs. Ein *Förderausschuss* bestehend aus der Schulleitung der allgemeinen Schule, einer Lehrerin bzw. einem Lehrer der allgemeinen Schule, einer Sonderschullehrerin bzw. einem Sonderschullehrer und den Erziehungsberechtigten des betreffenden Schülers bzw. der Schülerin erstellt eine *Kind-Umfeld-Analyse* (s. Kap. 2.3) und beschließt sodann eine Empfehlung bezüglich des Förderortes. Es steht ein gestuftes System der integrativen Förderung zur Verfügung: 1. Regelklasse mit Beratung, 2. Regelklasse mit Ambulanzlehrer, 3. Schule der Regelform mit sonderpädagogischen Förderungseinrichtungen, 4. Regelklasse mit Zwei-Pädagogen-System, 5. Kooperierende Sonderklasse in einer Schule der Regelform, 6. Kooperation einer Schule für

---

11 Verordnung – Schulordnung – über die gemeinsame Unterrichtung von Behinderten und Nichtbehinderten in Schulen der Regelform (Integrations-Verordnung) vom 4. August 1987 (Amtsbl. S. 972), geändert durch VO vom 22. Mai 1993 (Amtsbl., S. 494)

Behinderte mit einer Schule der Regelform. Schließlich entscheidet die Schulaufsicht über den Antrag der Erziehungsberechtigten auf gemeinsamen Unterricht und informiert die Antragsteller entsprechend (unter Einschluss der Rechtsmittelbelehrung). Alle Bundesländer haben inzwischen eine derartige Rechtsgrundlage für den gemeinsamen Unterricht geschaffen. Skepsis gibt es lange Zeit gegenüber der zieldifferenten Integration von Schülern/-innen mit den Förderschwerpunkten »Lernen« sowie »geistige Entwicklung«. Bayern streicht im Jahre 2003 als letztes Bundesland mit dem »Gesetz über das Bayrische Erziehungs- und Unterrichtswesen« (BayEUG) den Grundsatz der »Lernzielgleichheit« aus dem Schulgesetz und schließt sich ebenfalls einer bundesweiten Entwicklung hin zum gemeinsamen Unterricht an.

Zur entscheidenden Voraussetzung für die quantitative Weiterentwicklung des gemeinsamen Unterrichts in der BRD werden mittlerweile die *finanziellen Grundlagen*. Zunächst dominiert die Einschätzung, dass der gemeinsame Unterricht in jedem Fall Mehrkosten nach sich zieht, da ja neben dem System der Sonder- bzw. Förderschulen nun auch ein integratives Fördersystem zu finanzieren ist (sog. »duales System sonderpädagogischer Förderung«). In einem Gutachten für die Max-Träger-Stiftung kommt Ulf Preuss-Lausitz (2000) allerdings zu dem Schluss, dass bei dieser Sichtweise nur die Personalkosten der Lehrer/-innen berücksichtigt sind. Neben dieser Kostengruppe seien aber in jedem Fall die Beförderungskosten und die Betriebs- und Verwaltungskosten einzubeziehen (a.a.O., S. 10f.). Ein bundesweiter Vergleich der Finanzierung des gemeinsamen Unterrichts wird hier zusätzlich durch die unterschiedlichen Kostenträger erschwert. Während die Kosten für Lehrer/-innen in der Regel das Land trägt (also die Personalkosten im Jahreshaushalt des jeweiligen Kultusministeriums), werden die Beförderungskosten und die Betriebs- und Verwaltungskosten häufig vom Schulträger finanziert (also die jeweilige Kommune oder der Landkreis, allerdings vielfach auch mit Unterstützung durch Landesmittel). Preuss-Lausitz schlägt nun vor, die Kosten pro Schüler bzw. Schülerin als Summe aus den drei genannten Kostenbereichen an einer Schule (allgemeine Schule bzw. Sonder- oder Förderschule) dividiert durch die Anzahl der Schüler/-innen zu bilden (sog. »*unit costs*«). Bei Schülern/-innen mit sonderpädagogischem Förderbedarf in der allgemeinen Schule kommen die Kosten für das sonderpädagogische Personal und die

Beförderungskosten hinzu. Ein Vergleich dreier Regionen in Berlin, Brandenburg und Schleswig-Holstein kommt u.a. zu dem Ergebnis, dass gemeinsamer Unterricht nicht kostenträchtiger ist als der Unterricht in einer Sonder- bzw. Förderschule. Während die Personalkosten bei gemeinsamem Unterricht in der Regel steigen, hat vor allem die wohnortnahe Integration (Aufnahme der Kinder und Jugendlichen mit sonderpädagogischem Förderbedarf in die allgemeine Schule des Stadtteils bzw. Sprengels) eine deutliche Reduktion der Beförderungskosten zur Folge, da Sonder- bzw. Förderschulen meist Schulen mit einem großen Einzugsbereich sind (ähnlich wie bei Gymnasien und Realschulen zwischen 90 und 100 Quadratkilometer, vgl. Bundesministerium für Familie und Senioren, BMFS 1994). Besonders bei kleinen Sonder- bzw. Förderschulstandorten erscheint die Relation zwischen den Betriebs- und Verwaltungskosten und der Zahl der Schüler/-innen mit sonderpädagogischem Förderbedarf problematisch. Inwieweit allerdings der gemeinsame Unterricht ein »Einsparpotenzial« beinhaltet, muss bezweifelt werden, da gleichzeitig mit der Ausweitung der sonderpädagogischen Förderangebote auf die allgemeine Schulen offenbar auch die Zahl der Schüler/-innen mit sonderpädagogischem Förderbedarf weiter ansteigt (vgl. Sekretariat ... 2002). Parallel dazu wird sich der Bedarf an pädagogischem Personal im sonderpädagogischen Bereich ebenfalls nach oben entwickeln und so die eingesparten Beförderungskosten wieder ausgleichen. Insofern dürfte realistisch betrachtet eine Patt-Situation in Bezug auf die Finanzierung der integrativen Förderung vorliegen, d.h. die Kosten für die integrative Förderung an der allgemeinen Schule liegen nicht höher als in Sonder- bzw. Förderschulen.

Kritisch wird nach wie vor die Notwendigkeit der Feststellung des sonderpädagogischen Förderbedarfs als Voraussetzung für die Finanzierung des gemeinsamen Unterrichts gesehen (sog. »Etikettierungs-Ressourcen-Dilemma«, vgl. Füssel/Kretschmann 1993, S. 43ff.). Um an die notwendigen Ressourcen (personeller oder sachlicher Art) zu gelangen, ist es erforderlich, dass Schüler/-innen mit dem Etikett »sonderpädagogischer Förderbedarf« belegt werden. Aus der Sicht der Bildungsplanung ist es allerdings durchaus möglich, den potenziellen Anteil der Schüler/-innen mit sonderpädagogischem Förderbedarf bezogen auf eine Schule zu schätzen. Wenn der Anteil der Schüler/-innen mit sonderpädagogischem Förderbedarf an der Gesamtzahl der Schüler/-innen eines

Jahrgangs zwischen 4 und 5% liegt, wären dann bei einer Schülerzahl pro Klasse zwischen 20 und 30 etwa 1 bis 2 Schüler/-innen mit sonderpädagogischem Förderbedarf zu erwarten (vgl. Schöler ²1999, S. 22). Insofern liegt es nahe, den allgemeinen Schulen im Sinne einer bildungsplanerischen Entscheidung die entsprechenden Sonderpädagogenstunden zuzuweisen, ohne dass jeweils der Förderbedarf festgestellt werden müsste (vgl. Wocken 1994, S. 48). Dies würde einen Verzicht auf die Etikettierung ermöglichen und zugleich verhindern, dass die Etikettierung lediglich als Ressourcenbeschaffung missbraucht würde (sog. »systembezogene Ressourcenzuweisung«, vgl. Füssel/Kretschmann 1993, S. 101). Gegenwärtig wird es allerdings zunehmend zum Problem, Minimalbedingungen für den gemeinsamen Unterricht sicherzustellen.

Rahmenbedingungen

Maßgeblich beeinflusst sind die *Empfehlungen zur personellen und sachlichen Ausstattung* von den ersten Modellstandorten des gemeinsamen Unterrichts in Berlin. Bei der Zusammensetzung der Lerngruppen wird das 15+5-Modell der Flämingschule in Berlin (15 Kinder ohne Behinderung, 5 Kinder mit Behinderung) dem 18+2-Modell der Uckermarkschule in Berlin (18 Kinder ohne Behinderung, 2 Kinder mit Behinderung) gegenübergestellt. Dabei ist keine Behinderungsart ausgeschlossen. In der Regel werden diese Klassen im *Zwei-Pädagogen-System* geführt (sog. »Doppelbesetzung«), d.h. eine Grundschullehrkraft und eine Sonderschullehrkraft sind gemeinsam für den Unterricht und die Förderung der Schüler/-innen zuständig. Zusätzlich erfolgt je nach Förderbedarf auch der Einsatz weiterer Kräfte im Bereich der Pflege (z.B. Zivildienstleistende). In einzelnen Bundesländern wird zunehmend auch heilpädagogisches Personal (z.B. Erzieherinnen, Förderlehrer/-innen) in den gemeinsamen Unterricht einbezogen.

Die Reduzierung der Schülerzahl pro Klasse bei gleichzeitiger Doppelbesetzung wird jedoch gegenwärtig immer weniger realisierbar. Besonders dort, wo integrative Förderung über geringe Anteile hinaus quantitativ erheblich ausgeweitet wird, erfolgt gleichzeitig eine Einschränkung der personellen Versorgung. Insofern entsteht hier ein »Qualitäts-Exklusivitäts-Dilemma« (vgl. Füssel/Kretschmann 1993, S. 43). Wird an dem Qualitätsstandard

»Zwei-Pädagogen-System« festgehalten, so dürfte dies nur bezogen auf wenige, exklusive Standorte umzusetzen sein. Demgegenüber setzt sich mehr und mehr der *Grundsatz der Gleichbehandlung zwischen der Förderung in Sonder- bzw. Förderschulen und der Förderung in der allgemeinen Schule* durch. Schüler/-innen mit sonderpädagogischem Förderbedarf haben von daher einen (»verwaltungstechnischen«) Anspruch auf eine bestimmte Zahl an Förderstunden pro Woche.[12] Werden nun mehrere Schüler/-innen mit sonderpädagogischem Förderbedarf in eine Klasse der allgemeinen Schule aufgenommen, so steht ihnen auch dort die Zahl der Förderstunden zur Verfügung. Durch die Bündelung dieser Förderstunden in einzelnen Klassen kann zumindest eine teilweise Doppelbesetzung im gemeinsamen Unterricht erreicht werden. Die Sonder- bzw. Förderschullehrkräfte bieten hier ihre Beratungs-, Diagnose- und Förderkompetenz flexibel bezogen auf mehrere Klassen der allgemeinen Schulen an. Insofern entsteht gegenwärtig eher ein *»Beratungs- und Ambulanzlehrersystem«*, in dem die Sonder- bzw. Förderschullehrkräfte mit mehreren Lehrkräften der allgemeinen Schulen und mit mehreren Lerngruppen zusammenarbeiten (vgl. Heimlich/Jacobs 2001, S. 25).

Bezüglich der *Raumausstattung* wird beim gemeinsamen Unterricht ein strukturierter Klassenraum mit mehreren Funktionszonen bevorzugt, die das differenzierte und individualisierte Unterrichtskonzept unterstützen (z.B. Leseecke, Experimentierecke, Gemeinschaftsfläche usf.). Als hilfreich hat sich die Abteilung eines Gruppenarbeitsraumes (möglichst mit Fenstern) erwiesen, in dem

---

12 Die Zahl der Förderstunden wird berechnet auf der Basis der Gesamtzahl der Sonderschullehrerstunden pro Sonder- bzw. Förderschulklasse (also z.B. 27 Stunden) dividiert durch die Anzahl der Schülerinnen und Schüler mit sonderpädagogischem Förderbedarf in den Sonder- bzw. Förderklassen. Aufgrund der unterschiedlichen, schulrechtlich festgelegten Klassenfrequenzen (z.B. ein Lehrer bzw. eine Lehrerin für 11 Schülerinnen und Schüler mit sonderpädagogischem Förderbedarf im Förderschwerpunkt Lernen) entsteht dann die jeweilige wöchentliche Zahl der Förderstunden (z.B. 27:11=2,5 Förderstunden im Förderschwerpunkt Lernen pro Schüler/-in). Bei 5 Schülerinnen bzw. Schülern mit Förderschwerpunkt »Lernen« wären das 12,5 Sonder- bzw. Förderschullehrerstunden. Bei einem Grundschulwochenplan entspricht das etwa einer halben Doppelbesetzung.

die integrative Einzel- und Kleingruppenförderung (Förderung einer Gruppe von bis zu 5 Schüler/-innen mit und ohne Behinderung) stattfinden kann. Neben einer flexiblen Ausstattung mit Schülerarbeitsplätzen (möglichst als Gruppentische, die bei Bedarf für verschiedene Sozialformen zusammengestellt werden können), sind offene Regale mit Unterrichts- und Fördermaterialien für die Freie Arbeit und die Unterstützung von Spielphasen unabdingbar. Auch die Diagnose- und Fördermaterialien für die sonderpädagogsiche Förderung sollten je nach Förderschwerpunkt im Klassenraum verfügbar sein. Da die Schulgebäude nicht in jedem Fall bereits nach dem Grundsatz der *Barrierefreiheit* architektonisch gestaltet worden sind, sollten die Klassenräume für den gemeinsamen Unterricht möglichst im Erdgeschoss liegen. Meist werden die Einschränkungen in diesem Bereich jedoch überschätzt, da die Barrieren häufig mit einfachen Mitteln (z.B. Einbau einer Rampe für Rollstühle) überwunden werden können.

Organisationsformen

Integrative Förderung wird in der allgemeinen Schule in einer Vielfalt an Organisationsformen praktiziert. Prinzipiell lassen sie sich über das jeweilige Ausmaß der Begegnung zwischen Schüler/ -innen mit und ohne Behinderung in der allgemeinen Schule sowie den jeweiligen Anteil an sonderpädagogischer Unterstützung differenzieren. Dabei ist in der Praxis durchaus nicht von einem starren System unterschiedlicher organisatorischer Realisierungen auszugehen. Vielmehr führen Schulentwicklungsprozesse nicht selten zu Übergängen zwischen den einzelnen Organisationsformen. An dieser Stelle sind nur solche Organisationsformen aufgeführt, die als Beitrag zur integrativen Förderung bewertet werden können.

- *Sonderpädagogische Diagnose-Förderklassen* (bzw. Förderklassen oder Kleinklassen) fassen Schüler/-innen mit sonderpädagogischem Förderbedarf zu einer Lerngruppe zusammen. Sie sind in einigen Bundesländern weiterhin Bestandteil der Förderschulen (z.B. in Bayern), könnten aber von ihrem Grundkonzept her ebenso am Förderort Grundschule eingerichtet werden (z.B. die Förderklassen in Bremen). Der Unterricht erfolgt in dem bayrischen Konzept nach den Richtlinien der Grundschule. Allerdings werden die stofflichen Anforderungen der ersten beiden Grundschuljahre auf drei Schuljahre ausgedehnt. Nach den drei

Schuljahren in der Diagnose-Förderklasse sollen möglichst viele Schüler/-innen wieder in die Grundschule zurückgeführt werden, um in der Jahrgangsstufe 3 wieder am Unterricht der Grundschule teilzunehmen. Eine intensive Förderdiagnostik unterstützt diesen Prozess der Re-Integration. Aufgrund der reduzierten Klassenfrequenzen und der guten personellen sowie sächlichen Ausstattung der Diagnose-Förderklassen ist die Rücküberweisungsquote offenbar zu Beginn der Einführung dieser Organisationsform relativ hoch gewesen. Die Angaben schwanken zwischen ca. 30 und 50%. Allerdings ist die Zahl der zurückgeführten Kinder im Rahmen der bayrischen Schulversuche nicht systematisch erhoben worden (vgl. Breitenbach 1992). Viele Eltern verbinden gleichwohl mit dieser Organisationsform die Hoffnung, dass ihre Kinder den Anschluss an die Anforderungen der Grundschule doch noch bewältigen (vgl. Biewer 2001). Insofern erscheint es gerechtfertigt, die Diagnose-Förderklassen ebenfalls als Organisationsform integrativer Förderung zu betrachten. Kritisiert wird an den Förderklassen besonders die Gefahr der sozialen Ausgrenzung und damit der Diskriminierung der Schüler/-innen (vgl. Bless 1999). Unbestritten ist hingegen, dass die sonderpädagogische Diagnostik vor Einrichtung der Diagnose-Förderklassen offenbar bis zur Hälfte der Schüler/-innen fälschlicherweise an eine Förderschule überwiesen hat, obwohl diese Kinder bei entsprechender Unterstützung den Anschluss an die Anforderungen der Grundschule wieder erreicht hätten.

- *Kooperationsklassen* (in Bayern Außenklassen) sind Förderschulklassen, die an die allgemeine Schule ausgelagert werden. Sie bestehen ausschließlich aus Schüler/-innen mit sonderpädagogischem Förderbedarf und werden in der Regel von einer Sonderschullehrkraft unterrichtet. Im Vergleich zu den großen Einzugsbereichen der Förderschulen können durch die Kooperationsklassen lange Fahrtzeiten vermieden werden. Durch die räumliche Nähe in einem Schulgebäude ergeben sich vielfältige Möglichkeiten der sozialen Begegnung. Angefangen bei Partnerklassen, mit denen sich die Schüler/-innen der Kooperationsklasse beispielsweise auf dem Schulhof oder bei gemeinsamen Festen und Feiern treffen, ergeben sich meist auch Möglichkeiten des gemeinsamen Unterrichts. Hier sind in der Regel die musischen Fächer oder der Sportunterricht angesprochen. Der gemeinsame Unterricht kann sich jedoch auch für bestimmte Schüler/-innen auf die Kernfächer ausweiten, soweit sie die Anforderungen der jeweiligen Schulform der allgemeinen Schule erfüllen. So kommt es beispielsweise durchaus vor, dass Schüler/-innen mit dem Förderschwerpunkt »geistige Entwicklung« in der Mathematik am Grundschulunterricht teilnehmen können (vgl. Sucharowski 1999). Bundesweit bekannt geworden sind die Bremer »Nashornklassen«, die mit einer öffentlichkeitswirksamen Aktion erreichen, dass sie auch in der Sekundarstufe gemeinsam mit ihren »geistigbehin-

derten« Mitschülern/-innen im Rahmen des Kooperationsklassenmodells unterrichtet werden (vgl. Vaudlet 2001). Hier zeigt sich auch, dass Kooperationsklassen durchaus vielfältige soziale Begegnungen ermöglichen und so als integratives Förderangebot gelten können. Als Vorteil wird allgemein anerkannt, dass Kooperationsklassen neben den Phasen des gemeinsamen Lernens auch die Möglichkeit des Rückzugs erlauben. Dies erscheint insbesondere für Schüler/-innen mit dem Förderschwerpunkt »geistige Entwicklung« bedeutsam (vgl. Mühl 1999). Bestätigt wird dieses Modell auch durch die »Kontakthypothese« von Günter Cloerkes (1997, S. 120ff.). Im Rahmen seiner Vorurteilsforschung weist er nach, dass nicht die Zahl und die Dauer der Kontakte zwischen Menschen mit und ohne Behinderung zu einem Abbau von Vorurteilen führt, sondern vielmehr die Qualität. Für den gemeinsamen Unterricht bedeutet dies, dass die Schüler/-innen nicht ständig kooperieren müssen, damit wir von gemeinsamem Lernen sprechen können. Allerdings kommt es bei den Kooperationsklassen meist nicht zu einer Differenzierung der schulischen Leistungsanforderungen. Insofern bleiben die Kooperationsklassen als System der Förderschule bestehen.
- *Integrationsklassen* sind Jahrgangsklassen der allgemeinen Schule, in die mehrere Kinder bzw. Jugendliche mit sonderpädagogischem Förderbedarf aufgenommen werden. Die Klassenfrequenz wird dabei meist abgesenkt, wobei in der Praxis die Vorgaben der Schulversuche aus den siebziger und achtziger Jahren (maximal 20 Schüler/-innen) in der Regel nicht mehr erreicht werden können. Auch Integrationsklassen nähern sich immer mehr den normalen Klassenfrequenzen. Zielsetzung der Integrationsklassen ist jedoch weiterhin die vollständige Doppelbesetzung im Rahmen des Zwei-Pädagogen-Systems, d.h. eine Lehrkraft der allgemeinen Schule und eine Lehrkraft der Förderschule arbeiten gemeinsam in der Klasse (vgl. Feuser/Meyer 1987; Wocken/Antor 1987; Schöler [2]1999). Die Praxis der Integrationsklassen zeigt hingegen, dass diese Doppelbesetzung meist nur noch für einen Teil des Wochenstundenplans erreicht wird. Das Unterrichtskonzept der Integrationsklasse wird differenziert und individualisiert gestaltet, sodass der gemeinsame Lerngegenstand für alle Schüler/-innen so aufbereitet ist, dass jeder auf der Basis der jeweiligen Kompetenzen am gemeinsamen Lernen teilnehmen kann. In Integrationsklassen wird somit auch die Unterscheidung zwischen zielgleicher und zieldifferenter Förderung hinfällig, weil der gemeinsame Unterricht hier per definitionem auf die individuellen Lernvoraussetzungen der Schüler/-innen ausgerichtet sein soll. Die einschlägigen Schulversuche haben zu den Effekten dieser Organisationsform integrativer Förderung eine durchweg positive Bestätigung geliefert. Die Schulleistungen der Schüler/-innen mit und ohne Förderbedarf weichen nicht negativ von den Klassen der Förderschule bzw. der allgemeinen Schule ab. Die Schulleistungen der Schüler/-innen mit

sonderpädagogischem Förderbedarf sind sogar tendenziell besser als in Förderschulen (vgl. Hildeschmidt/Sander 1996). Durch das gemeinsame Lernen in der heterogenen Lerngruppe sind auch Probleme der sozialen Integration hier nicht bekannt. Schüler/-innen mit sonderpädagogischem Förderbedarf haben allerdings eher ein negatives Selbstkonzept, d.h. sie schätzen ihre eigene Leistungsfähigkeit im Vergleich zu ihren Mitschüler/-innen ohne Förderbedarf geringer ein. Von Vorteil ist dabei sicherlich, dass die Schüler/-innen mit sonderpädagogischem Förderbedarf möglichst frühzeitig eine realistische Selbsteinschätzung erwerben. In diesem Prozess können sie zudem pädagogisch begleitet werden. Schüler/-innen in Förderschulen beginnen hingegen in der Regel erst beim Übergang in den Beruf mit der Erarbeitung eines realistischen Selbstkonzeptes und starten in die Phase der beruflichen Eingliederung häufig mit völlig unrealistischen Vorstellungen. Integrationsklassen haben gerade zum Ziel, den Schüler/-innen einen »Erfahrungsraum« zu bieten, in dem sie lernen können, mit sozialen Unterschieden umzugehen und sich auf ihre spätere Lebenssituation möglichst frühzeitig einzustellen. Die soziale Begegnung ist hier gleichsam zu jeder Zeit auch in spontaner und selbstgewählter Weise auf Initiative aller Schüler/-innen möglich. Neben den häufig nicht zu realisierenden exklusiven Rahmenbedingungen wird an Integrationsklassen meist auch der große Einzugsbereich kritisiert, der immer dann entstehen kann, wenn mehrere Kinder bzw. Jugendliche mit sonderpädagogischem Förderbedarf in eine Klasse der allgemeinen Schule aufgenommen werden müssen.

- *Integrative Regelklassen* sind als Weiterentwicklung der Integrationsklassen überall dort entstanden, wo die wohnortnahe Integration im Mittelpunkt der schulischen Integrationsentwicklung stehen sollte. Sie bleiben als Jahrgangsstufenklasse der allgemeinen Schule unverändert bestehen und nehmen auch einzelne Kinder bzw. Jugendliche mit sonderpädagogischem Förderbedarf auf. Die Klassenfrequenzen werden nicht abgesenkt, und die sonderpädagogische Unterstützung erfolgt ebenfalls nur stundenweise bezogen auf die jeweiligen Kinder bzw. Jugendlichen mit sonderpädagogischem Förderbedarf. In Hamburg ist diese Organisationsform bezogen auf einen sozialen Brennpunkt als Einzugsbereich einer Grundschule untersucht worden (vgl. Hinz u.a. 1998). Dabei hat sich erneut gezeigt, dass die soziale Integration keine Probleme bereitet. Die Schulleistungseffekte können allerdings für sozial benachteiligte Kinder nicht in der gleichen Weise bestätigt werden. Hier zeigt sich, dass auch der gemeinsame Unterricht nicht in der Lage ist, beispielsweise einen erheblichen Förderbedarf im Förderschwerpunkt »Lernen« aufzuheben. Sicher ist in diesem Zusammenhang noch ein umfassender Forschungsbedarf hinsichtlich der konkreten Unterrichtskonzepte gegeben.

- *Regelklassen mit heil- bzw. sonderpädagogischer Unterstützung* (z.B. durch Beratungs- und Ambulanzlehrer/-innen, die heilpädagogische Schülerhilfe in der Schweiz bzw. den Mobilen Sonderpädagogischen Dienst in Bayern) unterscheiden sich von integrativen Regelklassen dadurch, dass hier die sonderpädagogische Förderung als abnehmende Größe vorgesehen ist. Die Klassenfrequenzen der Jahrgangsklasse der allgemeinen Schule bleiben unverändert. Sonderpädagogische Förderung erfolgt bezogen auf die Kinder bzw. Jugendlichen mit sonderpädagogischem Förderbedarf stundenweise. Erste Erfahrungen beispielsweise bezogen auf den Mobilen Sonderpädagogischen Dienst in Bayern zeigen, dass bis zur Hälfte der geförderten Kinder bzw. Jugendlichen nach 1 bis 2 Schuljahren wieder ohne zusätzliche Förderung am Unterricht der Jahrgangsstufenklasse teilnehmen können. Meist schließt sich hier eine Phase der sonderpädagogischen Beratung an (vgl. Schor 2002). Kinder und Jugendliche mit den Förderschwerpunkten »Hören« und »Sehen« benötigen beispielsweise nach einer Phase der Entwicklung und Umsetzung des Förderkonzeptes meist nur noch eine gelegentliche technische Beratung. Diese Organisationsform integrativer Förderung eignet sich wohl am besten für die zielgleiche Förderung. Sobald die Kinder und Jugendlichen mit sonderpädagogischem Förderbedarf jedoch aus dem Klassenverband herausgelöst werden, stellen sich wiederum die Probleme der sozialen Ausgrenzung ein (vgl. Haeberlin u.a. ^{2}1991).
- *Regelklassen ohne heil- bzw. sonderpädagogische Unterstützung* (sog. »graue Integration«) sind Jahrgangsstufenklassen der allgemeinen Schule, die Kinder und Jugendliche mit sonderpädagogischem Förderbedarf aufnehmen, ohne dass eine sonderpädagogische Förderung erfolgt. In den Schweizer Untersuchungen zu den Effekten dieser Organisationsform sind zunächst bezogen auf die Jahrgangsstufen 4 und 5 keine Unterschiede zu den Regelklassen mit sonderpädagogischer Unterstützung nachweisbar (vgl. Haeberlin u.a. ^{2}1991). Folgestudien bezogen auf die Jahrgangsstufen 2 und 3 zeigen wiederum, dass die sonderpädagogische Förderung dann Effekte nach sich zieht, wenn sie rechtzeitig in der Schullaufbahn der Kinder einsetzt (vgl. Bless 1995). Möglicherweise kann jedoch bei den Regelklassen ohne sonderpädagogische Unterstützung von einer besonders gelungenen integrativen Förderung ausgegangen werden, da sie offenbar auch Erfolge aufweisen, wenn die sonderpädagogische Unterstützung nicht mehr angeboten wird. Dies wäre immer dann der Fall, wenn sonderpädagogische Förderung als abnehmende Größe nach Erreichen der Förderziele beendet wird. Von entscheidender Bedeutung dürfte in dieser Form der integrativen Förderung das Konzept des gemeinsamen Unterrichts und die integrative pädagogische Kompetenz der Klassenleitung sein.

Die folgende Abbildung fasst die einzelnen Formen noch einmal systematisch zusammen:

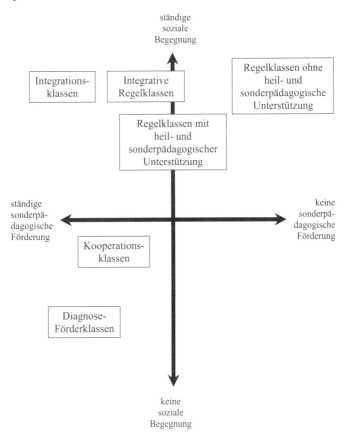

Abb. 5: Organisationsformen integrativer Förderung in der allgemeinen Schule

Damit sind jedoch allenfalls die Grundformen der schulischen Organisation integrativer Förderung in der BRD benannt. So müssen beispielsweise Integrationsklassen keineswegs nur Bestandteil der allgemeinen Schulen sein. Inzwischen richten auch Förderschulen Integrationsklassen ein, in die Schüler/-innen ohne Förderbedarf aus dem Stadtteil der Förderschule aufgenommen und gemeinsam mit Schülern/-innen mit sonderpädagogischem Förderbedarf unterrichtet werden. Kooperative Schulzentren entstehen nach dem Modell des Deutschen Bildungsrates von 1974 dort, wo unterschiedliche Schulformen sich einen gemeinsamen Standort oder gar ein gemeinsames Schulgebäude teilen. In der Weiterentwicklung der Förderschulen zu sonderpädagogischen Förderzentren (vgl. Schmidt/Wachtel 1996) ergeben sich auch aus der Sicht des sonderpädagogischen Fördersystems weit reichende Formen der Unterstützung des gemeinsamen Unterrichts in der allgemeinen Schule. Besonders die überregionalen sonderpädagogischen Förderzentren spielen bei der Weiterentwicklung wohnortnaher Formen der Förderung eine eminent wichtige Rolle. Sie tragen u.a. dazu bei, dass sonderpädagogische Förderung nicht mehr nur einem rein institutionellen Förderauftrag folgt, sondern mehr und mehr mit einem regionalen Förderauftrag verbunden wird. Das organisatorische Bild der integrativen Förderung im schulischen Bereich gleicht gegenwärtig zunehmend einem regionalen Netzwerk mit vielfältigen Formen. Gerade aufgrund der Finanzierungsprobleme in Verbindung mit Integrationsklassen zeigt sich dabei umso deutlicher, dass wir auf ein *Kontinuum an unterschiedlichen Organisationsformen integrativer Förderung* angewiesen sind. Diese sind über das jeweils mögliche Maß an sozialer Begegnung und das jeweils notwendige Maß an sonderpädagogischer Unterstützung auszudifferenzieren und als System mit hoher Durchlässigkeit sowie Flexibilität zu gestalten.

Bislang haben wir die Integrationsentwicklung der einzelnen Schule bzw. Jahrgangsstufenklasse analysiert. Auch die Bildungsforschung geht lange Zeit davon aus, dass dies die Entwicklungseinheit der Schulentwicklung sei (vgl. Fend 1998). Schulen, die sich für den gemeinsamen Unterricht geöffnet haben, versuchen über kurz oder lang aber auch, über eine verstärkte Kooperation die neuen Entwicklungsaufgaben zu bewältigen und auf diese Weise die Rahmenbedingungen ihrer integrativen Förderarbeit systematisch zu verbessern.

1.2.4 Unterstützungssysteme für gemeinsamen Unterricht

Der gemeinsame Unterricht ist kein Feld für Einzelkämpfer. In der Zusammenarbeit der Lehrkräfte liegt eine der entscheidenden Voraussetzungen zur Bewältigung der vielfältigen pädagogischen Anforderungen in heterogenen Lerngruppen. Schulen, die sich für die integrative Förderung entschieden haben, bilden deshalb in der Regel bereits in der Phase der konzeptionellen Vorbereitung Teamstrukturen aus, zu denen neben den Lehrkräften (interne Kooperation) nicht selten auch Eltern und weitere externe Fachkräfte (externe Kooperation) hinzugezogen werden.

Interne Kooperation

Der gemeinsame Unterricht erfordert phasenweise auch Prozesse des *team-teaching*. Dies ist für viele Lehrer/-innen ungewohnt und kann deshalb durchaus zu einer gewissen Verunsicherung und Zurückhaltung beitragen. Beim team-teaching arbeiten zwei oder mehr Lehrkräfte mit einer Lerngruppe zusammen. Neben der gemeinsamen Planung des Unterrichts und der genauen Koordination der Zusammenarbeit in der Klasse ermöglicht das team-teaching ein weitaus höheres Maß an Flexibilität in der Unterrichtsorganisation. Zugleich eröffnen sich damit größere Chancen für Individualisierung und Differenzierung (vgl. Apel 1994, S. 331f.).

In mehrzügigen Schulsystemen mit mehreren Jahrgangsklassen erweitern sich die Kooperationsaufgaben meist auf alle Lehrkräfte einer Jahrgangsstufe oder Schulstufe. Auch fachbezogene Formen der Zusammenarbeit werden entwickelt, wenn beispielsweise die Lehrkräfte eines bestimmten Unterrichtsfaches zu mehr Koordination in Bezug auf einen schulinternen Stoffverteilungsplan beitragen wollen. In diesen Fällen sehen sich die Lehrkräfte mit der Aufgabe der *Teamentwicklung* konfrontiert (vgl. Philipp [2]1998, S. 30ff.). Solche Prozesse benötigen erfahrungsgemäß vor allem Zeit, da nicht nur die Sachaspekte, sondern auch die Beziehungsaspekte dieser neuen Kommunikationssituation zu entwickeln sind. Beginnen Lehrkräfte mit der Zusammenarbeit in einem Team und bezogen auf eine konkrete Aufgabenstellung (Phase 1: *forming*), so stellen sich nicht selten Konflikte und Spannungen ein (Phase 2: *storming*). Im Prozess der weiteren Zusammenarbeit kommt es jedoch in der Regel zu einer gemeinsamen Interpretation der Aufgabenstellung, die eine bestimmte Rollendifferenzierung und Aufgabenteilung ermöglicht (Phase 3: *norming*). Schließlich sollte ein Team in der Lage sein, die gemeinsame Aufgabe in strukturierter Weise anzugehen und entstehende Konflikte selbstständig zu lösen (Phase 4: *performing*). Inhaltlich können sich Teamprozesse um konzeptionell-organisatorische oder eher fallbezogene Schwerpunkte gruppieren. Häufig wird die Teamarbeit in den Jahrgangsstufenteams einer integrativen Schule durch die alltägliche Notwendigkeit zu organisatorischen Absprachen dominiert. Darüber hinaus sollte besonders die Gelegenheit zur gemeinsamen und selbstorganisierten Fortbildung genutzt werden, um so Zugänge zu einer kontinuierlichen schulinternen Lehrerfortbildung (SCHILF) zu erreichen. Themen können dabei die gemeinsame Weiterentwicklung des didaktisch-methodischen Repertoires im gemeinsamen Unterricht sein (z.b. Differenzierungsmöglichkeiten im Unterricht, Neugestaltung der Wochenpläne, Erweiterung des Angebotes für die Freie Arbeit). Demgegenüber steht die Notwendigkeit zu verstärkten Teamfallbesprechungen bezogen auf einzelne Schüler/-innen. Dabei kann es beispielsweise um die gemeinsame Erarbeitung eines Förderkonzeptes für die Schüler/-innen mit sonderpädagogischem Förderbedarf gehen, das von allen Lehrkräften einer Jahrgangsstufe gemeinsam getragen wird. Auf diesem Weg erfährt das Jahrgangsstufenteam auch die Kinder und Jugendlichen mit sonderpädagogischem Förderbedarf als gemeinsame Aufgabenstellung. Erfahrungen mit Teamentwicklung in integrativen Schulen bestätigen, dass besonders in großen Schulsystemen (etwa im Sekundarbereich) hier ein entscheidendes Unterstützungssystem für integrative Förderung gesehen werden muss. Jahrgangsstufenteams ermöglichen die Einbettung des gemeinsamen Unterrichts in das Schulsystem und entlasten die einzelnen Lehrkräfte wirksam (vgl. Heimlich/Jacobs 2001, S. 140ff.).

Eine Weiterentwicklung der Jahrgangsstufenteams ergibt sich im sog. »*Teamkleingruppenmodell*« der Gesamtschule (vgl. Ratzki u.a. 1994). Hier sind über die Pädagogenteams hinaus auch die Schüler/-innen zu Teams zusammengeschlossen, die in kontinuierlichen Tischgruppen gemeinsam lernen. Außerdem sind die Lehrkräfte des Jahrgangsstufenteams als autonome Einheit innerhalb der Gesamtschule konzipiert, die den gesamten Unterricht sowohl inhaltlich als auch organisatorisch (z.B. Stundenplan) abdecken soll. Gerade im Sekundarbereich erweist sich dies als Vorteil für die Entwicklung einer integrationsfähigen Schule (s. Kap. 2.3 zur integrativen Schulentwicklung).

Externe Kooperation

Aber der gemeinsame Unterricht führt auch Lehrkräfte an ihre professionellen Grenzen. Integrative Schulen beziehen deshalb auch *Hilfskräfte* in die Arbeit mit ein. Dazu zählen beispielsweise Zivildienstleistende, die entweder über die Eltern oder über den Schulträger eingestellt werden und deren Finanzierung teilweise als »Integrationshelfer« über die Eingliederungshilfe im Rahmen des Sozialgesetzbuches IX erfolgt (s. Kap. 1.2.3). Sie übernehmen vor allem betreuende und pflegerische Aufgaben bei Kindern und Jugendlichen mit erheblichem Förderbedarf (sog. »Schwer- bzw. Mehrfachbehinderte«).

Integrative Schulen unterhalten darüber hinaus regelmäßige *Kontakte zu anderen Berufsgruppen* (Ärzte, Therapeuten, Psychologen, Sozialarbeiter bzw. Sozialpädagogen). Teilweise bestehen diese Kontakte bereits bei der Aufnahme eines Kindes mit Behinderung und sind von den Eltern des Kindes aufgebaut worden (z.B. Kinderärzte, Logopäden usf.). In besonders schwierigen Erziehungssituationen suchen integrative Schulen jedoch auch den Kontakt zu Erziehungsberatungsstellen bzw. Schulpsychologischen Beratungsstellen. Gerade die Einbeziehung der integrativen Förderung in das sozialräumliche Umfeld einer Schule im Rahmen des Modells der wohnortnahen Integration macht darüber hinaus die Zusammenarbeit mit Fachkräften aus dem Bereich Soziale Arbeit/ SozialPädagogik erforderlich. Neben Freizeitangeboten innerhalb und außerhalb der Schule ist hier auch an begleitende Maßnahmen bezogen auf einzelne Kinder und Jugendliche in erschwerten Lebenssituationen und deren Familien zu denken (z.B. im Rahmen des Allgemeinen Sozialdienstes [ASD] insbesondere in den Städten).

Gerade in Bezug auf die integrative Förderung gewinnt die Zusammenarbeit mit den *Eltern* eine neue Dimension. Bei Eintritt der Kinder in die Grundschule haben die Eltern meist schon umfangreiche Erfahrungen mit Fachleuten in der Zusammenarbeit mit ihren Kindern gesammelt. Außerdem verfügen sie über umfangreiche Kenntnisse über den bisherigen Lebensweg des

Kindes, seine persönlichen Vorlieben und Interessen. Nicht zu unterschätzen ist ebenfalls das fachliche Wissen, das sich Eltern bezogen auf spezielle Störungsbilder ihrer Kinder angeeignet haben. Lehrkräfte sollten diese Vorerfahrungen und Vorkenntnisse der Eltern ernst nehmen und möglichst mit in ihre Förderplanung und Konzeptionsentwicklung aufnehmen. Im Idealfall wird das so entstandene Förderkonzept von Elternhaus und Schule gemeinsam getragen. Die vorliegenden Erfahrungen deuten darauf hin, dass sich eine positiv gestaltete Kooperation zwischen Eltern und Lehrkräften sogar auf die Qualität der Lernprozesse und ihre Effekte förderlich auswirkt. Bei den Eltern der Kinder ohne Behinderung kann es anfänglich zu Skepsis und Zurückhaltung bezogen auf die Möglichkeiten des gemeinsamen Unterrichts kommen. Befragungen der Eltern belegen allerdings, dass sich der überwiegende Teil erneut für den gemeinsamen Unterricht entscheiden würde (vgl. zusammenfassend Preuss-Lausitz 1997b, S. 152ff.). Sie benötigen aber ebenso wie ihre Kinder einen gewissen Erfahrungsprozess mit der integrativen Förderung.

Eine institutionalisierte Form der externen Kooperation besteht überdies in vielen Bundesländern in Form der *Förderausschüsse*. Unter Beteiligung von externen Fachkräften, Eltern und Schulleitungen bereiten hier die Lehrkräfte aus Sonderschulen und Allgemeinen Schulen den gemeinsamen Unterricht von Kindern und Jugendlichen mit Behinderung vor. Neben der Förderdiagnostik als Grundlage für die weitere Förderplanung stellt sich vornehmlich die Aufgabe, die erforderlichen Ressourcen gemeinsam zu sichern (vgl. Frey/Haffner/Rudnick 1997, S. 325ff.).

Häufig wird bei der Integrationsentwicklung die Bedeutung der verschiedenen Ebenen der *Schulaufsicht und Bildungsverwaltung* übersehen. Gerade im Zuge der gegenwärtigen Neustrukturierung dieses Bereichs im Bildungs- und Erziehungssystem (mehr Beratung als Kontrolle, mehr Schulautonomie als Hierarchisierung, vgl. Rolff 1993, S. 197ff.; Bildungskommission NRW 1995, S. 191ff.) übernimmt die Schulaufsicht jedoch mehr und mehr eine wichtige Rolle im Rahmen der Integrationsentwicklung (vgl. insbesondere den Schleswig-Holsteinischen Weg: Pluhar 1998). Hier könnte auch der Bereich der Evaluation und Qualitätssicherung des gemeinsamen Unterrichts angesiedelt sein – allerdings in einer veränderten Aufgabenstellung von Schulaufsicht. Während bisher Kontrolle und dienstliche Beurteilung im Vordergrund stehen, erkennt man nun zunehmend, dass eine unterstützende Rolle der Schulaufsicht für einzelne Schulen nur dann wirksam wird, wenn der Beratungsauftrag im Vordergrund steht. Schulaufsicht könnte dann die interne Evaluation des gemeinsamen Unterrichts durch die Teams der Lehrkräfte in Form von Berichten und Präsentationen (Innen-Perspektive) um Maßnahmen der externen Evaluation in Form von standardisierten Instrumenten wie Befragungen (Außen-Perspektive) ergänzen. Aus der veränderten Rolle der Schulaufsicht folgt allerdings auch ein verändertes Kooperationsverhältnis, in dem nunmehr die Partnerschaftlichkeit betont werden müsste. Letztlich zeichnet die oberste Ebene der Schulaufsicht in den Bundesländern (in der Regel die Fachministerien) auch für die Rahmenbedingungen des gemeinsamen Unterrichts verantwortlich (über Gesetze, Verordnungen, Erlasse usf.). Insofern entstehen auf dieser Ebene der Schulaufsicht auch landesweite Aufgaben der Koordination in Bezug auf den gemeinsamen Unterricht.[13] Integrationsentwicklung kann im schulischen Bereich ohne eine beratende und unterstützende Schulaufsicht kaum auf den Weg zu einem flächendeckenden Angebot gebracht werden.

Mittlerweile haben bereits einige Schülerjahrgänge komplette integrative Bildungsgänge absolviert. Seit einigen Jahren wünschen sich Eltern und pädagogisch Tätige nun in konsequenter Fortführung des Grundgedankens einer integrativen Pädagogik auch eine Fortführung integrativer Förderung nach dem Schulabschluss. In der Folge entstehen integrative Angebote im Arbeits-, Wohn- und Freizeitbereich, sodass allmählich in der BRD die Vision einer integrationsfähigen Gesellschaft am Horizont sichtbar wird.

---

13 Im Saarland besteht seit 1985 eine »Kommission für die Integration behinderter Schülerinnen und Schüler (KIBS)« unter Vorsitz von Alfred Sander beim Kultusministerium, in der solche Koordinationsaufgaben gebündelt werden.

1.3 Berufliche Integration

Da nach wie vor die Erwerbstätigkeit als Grundlage der Existenzsicherung anzusehen ist, stellt erst die Einbeziehung in die Arbeitswelt die Nagelprobe auf die gelungene Integration im Sinne gesellschaftlicher Teilhabe dar. Das Ziel der beruflichen Integration bleibt für alle Jugendlichen und jungen Erwachsenen mit Behinderung die berufliche Qualifikation in einem anerkannten Ausbildungsberuf nach § 25 Berufsbildungsgesetz bzw. § 25 der Handwerksordnung im Rahmen der dualen Ausbildung (in Betrieben und Berufsschulen) und die Übernahme in ein Beschäftigungsverhältnis auf dem allgemeinen Arbeitsmarkt. In den Jahren 1995/96 haben etwa 15.000 junge Menschen mit Behinderung eine Berufsausbildung begonnen (Ost- und Westdeutschland zusammen, vgl. Bundesminister für Arbeit und Sozialordnung, BMA 1998, S. 53). Sie können dabei auch *ausbildungsbegleitende Hilfe (abH)* in Anspruch nehmen, die u.a. in Form von Stützunterricht und mit sozialpädagogischem Charakter von unterschiedlichen Maßnahmeträgern angeboten werden (finanzielle Förderung über Sozialgesetzbuch, SGB III, §§ 235, 240-246). In Zeiten dauerhaft hoher Arbeitslosigkeit (und auch »Ausbildungslosigkeit«) ist die berufliche Integration allerdings immer mehr gefährdet. Auch nach Absolvieren der Schule haben Jugendliche und junge Erwachsene mit Behinderung einen hohen Bedarf an Unterstützung beim Übergang in die Berufsausbildung (erste Schwelle) und beim Übergang in die Berufstätigkeit (zweite Schwelle). Sie treffen dort auf ein differenziertes System der beruflichen Rehabilitation. Durch spezifische Fördermaßnahmen und eigenständige Institutionen soll hier das Ziel der beruflichen Integration erreicht werden (indirekte berufliche Integration). Diese Maßnahmen folgen dem Grundsatz: zuerst die Qualifikation, dann die Platzierung auf dem Arbeitsmarkt (vgl. Ciolek 1998, S. 263). Seit einigen Jahren haben sich jedoch auch positive Erfahrungen mit der Umkehrung dieses Prinzips im Anschluss an die nordamerikanische Bewegung der unterstützten Beschäftigung (*supported employment*) ergeben. Menschen mit Behinderung sind mithilfe von Arbeitsassistenten in Arbeitsplätze auf dem allgemeinen Arbeitsmarkt vermittelt und begleitend zu ihrer Tätigkeit qualifiziert worden (Prinzip: zuerst die Platzierung, dann die Qualifikation für den Arbeitsplatz, vgl. a.a.O., S. 264).

- Integrative Situation Nr. 5:
»Sandra (36 Jahre), eine junge Frau mit Down-Syndrom, arbeitet in einer Kirchengemeinde im Integrationscafé. Das Café ist für alle Gäste aus dem Stadtteil geöffnet, die auf dem Heimweg vom Einkauf sich bei Kaffee und Kuchen ein wenig ausruhen wollen. Gleichzeitig soll es zur Begegnung zwischen Menschen mit und ohne Behinderung beitragen. In diesem Tandem-Projekt wird Sandra von Daniela begleitet, einer Diplom-Pädagogin, die ihr Bürgerjahr im Café macht. Heute will Sandra endlich mal etwas selbst backen. Sie hat das Rezept für einen ›Fanta-Kuchen‹ mitgebracht, möchte aber wirklich allein backen. Die Zutaten sind schnell eingekauft. Dann wird alles genau nach Vorschrift abgewogen und verrührt – nicht ohne auch ein wenig vom Teig zu probieren. Endlich ist der Teig in der Form und ab geht es in den Herd. Nach knapp einer Stunde kann das Ergebnis begutachtet werden. Daniela zeigt auf die Uhr und sagt: ›Gleich öffnen wir. Du musst auch noch unsere Tafel beschriften!‹ Gerade noch rechtzeitig schreibt Sandra groß auf die Tafel: ›Heute Fanta-Kuchen!‹ Natürlich besteht sie darauf, dass alle Gäste, die von ihrem Kuchen probieren wollen, von ihr persönlich bedient werden. Das Urteil ist erwartungsgemäß: fantastisch!«

Auf der Basis der Regelungen des SGB IX aus dem Jahre 2001 lässt sich dieser direkte Weg zur beruflichen Integration inzwischen in seinen verschiedenen Organisationsformen rechtlich abgesichert beschreiben, auch wenn die damit verbundenen Erfahrungen in der BRD – bis auf regionale Ausnahmen – zum gegenwärtigen Zeitpunkt noch nicht systematisch ausgewertet vorliegen.[14]

1.3.1 Indirekte berufliche Integration

Neben den berufsvorbereitenden Maßnahmen der Schulen erhält zunächst die *Berufsberatung* der Arbeitsämter einen hohen Stellen-

---

14 Zum Gesetzestext: www.bma-bund.de/download/Gesetze

wert bei der Überwindung der ersten Schwelle der beruflichen Integration. In enger Kooperation zwischen Schule und Arbeitsamt kann hier bereits über grundlegende Hilfestellungen informiert werden, sodass nach der Entlassung aus der Schule die beruflichen Fördermöglichkeiten bereits bekannt sind und eine gezielte Vermittlung stattfinden kann. Für all jene Schulabsolventen, die nicht direkt in eine Berufsausbildung übernommen worden sind, steht eine Reihe von *Fördermaßnahmen* zur Verfügung (vgl. BMA 1998, S. 50ff.; Ginnold 2000, S. 114ff.).

- Im Rahmen der schulischen Berufsvorbereitung bieten die Berufsschulen das Berufsvorbereitungsjahr (BVJ) und das Berufsgrundbildungsjahr (BGJ) für Schüler/-innen ohne Hauptschulabschluss bzw. Absolventen/-innen von Förderschulen an (vgl. Hinz/Boban 2001, S. 18).
- Die *berufsvorbereitenden Bildungsmaßnahmen* sollen auf die Berufsausbildung in einem anerkannten Ausbildungsberuf vorbereiten. Der Schwerpunkt der Förderung liegt hier neben sprachlichen und sozialen Kompetenzen insbesondere im Bereich fachpraktischer und fachtheoretischer Grundkenntnisse in der Regel bezogen auf bestimmte Berufsfelder. Auch der nachträgliche Erwerb des Hauptschulabschlusses ist an dieser Stelle möglich. Zu diesem Zweck werden von den Arbeitsämtern in Kooperation mit unterschiedlichen Trägern eine Reihe von Lehrgängen angeboten: Grundausbildungslehrgänge, Förderungslehrgänge, tip-Lehrgänge (testen-informieren-probieren) usf. Kritisiert wird an diesen Maßnahmen immer wieder, dass die Teilnehmenden für die Zeit des Lehrgangs nicht in der Arbeitslosenstatistik vermerkt sind. Der Erfolg der Lehrgänge (also die Vermittlung in einen Ausbildungsplatz) ist ebenfalls nicht systematisch dokumentiert, sodass die Funktion der Lehrgänge im Bereich der Berufsvorbereitung durchaus unterschiedlich betrachtet werden kann.
- Als überbetriebliche Ausbildungsstätten sind die *Berufsbildungswerke* (BBW) gegründet worden. In bundesweit 46 Einrichtungen (Stand: 1998) diesen Typs, davon 8 in Ostdeutschland, mit insgesamt rund 12.000 Plätzen sind vielfältige Maßnahmen der beruflichen Rehabilitation für Jugendliche und junge Erwachsene gebündelt. Der Schwerpunkt der BBW liegt bei der beruflichen Ersteingliederung. Im Unterschied zur dualen Ausbildung sind der betriebliche Teil und der Berufsschulteil der Berufsausbildung kombiniert und häufig mit internatsmäßiger Unterbringung verbunden. Vorteilhaft wirkt sich diese Organisationsform insbesondere hinsichtlich der Verknüpfung verschiedenster Fördermaßnahmen aus. Auch die sozialpädagogische Betreuung ist hier in der Regel unproblematisch zu gewährleisten. Allerdings führt der überregionale Einzugsbereich zu einer großen Distanz zum sozialen Umfeld

der jungen Erwachsenen und gefährdet so wiederum selbst bei erfolgreicher beruflicher Rehabilitation (1992: 63%, vgl. Arnade 1995, S. 74) die gesellschaftliche Teilhabe.
- In den *Berufsförderungswerken* (BFW) werden Erwachsene mit Behinderung auf die Wiedereingliederung in den Beruf vorbereitet. Dazu dienen eine Reihe von Fortbildungs-, Anpassungs- und Umschulungsmaßnahmen – meist verbunden mit internatsmäßiger Unterbringung. Die bundesweit 28 Einrichtungen diesen Typs (Stand: 1998), einschließlich 7 in Ostdeutschland, mit insgesamt rund 10.000 Plätzen verfügen ebenfalls über eine hochspezialisierte Ausstattung und ein breites Verbundsystem von einzelnen Rehabilitationsleistungen. Aus der Sicht der Betroffenen wird kritisch angemerkt, dass sie in der Regel für zwei Jahre ihre Familie und ihr soziales Umfeld verlassen müssen. Dies wirkt sich besonders für Frauen nachteilig aus und führt nicht selten zu einem Verzicht auf die Rehabilitationsmaßnahme. Etwa 72% der Absolventen einer BFW-Maßnahme finden im ersten Jahr nach Abschluss der Maßnahme einen Arbeitsplatz (Stand: 1992, vgl. Arnade 1995, S. 75).
- Sollten die Ausbildungsanforderungen insgesamt zu hoch sein, so ist es möglich, *Erleichterungen und Lernhilfen* in die Berufsausbildung einzubeziehen. Neben besonderen Hilfen bei Prüfungen werden auch besondere Ausbildungsgänge bezogen auf berufliche Tätigkeiten in den Bereichen Metall, Büro, Holz und Farbe angeboten. Die Rechtsgrundlage dafür bieten die §§ 44/48 Berufungsbildungsgesetz und die §§ 41/42 der Handwerksordnung. Bei der Umsetzung dieser Möglichkeit sind die Industrie- und Handelskammern besonders gefragt. So kommen auch große regionale Unterschiede in den einzelnen Regelungen zustande. Im Jahre 1996 haben etwa 11.000 junge Menschen mit Behinderung diese Möglichkeit in Anspruch genommen. In Ostdeutschland ergibt sich bezogen auf den Zeitraum 1994 bis 1996 ein überwiegender Anteil von Auszubildenden mit Behinderung in diesem Bereich der Berufsausbildung mit verringertem Ausbildungsniveau (vgl. BMA 1998, S. 55).
- *Werkstätten für behinderte Menschen* (WfB) nehmen solche junge Menschen mit Behinderung auf, die ein Mindestmaß an verwertbarer Arbeitsleistung entwickeln können und von einer regulären Berufsausbildung überfordert wären. In bundesweit 635 WfB werden 1997 ca. 155.000 Menschen mit Behinderung gefördert. Nach einem vierwöchigen Eingangsverfahren folgt ein Arbeitstrainingsbereich, in dem eine bis zu zweijährige Förderung bezogen auf bestimmte Arbeitsanforderungen angeboten wird. Der sich anschließende Arbeitsbereich zeichnet sich vor allem durch spezifische Arbeitstätigkeiten an besonders eingerichteten Arbeitsplätzen aus. Menschen mit Behinderung haben in der Vergangenheit insbesondere die geringe Entlohnung kritisiert (durchschnittlicher Stundenlohn im Jahre 1996: 1,50 DM, vgl. Arnade 1996, S. 77), die ein selbstständiges Leben nahezu ausschließe. In § 138 des Sozialgesetz-

buches IX ist das Arbeitsentgelt im Jahre 2001 neu geregelt worden und setzt sich nunmehr aus einem Grundbetrag in Höhe des Ausbildungsgeldes der Bundesanstalt für Arbeit und einem leistungsabhängigen Zusatzbetrag zusammen. Es ist erklärte Aufgabe der WfB, Menschen mit Behinderung wieder auf den allgemeinen Arbeitsmarkt zurückzuführen (s. § 136 SGB IX, Abs. 1). Allerdings liegen kaum verlässliche Daten über die Erfolgsquote vor. Dies mag auch ein Grund dafür gewesen sein, dass an dieser Stelle alternative Fördermaßnahmen entwickelt worden sind (Integrationsfachdienste, Integrationsprojekte, s.u.).

Eine besondere Problematik ergibt sich bei der *beruflichen Integration von Schwerbehinderten*. Öffentliche und private Arbeitgeber mit mindestens 20 Arbeitsplätzen müssen lt. § 71 des SGB IX 5% ihrer Arbeitsplätze für Schwerbehinderte vorhalten (sog. »Arbeitsplatzpflicht«). Viele Betriebe scheuen allerdings den Aufwand und zahlen für die unbesetzten Pflichtarbeitsplätze die Ausgleichsabgabe (derzeit: zwischen 105 und 260 Euro monatlich). Die Ausgleichsabgabe wird an die »Integrationsämter« abgeführt und kommt so zwar Beschäftigungsmaßnahmen für Schwerbehinderte erneut zugute (§ 77 SGB IX, Abs. 6). Aber letztlich wird auf diese Weise die direkte Einrichtung von Schwerbehindertenarbeitsplätzen umgangen. Folglich ist die Arbeitslosenquote bei Schwerbehinderten nach wie vor überproportional hoch (1996: 15,9% im Vergleich zu 9,1% bei den Arbeitenden ohne Behinderung zu diesem Zeitpunkt), während die Beschäftigungsquote bezogen auf die Gesamtzahl der Schwerbehinderten kontinuierlich sinkt (1995: 4,0%, vgl. BMA 1998, S. 70). Der besondere Kündigungsschutz und die besondere Interessenvertretung wird demnach nur für einen geringen Teil der Schwerbehinderten praktisch wirksam. Gerade an diesen Problemstellen des traditionellen Systems der beruflichen Rehabilitation ist die Suche nach Alternativen entstanden, die inzwischen bis zu gesetzlich geregelten Ansprüchen weiterentwickelt worden sind (SGB IX).

1.3.2 Direkte berufliche Integration

In Modellprojekten wird ab 1992 zunächst das Modell der »Unterstützten Beschäftigung« (*supported employment*) nach nordamerikanischem Vorbild erprobt (vgl. HORIZON-Arbeitsgruppe 1995). Bundesweit bekannt geworden ist die »Hamburger Arbeitsassistenz« (vgl. Ciolek 1998). Auch hier stehen erneut Eltern am

Beginn einer Integrationsentwicklung, die zwischenzeitlich zur Gründung einer Bundesarbeitsgemeinschaft Unterstützte Beschäftigung führt. Besonders für Erwachsene mit geistiger Behinderung und psychisch Behinderte entwickelt, setzt sich die *Hamburger Arbeitsassistenz* zum Ziel, direkt in den Arbeitsmarkt hinein tätig zu werden. Interessierte Erwachsene aus den WfB werden bei der Integration in den allgemeinen Arbeitsmarkt unterstützt (zum Verfahren vgl. Ciolek 1998, S. 260ff.). Dazu erfolgt zunächst die *Erstellung eines individuellen Fähigkeitsprofiles* (1), damit ein individuell passender Arbeitsplatz gesucht werden kann. Auf dieser Grundlage wird die *Erschließung von Arbeitsplätzen* (2) angegangen, die in der Regel mit einer genauen Arbeitsplatzanalyse bezogen auf die konkreten Anforderungen einhergeht. Wenn der passende Arbeitsplatz gefunden ist und die Bereitschaft der Beteiligten vorausgesetzt werden kann, so schließt sich eine direkte *Qualifizierung am Arbeitsplatz* (3) an – möglicherweise auch verbunden mit einem Mobilitätstraining (z.B. bezogen auf die selbstständige Nutzung von öffentlichen Nahverkehrsmitteln auf dem Weg zur Arbeit). Hier werden die Erwachsenen mit Behinderung also umfassend in ihre Arbeitstätigkeit durch Arbeitsassistenten eingeführt und im Prozess der Verselbstständigung kontinuierlich unterstützt. Eine umfangreiche *Nachsorge* (4) soll verhindern, dass der erreichte Stand wieder gefährdet wird und bei Krisensituationen Hilfestellungen bereit halten (vgl. zur Evaluation der Hamburger Arbeitsassistenz: Hinz/Boban 2001). Mit der Änderung des SGB IX sind diese Maßnahmen der direkten beruflichen Integration mittlerweile zur Regelform geworden.

- In § 102 schreibt das SGB IX fest, dass nunmehr *Integrationsämter* die Maßnahmen der direkten beruflichen Integration von Menschen mit schweren Behinderungen koordinieren. Sie verwalten die Ausgleichsabgabe, wachen über den Kündigungsschutz und sorgen für begleitende Hilfe im Arbeitsleben. Zu diesen begleitenden Hilfen zählt ebenso der Anspruch auf Übernahme der Kosten für die Arbeitsassistenz, sodass hier ein Rechtsanspruch gegeben ist. Ein beratender Ausschuss bei den Integrationsämter begleitet und unterstützt unter Beteiligung der Arbeitenden mit schwerer Behinderung die Arbeit der Integrationsämter, sodass auch Formen der demokratischen Beteiligung berücksichtigt sind.
- *Integrationsfachdienste* (§ 109, SGB IX) sollen die Teilhabe von Menschen mit schweren Behinderungen auf dem allgemeinen Arbeitsmarkt direkt fördern. Hier sind größtenteils freie Träger und Vereine im Auf-

trag der Bundesanstalt für Arbeit, der Rehabilitationsträger bzw. der Integrationsämter tätig, um beispielsweise Maßnahmen der Arbeitsassistenz durchzuführen (Mindestdauer: drei Jahre). Integrationsfachdienste (IFD) können allerdings auch für Menschen mit Behinderung allgemein eingesetzt werden (also z.B. Jugendliche und junge Erwachsene mit dem Förderschwerpunkt »Lernen« bzw. mit Lernbehinderung). Neben der Vorbereitung und Unterstützung der Menschen mit schweren Behinderung bezogen auf einen entsprechenden Arbeitsplatz haben Integrationsfachdienste auch die Aufgabe, die Arbeitgeber zu informieren und zu beraten (§ 110, SGB IX). Konkretisiert wird die Arbeit der Integrationsfachdienste über das Grundmodell der unterstützten Beschäftigung (s.o.).
- Darüber hinaus ist es lt. SGB IX auch möglich, eigene Unternehmen, Betriebe oder Abteilungen zur direkten beruflichen Integration zu gründen. Aufgrund der Vielfalt an Initiativen hat der Gesetzgeber den Begriff *Integrationsprojekte* (§ 132, SGB IX) als Sammelbegriff geprägt. Integrationsunternehmen beschäftigen mindestens 25%, in der Regel nicht mehr als 50% Menschen mit schweren Behinderungen. Zu den Aufgaben der Integrationsprojekte zählt die Weiterbildung und Vorbereitung auf eine Beschäftigung auf dem allgemeinen Arbeitsmarkt. Sie werden ebenfalls über die Ausgleichsabgabe finanziert und sollen wohl im Wesentlichen als gezielter Anreiz für Unternehmen zur Schaffung von Arbeitsplätzen für Menschen mit schweren Behinderung dienen.

Erfahrungen mit diesen Angeboten liegen bislang allenfalls regional vor. Insofern wird die praktische Umsetzung des Gesetzes sicher noch einige Zeit in Anspruch nehmen. Festzuhalten bleibt gleichwohl, dass nach nordamerikanischem Vorbild die unterstützte Beschäftigung auch in der BRD viele Nachahmer gefunden hat. Ebenfalls aus Nordamerika stammt die Erweiterung zum *supported living* (wörtlich: unterstütztes Leben), in dem nicht mehr nur die berufliche Integration, sondern ebenso die gesellschaftliche Integration direkt angestrebt wird. Letztlich stehen wir damit ausgehend von den Prinzipien einer integrativen Pädagogik vor der Aufgabe, eine integrationsfähige Gesellschaft zu gestalten.

1.4 Integrative Lebenswelten

Gesellschaftliche Teilhabe und ein selbstbestimmtes Leben der Menschen mit Behinderung ist letztlich nicht nur eine Aufgabe des Bildungs- und Erziehungssystems oder besonderer Institutionen der Hilfe und Unterstützung. Sie findet an konkreten Orten, im Stadtteil, in der Nachbarschaft, in einem bestimmten sozialräumlichen Umfeld statt. Auch im gesellschaftlichen Sinne gilt es von daher Orte zu schaffen, an denen dieses Miteinander-Leben-Lernen (von Lüpke 1994, S. 5) möglich wird. Wir benötigen also auch im Bereich des öffentlichen Lebens Begegnungsmöglichkeiten. Dazu müssen vorhandene Barrieren abgebaut werden. Nach wie vor gibt es zahlreiche Hindernisse, die Menschen mit Behinderung ein selbstbestimmtes Leben verwehren und sie damit eindeutig benachteiligen. Insofern ist es nur folgerichtig, wenn nun im Jahre 2002 in der Umsetzung des Diskriminierungsverbotes in Artikel 3, Abs. 3 GG ein »Gesetz zur Gleichstellung behinderter Menschen ...« auf Bundesebene verabschiedet worden ist und die Bundesländer derzeit mit Ländergleichstellungsgesetzen nachziehen. Das Gleichstellungsgesetz[15] zielt auf die Beseitigung und Verhinderung von Benachteiligungen und soll ein gleichberechtigtes Miteinander sowie eine selbstbestimmte Lebensführung ermöglichen (§ 1). An die doppelte Benachteiligung von Frauen mit Behinderung weist der Gesetzgeber gesondert hin (§ 2). Barrierefreiheit im Sinne des Gesetzes (§ 4) ist dann gegeben, wenn alle Lebensbereiche für Menschen mit Behinderung »ohne besondere Erschwernis und grundsätzlich ohne fremde Hilfe zugänglich und nutzbar sind«. Zur Umsetzung dieser gesetzlichen Regelungen werden konkrete Zielvereinbarungen gefordert, die z.b. zwischen Unternehmen und Verbänden vereinbart werden (einschließlich Festlegung von Mindestbedingungen für Barrierefreiheit und Zeitplan). Inhaltliche Schwerpunkte des Gesetzes beziehen sich z.B. auf die Barrierefreiheit in den Bereichen Bau und Verkehr (§ 8), die Verwendung der Gebärdensprache und anderer Kommunikationshilfen (§ 9), die Gestaltung von Bescheiden und Vordrucken (§ 10) und eine barrierefreie Informationstechnik. Außerdem führt das Gesetz das Verbandsklagerecht (Recht auf Klageführung seitens der Behindertenverbände, bisher nur Individualklage) und eine gesetzliche Grundlage für die Funktion der Beauftragten für die Belange behinderter Menschen auf Bundesebene ein (§ 14). Aus einer Vielzahl von möglichen Arbeitsfeldern einer integrativen Pädagogik

---

15 Zum Gesetzestext: www.behindertenbeauftragter.de/download/gleichstellungsgesetz.htm

über Schule und Beruf hinaus wird nun der Bereich Wohnen hervorgehoben.

Menschen mit Behinderung, die dauerhaft auf Hilfe angewiesen sind, können alternativ zur elterlichen Familie in der BRD größtenteils nur auf Wohnheime zurückgreifen. In 2.857 Heimen für Erwachsene mit Behinderung stehen 1996 insgesamt 130.586 Plätze zur Verfügung, davon 1.165 Einrichtungen mit 24.947 Plätzen in Ostdeutschland (vgl. BMA 1998, S. 84). Leider kommt es aber immer wieder auch zu Fehlbelegungen, wenn Erwachsene mit Behinderung in Altersheimen oder psychiatrischen Kliniken untergebracht werden. Eine bundesweite Bestandsaufnahme im Auftrag des BMA kommt für das Jahr 1995 zu dem Ergebnis, dass die Lebenssituation von Erwachsenen mit Behinderung im Heim im Wesentlichen durch große Einrichtungen mit mehr als 200 Plätzen geprägt wird (vgl. Wacker 1998). Besonders Menschen mit geistiger Behinderung sind auf Wohnheime angewiesen (ca. 60% der Einrichtungen für diese Gruppe). Nicht von ungefähr wird deshalb seit geraumer Zeit nach »Wegen aus der Hospitalisierung« (vgl. Theunissen 1998) gesucht. Die Mehrzahl der Wohnheime bieten inzwischen auch offene Wohnformen wie Außenwohngruppen an.

1.4.1 Integrative Wohnungen

Erwachsene mit Behinderung und ihre Familien streben mittlerweile ein Höchstmaß an Normalität an und entwickeln die integrativen Wohnformen weiter. Eine Elterninitiative in Essen sucht z.B. ab 1991 nach einer Wohnung für eine Wohngemeinschaft für ihre erwachsenen Töchter und Söhne mit geistiger und körperlicher Behinderung. Mithilfe eines großen Wohnheimträgers sowie einer Kirchengemeinde und durch die Einbeziehung in die Planung gelingt es den Eltern schließlich 1995, das Wohnprojekt in einem neu errichteten Mietshaus zu realisieren. Zum Gebäude gehören ebenfalls Sozialwohnungen und Appartments, aber eben auch die gemeinsam gestalteten Wohngruppen-Etagen mit Einzelzimmern für alle Menschen mit Behinderungen, großzügigen sanitären Anlagen und Gemeinschaftsräumen (vgl. Elterngruppe Integratives Wohnen e.V. 1996). Der Ablösungsprozess fällt den Eltern zwar nicht leicht, aber die erreichte Selbstständigkeit für ihre Töchter und Söhne bestätigt sie schließlich, wie auch die folgende Szene veranschaulicht:

> - Integrative Situation Nr. 6:
> »Heute fahre ich Bernd (33 Jahre), einen jungen Mann mit einem cerebralen Anfallsleiden, von seiner Arbeit in einem Integrationscafé heim in seine Wohngruppe. Er freut sich schon auf die Autofahrt, weil er normalerweise mit dem Bus fahren muss. Ich weiß nicht, wo es lang geht. Aber Bernd hat alles im Griff. Wir biegen unzählige Male rechts und links ab. Bernd weist mich jedes Mal sehr umsichtig auf die Gefahren hinter der nächsten Ecke hin und gibt mir Tipps, wo ich mich einordnen muss. Nach einer guten halben Stunde sind wir endlich da und parken auf Bernds Anweisung direkt vor einem nagelneuen Wohnhaus. Hier wohnt Bernd seit einiger Zeit in der Wohngruppe. Sein Zimmer muss er mir unbedingt noch zeigen. Es fehlt wirklich an nichts, und er hat sich alles nach seinem Geschmack eingerichtet. Im gemeinsamen Aufenthaltsraum wird Bernd mit großem Hallo begrüßt. Nach einem kleinen Schwatz mit der Sozialarbeiterin verabschiede ich mich. Ich bin froh, als ich den Rückweg allein wieder gefunden habe.«

Integrative Wohnformen stehen bislang noch nicht in ausreichendem Maße zur Verfügung, wie auch der »Bericht zur Lage der Behinderten ...« von 1998 bestätigt (vgl. BMA 1998, S. 84). Neben den Wohn- und Pflegeheimen stehen Erwachsenen mit Behinderung derzeit lt. BMA die folgenden integrativen Wohnformen zur Verfügung:

- »*barrierefreies Wohnen* gemäß DIN 18025, Teil 1 oder Teil 2 mit stufenlosem Zugang, gleitsicheren Fußbodenbelägen, Mindestbreiten bei Türen, Aufzügen, Gängen, Sanitärräumen und Balkonen,
- *barrierefreie Wohnungsanpassung* mit zusätzlicher spezieller Wohnungsausstattung entsprechend dem individuellen Bedarf des Behinderten,
- *behindertengerechte Wohnungen* für schwer Körperbehinderte, insbesondere für Rollstuhlfahrer (DIN 18025, Teil 1),
- *Gruppenwohnungen* für geistig- und mehrfachbehinderte Menschen ...« (vgl. BMA 1998, S. 84, kursive Hervorhebung U.H.).

Diese Wohnformen werden im Grundsatz auch in den Empfehlungen der überörtlichen Träger der Sozialhilfe bestätigt. Zusätzlich sind hier Einzel- und Paarwohnungen sowie Eltern-Kind-Wohnungen aufgeführt, in denen Menschen mit Behinderung selbstständig und mit der erforderlichen Betreuung leben können (vgl. BMA 1998, S. 89). In Anlehnung an die Arbeitsassistenz ist dafür der Begriff der »Wohnassistenz« geprägt worden. Im Rahmen ihres Konzeptes »Offene Hilfen« beschreibt die Bundesvereinigung Lebenshilfe für geistig Behinderte e.V. (Bundesvereinigung 1995a, S. 79ff.) die Wohnassistenz als Dienstleistungsangebot für Erwachsene mit Behinderung, das zur Unterstützung des selbstständigen Wohnens angefordert werden kann. Die Regiekompetenz liegt eindeutig bei den Menschen mit Behinderung, d.h. sie bestimmen Beginn, Ende und Intensität der Hilfe. Hilfen sind möglich im körperlichen Bereich, im Bereich der Anregung und Förderung, bei der Organisation des Alltags und bei der Gefahrenabschätzung (a.a.O., S. 81). Finanziert wird die »Wohnassistenz« im Rahmen der Hilfen zum Lebensunterhalt (§ 11 BSHG) in Verbindung mit der Eingliederungshilfe (§§ 39, 40). In Frage kommen der Regelsatz der Sozialhilfe, das Wohngeld, Leistungen für einmaligen Sonderbedarf sowie verschiedene Maßnahmen der Eingliederungshilfe (s. auch die Eingliederungshilfeverordnung, EinglHVO, vgl. Dahlinger 1991). Die Eingliederungshilfe kann auch in der ambulanten Form erfolgen. Im Rahmen des »Arbeitgebermodells« können Menschen mit Behinderungen ihre Wohnassistenten selbst einstellen (vgl. Bartz 1997, S. 232). Allerdings trifft dieses Modell nach wie vor auf große bürokratische Hürden, da auch das SGB IX im Jahre 2001 die Wohnassistenz (im Gegensatz zur Arbeitsassistenz) nicht explizit in das Leistungsspektrum aufgenommen hat (s. § 55, SGB IX). Hinzu treten unter Umständen auch Leistungen des SGB XI im Rahmen der Pflegeversicherung, wenn Wohnraum für pflegebedürftige Menschen umgestaltet werden muss (§ 40 SGB XI, vgl. Beauftragter ... 1997a, S. 35f.). Praktische Erfahrungen mit der Wohnassistenz liegen erst in wenigen Regionen vor. So berichtet Claus Fussek von der »Vereinigung Integrationsförderung e.V.« in München, dass es größtenteils um ganz einfache Hilfeleistungen beim Aufstehen, Waschen, Anziehen, Kochen oder in der Fortbewegung geht (vgl. Fussek 1998, S. 286). Meist sind angelernte Kräfte wie Zivildienstleistende, Praktikanten im Freiwilligen Sozialen Jahr, Studierende oder auch Laienhelfer in diesem Bereich tätig. Die Koordination eines solchen Wohnassistenzprojektes bedarf allerdings wieder der professionellen Unterstützung (z.B. Sozialarbeiter, Krankenpfleger).

1.4.2 Integratives Wohnumfeld

Über die Wohnung hinaus gilt es ebenfalls, das Wohnumfeld im Nahbereich und in der weiteren Nachbarschaft des Stadtteils oder Sprengels barrierefrei zu gestalten. In einem Modellversuch hat das Bundesministerium für Raumordnung, Bauwesen und Städtebau von 1989 bis 1992 einige Modellvorhaben zur Barrierefreiheit in verschiedenen Wohnquartieren durchgeführt. Im Ergebnis wird die Bedeutung der wohnungsnahen Einrichtungen und der kleinräumigen Funktionsmischung im Stadtteil als Voraussetzung für die gesellschaftliche Integration von Menschen mit Behinderung deutlich herausgestellt (zit. n. BMA 1998, S. 83). Auf der Basis der DIN 18024 (Teil I: »Barrierefreies Bauen im öffentlichen Verkehrsraum«, Teil II: »Öffentlich zugängige Gebäude«) soll der gesamte Lebensraum barrierefrei gestaltet sein. Die Anstrengungen zur Umsetzung dieser Zielvorstellungen sind regional derzeit höchst unterschiedlich. Erst mit den Aktivitäten zur Umsetzung des Gleichstellungsgesetzes dürften sich hier neue Impulse ergeben. Vieles bleibt derzeit noch Modell, wie auch der »Spaziergang durch einen barrierefreien Lebensraum« noch einmal veranschaulicht (vgl. Beauftragter ... 1997b). Architekten und Designer haben zwar das Problem des barrierefreien Wohnens unterstützt durch die Industrie inzwischen aufgegriffen (vgl. Heinrich-Willke-GmbH 1996; Coleman 1997). Doch nach wie vor bleibt die Realisierung auf wenige exklusive Projekte beschränkt. Insofern dürften sich »einige der beharrlichsten und hinderlichsten Barrieren in unseren Köpfen befinden«, wie Roger Coleman, ein Experte für barrierefreies Design vom Royal College of Art in London einmal treffend festgestellt hat (vgl. Heinrich-Willke-GmbH 1996, S. 109).

Orte für das Miteinander-Lebenlernen sind deshalb vielfach noch eine Zukunftsvorstellung. Aber in einigen Kommunen wird nach konkreten Veränderungsmöglichkeiten gefragt, und es entwickeln sich Visionen von einem menschenwürdigen Zusammenleben, wie sie in den Worten von Klaus von Lüpke zum Ausdruck kommen:

»Städte sind von Menschen gemacht; die Gestaltung unseres Lebensortes ist von uns selbst zu verantworten. Da können wir Träume verwirklichen oder uns Alpträume auflasten. Ich habe einen Traum von einer menschlicheren Stadt ...« (von Lüpke 1994, S. 157).

Dieser Traum hat in Essen (NRW) mittlerweile zur »Aktion Menschenstadt« geführt. In dieser Aktion laufen alle Aktivitäten zur Förderung des Miteinander-Lebens zusammen: Integrationshelfer für den gemeinsamen Unterricht, integrative Arbeits-, Wohn- und Freizeitprojekte. Auf diese Weise ist ein dichtes Netz an Ansprechpartnern und Institutionen entstanden, die sich der gemeinsamen Aufgabe stellen, mehr Begegnung zwischen Menschen mit und ohne Behinderung zu gewährleisten. Letztlich knüpft die integrative Pädagogik damit auch an die Normalisierungsidee an, wie sie Walter Thimm unter der Perspektive »Leben in Nachbarschaften« in aktualisierter Form gekennzeichnet hat (s. Kap. 2.6). Weitere Integrationsentwicklungen werden sich in naher Zukunft im Bereich der FreizeitPädagogik (vgl. Markowetz 1997a) und in der Weiterbildung (vgl. Lindmeier/Lindmeier/Ryffel/Skelton 2000) ergeben.

1.5 Zusammenfassung: Integrationsnetzwerke

Im Überblick zu den Arbeitsfeldern einer integrativen Pädagogik erweist sich so die regionale Betrachtungsweise als zusammenführend. Integrationsentwicklungen sind nicht auf Institutionen beschränkt, sondern verändern Strukturen und Beziehungen bezogen auf bestimmte sozialräumliche Zusammenhänge. Arbeitsfelder integrativer Pädagogik zu entwickeln bedeutet von daher, Netzwerke aufzubauen. Sie bestehen zum einen aus regionalen Verbundsystemen integrativer Fördermaßnahmen. Zum anderen lassen sie sich auf mehreren Ebenen verorten. Integrative Förderung zieht ausgehend von den individualisierten Hilfen für Kinder, Jugendliche und Erwachsene mit Behinderung immer weitere Kreise. Sie erfordert Veränderungen im Bereich der pädagogischen Gestaltung von Spiel-, Lern-, Arbeits- und Lebenssituationen. Sie bezieht professionelle pädagogische (und auch sonderpädagogische) Hilfen mit ein und versichert sich externer Unterstützungssysteme. Begleitend zum Lebenslauf von Menschen mit Behinderung wird es von daher immer wieder zur Aufgabe einer integrativen Pädagogik, Integrationsnetzwerke zu gestalten, um das Miteinander-Leben möglich werden zu lassen.

Literaturempfehlungen

Coleman, Roger (Hrsg.): Design für die Zukunft. Wohnen und Leben ohne Barrieren. Köln: Dumont, 1997

Demmer-Dieckmann, Irene/Struck, Bruno (Hrsg.): Gemeinsamkeit und Vielfalt. Pädagogik und Didaktik einer Schule ohne Aussonderung. München u. Weinheim: Juventa, 2001

Eberwein, Hans (Hrsg.): Integrationspädagogik. Kinder mit und ohne Behinderung lernen gemeinsam. Ein Handbuch. Weinheim u. Basel: Beltz, ^{5}1999a, S. 147-295

Ginnold, Antje: Schulende – Ende der Integration? Integrative Wege von der Schule in das Arbeitsleben. Neuwied u.a.: Luchterhand, 2000

Heimlich, Ulrich/Höltershinken, Dieter (Hrsg.): Gemeinsam spielen. Integrative Spielprozesse im Regelkindergarten. Seelze-Velber: Kallmeyersche Verlagsbuchhandlung, 1994

Lersch, Rainer: Gemeinsamer Unterricht – Schulische Integration Behinderter. Berlin u.a.: Luchterhand, 2001

Preuss-Lausitz, Ulf/Maikowski, Rainer (Hrsg.): Integrationspädagogik in der Sekundarstufe. Gemeinsame Erziehung behinderter und nichtbehinderter Jugendlicher. Weinheim u. Basel: Beltz, 1998

2 Gemeinsamkeit erfahren – Handlungskonzepte integrativer Pädagogik

> »Gemeinsamkeit, die so sehr gemeinsam ist, dass sie nicht mehr mein Meinen und dein Meinen ist, sondern gemeinsame Ausgelegtheit der Welt, macht erst sittliche und soziale Solidarität möglich.«
> (Gadamer ⁶1990, S. 188)

Die Integrationsentwicklungen in den verschiedenen gesellschaftlichen Bereichen einschließlich der Erziehungs- und Bildungseinrichtungen zeigen im Überblick den Bedarf an professioneller pädagogischer Unterstützung auf. Integrative Pädagogik hat inzwischen viele Orte gefunden, an denen pädagogisch gehandelt wird, um gesellschaftliche Teilhabe und ein selbstbestimmtes Leben von Menschen mit Behinderung zu ermöglichen. Damit ist die Frage nach dem Wie, den Methoden der integrativen Pädagogik gestellt. Deshalb werden nun quer zu den Arbeitsfeldern die zentralen Handlungskonzepte einer integrativen Pädagogik beschrieben. Für den Elementarbereich steht das Konzept der integrativen Spielförderung im Mittelpunkt (2.1). Im Primar- und Sekundarbereich hat sich eine Didaktik des gemeinsamen Unterrichts herausgebildet (2.2). Große Schulsysteme entwickeln meist kooperative Strukturen aus, in denen über kurz oder lang die gesamte Organisation einer Bildungs- und Erziehungseinrichtung gemeinsam umgestaltet wird. Am Beispiel der integrativen Schulentwicklung sollen die dabei erforderlichen Handlungskonzepte zusammengefasst werden (2.3). Darüber hinaus ergeben sich ebenfalls integrative Aufgabenstellungen im Bereich der pädagogischen Diagnostik und Beratung. Auch dazu liegen zwischenzeitlich integrative Handlungskonzepte vor (2.4). Außerhalb von Bildungs- und Erziehungseinrichtungen gerät die Gestaltung integrativer Lebenswelten mehr und mehr in den Blickpunkt. Damit ist das Konzept der Normalisierung angesprochen, das hier auf sein integratives Potenzial überprüft werden soll (2.5). Integrative Förderung beruht in all diesen Ausprägungen letztlich auf gemeinsamen Handlungen. Das Leitbild integrativer Förderung besteht von daher in der gelungenen Kooperation als gemeinsames Spielen, Lernen, Arbeiten und Leben im Sinne der Definition von Integration im Anschluss an Feuser (1995).

Ein pädagogisches Handlungskonzept ist integrative Förderung insofern, als die konkreten pädagogischen Tätigkeiten in einen systematisch begründeten Zusammenhang von Zielen, Inhalten, Methoden und Organisationsformen gestellt sind (vgl. Gröschke ²1997; Jank/Meyer ³1994; Geißler/Hege ¹⁰2001). Solche Konzepte reichen also über Praxiserfahrungen und Alltagstheorien weit hinaus. Sie sind in der Regel erziehungswissenschaftlich fundierte Verfahren, die durch eine spezifische Systematik, eine theoretische Grundlegung und im Idealfall auch durch eine empirische Effektivitätskontrolle gekennzeichnet werden. Betrachten wir integrative Förderung nun also als Handlungskonzept, so beziehen wir uns nach wie vor auf eine integrative Erziehungswirklichkeit, versuchen diese allerdings im erziehungswissenschaftlichen Sinne zu rekonstruieren.

2.1 Integrative Spielförderung

Auch in Tageseinrichtungen für Kinder entwickelt sich die gemeinsame Erziehung nicht von selbst. Erzieherinnen stehen vor der Aufgabe, sich für kooperative Spieltätigkeiten von Kindern mit und ohne Behinderung zu sensibilisieren, diese gezielt zu unterstützen und eine Umgebung anzubieten, in denen alle Kinder zum gemeinsamen Spiel angeregt werden.

2.1.1 Integrative Spielsituationen

Kinder mit und ohne Behinderung begegnen sich im gemeinsamen Spiel. Sie bringen in die damit verbundenen Spieltätigkeiten ihre Kompetenzen ein und fragen danach, was jeder von ihnen zum gemeinsamen Spiel beitragen kann. Gerade im Bereich der Tageseinrichtungen für Kinder entwickeln Kinder eine große Selbstverständlichkeit im Umgang mit Unterschieden und die Bereitschaft, sich auf die spezifischen Eigenarten des anderen einzustellen.

Durch diese gemeinsamen Spieltätigkeiten entstehen integrative Spielsituationen (vgl. Heimlich 1995). Diese Situationen zeichnen sich auf einer prinzipiellen Ebene durch eine bestimmte Erfahrungsqualität aus. Kinder mit und ohne Behinderung partizipieren an dieser Situation und sie tragen zu dieser Situation bei. Der amerikanische Reformpädagoge und Erziehungsphilosoph John Dewey (1859-1962) sieht in dieser Erfahrung den Kern dessen, was er demokratische Erziehung nennt. *Eine Spielerfahrung, die alle teilen und zu der alle beitragen, das ist auch der Kern integrativer Spielsituationen und damit zugleich die Basis für alle weiteren Förder- und Therapieangebote.* Betrachten wir integrative Spielförderung als pädagogisches Handlungskonzept, so ergibt sich vor diesem Hintergrund die folgende Systematik:

Komponente	Einzelmerkmale
1. Ziele	• Spielerfahrungen, die alle teilen können und zu denen alle beitragen können • Toleranz gegenüber den spezifischen Fähigkeiten anderer • »Spielen mit allen Sinnen«
2. Inhalte	• soziale Spieltätigkeiten als Ausgangspunkt • Fähigkeiten und Bedürfnisse aller Kinder • Alltagserfahrungen aller Kinder
3. Methoden/ Medien	• Unterstützung der sozialen Spieltätigkeit • Unterstützung der Kontaktinitiierung • Integrative Spielmittel • Integrative Spielräume • Spielbeobachtung
4. Organisationsformen	• Integrative Gruppen in Tageseinrichtungen für Kinder • Integrative Kleingruppen • Integrative Spielfeste • Integrative Spielplätze
5. Begründungszusammenhang	• Theorie integrativer Spielsituationen • Ökologische SpielPädagogik • Modell der heil- und sonderpädagogischen Spielförderung

Abb. 6: Konzept integrativer Spielförderung

Vielfach wird die Wirksamkeit einer am Spiel orientierten Pädagogik der frühen Kindheit für die Vorbereitung auf die Schule – besonders von Elternseite – mit Skepsis betrachtet. Sowohl entwicklungspsychologische Befunde als auch Forschungen zu den Effekten von intensiven Spielerlebnissen bezogen auf schulische Lernprozesse bestätigen allerdings diese grundlegenden Zusammenhänge (vgl. Einsiedler 1999). Das kindliche Spiel in seiner entfalteten Form ist nahezu an allen Entwicklungsprozessen beteiligt. Es lassen sich empirisch gestützte Nachweise für eine Förderung von kognitiven, sozialen, emotionalen und sensomotorischen Entwicklungsaspekten durch Spieltätigkeiten anführen (vgl. Oerter 1993). Sogar auf den Prozess des Schriftspracherwerbs im engeren Sinne haben Fantasiespieltätigkeiten einen nachweisbaren Einfluss, wie James F. Christie (1991) in seinen Forschungen zum frühen Spracherwerb (*early literacy*) gezeigt hat.

Integrative Spielsituationen entstehen dann, wenn alle Kinder auf der Basis ihrer jeweiligen Fähigkeiten und Bedürfnisse solche Spieltätigkeiten hervorbringen können, die ihre persönliche Unverwechselbarkeit im Verhältnis zu ihrer sozialen Umwelt zum Ausdruck bringen und ihnen eine Vielfalt an leiblich-sinnlichen Erfahrungsmöglichkeiten eröffnen. Solche Spielsituationen zeichnen sich durch ein hohes Maß an Offenheit aus und bieten so einen Rahmen, in dem Kinder gestaltend teilnehmen können, in Beziehung zu anderen stehen sowie an der Veränderung der Situation teilhaben. Besonders für Kinder mit Behinderung sollte sichergestellt sein, dass sie ebenfalls einen produktiven Anteil an der Gestaltung integrativer Spielsituationen haben, denn nur so kann verhindert werden, dass Integration auf Anpassung an Bestehendes reduziert wird. Diese komplexe Aufgabe bedarf offensichtlich der professionellen pädagogischen Begleitung.

2.1.2 Methoden integrativer Spielförderung

Welche Aufgabe hat nun die Erzieherin bei der Förderung von integrativen Spieltätigkeiten und -situationen? Auf den ersten Blick erscheinen die Anforderungen eher widersprüchlich. Die Erzieherin soll das gemeinsame Spiel der Kinder begleiten, aber nicht bevormunden. Sie soll die Kinder anregen, aber auch ihre spontanen Einfälle nicht unterdrücken. Sie soll den Kindern helfen, aber das Fantasieelement des kindlichen Spiels nicht zerstören. Zur Lösung dieser Dilemmata wird in der SpielPädagogik auf die Formel von der »aktiven Passivität« hingewiesen (vgl. Heimlich ²2001, S. 188). Damit ist eine Tätigkeit z.b. von Erzieherinnen gemeint, die sich am Rande kindlicher Spieltätigkeiten ereignet und sich je nach den Anforderungen des jeweiligen Spielprozesses entweder passiv-beobachtend oder aktiv-spielerisch zum Spielgeschehen verhält. Aktivität und Passivität werden so immer wieder neu je nach den Anforderungen der Situation ausgerichtet. Die Anregung und Unterstützung von integrativen Spielsituationen erfordert von Erzieherinnen also so etwas wie eine »Halbdistanz« bzw. »begleitende Nähe« zum eigentlichen Spielgeschehen. Ideen, Vorschläge, Anregungen zum gemeinsamen Spielen kommen immer wieder von den Kindern selbst. Zur Intensivierung und Aufrechterhaltung des gemeinsamen Spielerlebnisses benötigen sie jedoch auch die Unterstützung von außen. Idealerweise versuchen Erzieherinnen diese Angebote auf der Ebene der Spielsituation zu geben. Sie bieten sich beispielsweise als Mitspielerinnen an, indem sie eine bestimmte Rolle übernehmen und aus dieser Rolle heraus versuchen, dem Spiel neue Impulse zu geben. Sie können aber auch durch Vorspielen ihrer Ideen das Spiel der Kinder beleben. All dies setzt im Übrigen eine gut ausgeprägte Fähigkeit zur Beobachtung integrativer Spieltätigkeiten und zur Einfühlung in die gemeinsamen Spielsituationen voraus. *Mitspielen* und *Vorspielen* sind *Elemente einer direkten Förderung des gemeinsamen Spiels*. Darüber hinaus sind Erzieherinnen jedoch auch im Rahmen der *indirekten Spielförderung* tätig. Bereits mit der Auswahl bestimmter Spielmittel (z.B. großformatige Schaumstoffklötze) zur Unterstützung des gemeinsamen Spiels im Vorfeld integrativer Spielprozesse sind Erzieherinnen im spielpädagogischen Sinne tätig. Eine flexible Raumgestaltung für unterschiedliche und häufig wechselnde Bedürfnisse ermöglichen nachweislich eher gemeinsames Spiel (vgl. zur Praxis integrativer Spielförderung: Heimlich/ Höltershinken 1994). Aus diesen praktischen Erfahrungen und empirischen Befunden lassen sich in Anlehnung an das »Integrated Preschool Curriculum (IPC)« (vgl. Odom u.a. 1982) die folgenden methodischen Realisierungsformen integrativer Spielförderung ableiten (vgl. Heimlich 1995, S. 269ff.):

92 Gemeinsamkeit erfahren – Handlungskonzepte integrativer Pädagogik

Abb. 7: Komponenten integrativer Spielförderung

- Besonders im ersten Kindergartenjahr benötigen Kinder die Begleitung eines Erwachsenen, um den Anteil an sozialen Spieltätigkeiten erhöhen zu können. Sie sind zwar am gemeinsamen Spiel von vornherein interessiert und es entstehen immer wieder auch spontane Spielkontakte. Sie bedürfen allerdings ebenso der Anregung, um aus dem Beobachtungs- und Alleinspiel heraus in die Nähe zu anderen Kindern zu kommen. Rollenspielmaterialien, Knetmaterialien, aber auch Musikcassetten eignen sich in Verbindung mit einem gut strukturierten Raumkonzept nach vorliegenden Erfahrungen besonders gut für diese allgemeine Form der *Unterstützung der sozialen Spieltätigkeiten* von Kindern mit und ohne Behinderung. Das Kooperationsspiel der Kinder ist zwar auch hier weiter die Zielvorstellung des gemeinsamen Spiels. Die tatsächlich beobachtbaren Anteile dieser Spielform sind jedoch besonders im ersten Kindergartenjahr nicht so dominant. Die sozialen Spieltätigkeiten werden in dieser Zeit vielmehr durch das Parallelspiel geprägt, bei dem die Kinder sich nebeneinander an ähnlichen Spielthemen und -materialien betätigen.

- Für die Phase der Kontaktaufnahme im gemeinsamen Spiel lassen sich mehrere Verhaltensweisen unterscheiden. Während einige Kinder spontan und selbstständig Kontakt aufnehmen, verharren andere Kinder lange in einer beobachtenden Haltung. Aber auch Aggressionen können als Versuch der Kontaktaufnahme beobachtet werden, wenn andere Verhaltensweisen nicht zur Verfügung stehen, allerdings mit sehr eingeschränktem Erfolg. Erzieherinnen haben bei der *Unterstützung der Kontaktinitiierung* für das gemeinsame Spiel die Aufgabe, diese individuellen Unterschiede wahrzunehmen und ihre Hilfestellung auf die persönlichen Bedürfnisse des einzelnen Kindes auszurichten, um ihnen zu helfen, ihren Wunsch nach sozialen Spielkontakten zu realisieren. Dabei kann die Kontaktinitiierung zum einen durch einzelne Kinder ohne Behinderung gezielt gefördert werden, indem diese auf bestimmte Verhaltensweisen zur Kontaktaufnahme aufmerksam gemacht werden (vgl. Strain/Odom 1986). Zum anderen kann auch eine integrative Gruppe insgesamt auf Möglichkeiten der Kontaktaufnahme im Spiel hingewiesen werden. Im nordamerikanischen Raum liegen dazu regelrechte Trainingsprogramme vor, die sich als hocheffektiv erwiesen haben. Im deutschen Sprachraum stoßen diese Formen von »Spieltraining« auf dem Hintergrund einer reichen Tradition in der Pädagogik der frühen Kindheit nach wie vor auf Skepsis und haben praktisch kaum Bedeutung.
- Gemeinsames Spielen erfordert eine reichhaltige Ausstattung der jeweiligen Einrichtung mit Spielmitteln im weitesten Sinne, die vielfältige sinnliche Erfahrungen ermöglichen. Nur so können alle Kinder mit ihren unterschiedlichen Fähigkeiten an integrativen Spielsituationen teilnehmen. Erzieherinnen berichten immer wieder, dass sich die Ausstattung des Gruppenraums durch die Aufnahme von Kindern mit Behinderung in dieser multisensorischen Dimension verändert hat. Aus den praktischen Erfahrungen heraus lassen sich bestimmte Kriterien für *integrative Spielmittel* ableiten. Spielmittel für alle Kinder sollten möglichst verschiedene Spielformen zulassen, viele Sinne gleichzeitig ansprechen, das Zusammenspiel anregen und gestaltbar sein im Sinne einer Veränderung ihrer Form (vgl. die vielfältigen Beispiele dazu bei Steiner/Steiner 1993).[16]
- Viele integrative Tageseinrichtungen überprüfen früher oder später ihre Raumgestaltungskonzepte und realisieren in der Regel Alternativen. Besonders der Einbau einer zweiten Spielebene und die damit verbun-

---

16 Elfriede Pauli, eine Heilpädagogin aus Kolbermoor (Bayern), gibt seit kurzer Zeit ihr selbst entwickeltes und selbst produziertes integratives Spielmaterial im eigenen Verlag »Via Spiele« heraus (www.via-spiele.de).

dene Einleitung eines Prozesses der flexiblen Raumgestaltung unter Einbeziehung der Eingangsbereiche und Gemeinschaftsräume hat sich als hilfreich für die integrative Arbeit herausgestellt. *Integrative Spielräume* sollten auf jeden Fall barrierefrei für alle Kinder zugänglich sein. Neben der sensorischen Vielfalt gilt es besonders, die Flexibilität als Kriterium für die Raumgestaltung zu berücksichtigen, da sich angesichts der Heterogenität der Bedürfnisse und Fähigkeiten innerhalb einer integrativen Gruppe auch die Spielinteressen entsprechend vervielfältigen. Wichtig sind ebenfalls Begegnungs- aber auch Rückzugs- und Versteckmöglichkeiten, um der gesamten Bandbreite an sozialen Spieltätigkeiten gerecht werden zu können (vgl. zur Raumgestaltung auch Mahlke/Schwarte 1997). Ähnliche Kriterien gelten im übrigen auch für Außenspielflächen (vgl. Philippen 1992; Opp 1992a).

- Eine der grundlegendsten spielpädagogischen Qualifikationen besteht in der differenzierten und sensiblen Beobachtung der Kinder beim Spiel (vgl. Heimlich ²2001, S. 223ff.). Das gilt besonders für integrative Gruppen (vgl. Fritzsche/Schastok 2001, S. 80ff.). Vielfach kann die Erzieherin bereits aus den alltäglichen Spielsituationen heraus Anhaltspunkte für ergänzende Förderangebote bezogen auf Kinder mit besonderen Förderbedürfnissen ableiten. Häufig nehmen auch ganze Einrichtungsteams die Gelegenheit zur Teamfallbesprechung wahr, um gemeinsam über die Förderung einzelner Kinder zu beraten. Die *Spielbeobachtung* zählt deshalb zu den Basiselementen des Konzeptes der integrativen Spielförderung. Neben einfachen Spielprotokollen auf der Ebene subjektiver Aufzeichnungen im Sinne von pädagogischen Tagebüchern liegen mittlerweile auch erprobte Beobachtungsinstrumente zur sozialen Spieltätigkeit, zum spielmittelbezogenen Spiel und zur Spielintensität vor (a.a.O., S. 232ff.).

Von daher wird nachvollziehbar, wenn angesichts der vielfältigen Anforderungen an die Erzieherin im Rahmen des Konzeptes integrativer Spielförderung der Ruf nach einer weiteren Professionalisierung dieses pädagogischen Berufes erneut bestätigt wird. Integrative Spielförderung erfordert einen entsprechenden Qualifizierungsprozess, der in die vorhandenen Ausbildungsstrukturen der Erzieherinnenausbildung und der Ausbildung von Heilpädagoginnen und -pädagogen integriert werden sollte. Integrative Spielförderung enthält aber ebenso ein Plädoyer für die weitere Akademisierung der Erzieherinnenausbildung.

2.2 Integrative Didaktik

Auch im schulischen Bereich wird zwar weiterhin gespielt. Und sicher hat das gemeinsame Spiel im Bereich der Primarstufe nach wie vor seine Bedeutung. In den Vordergrund geraten mit dem Schuleintritt jedoch nunmehr gezielt organisierte Lehr-Lernprozesse im Rahmen des gemeinsamen Unterrichts. Aufbauend auf den langjährigen praktischen Erfahrungen verbunden mit den zahlreichen wissenschaftlich begleiteten Modellprojekten wird gegenwärtig eine allgemeine Theorie des gemeinsamen Unterrichts in Ansätzen erkennbar. Damit betreten wir das Feld einer integrativen Didaktik im Sinne eines pädagogischen Handlungskonzeptes.

Die Rekonstruktion des Alltags im gemeinsamen Unterricht (s. Kap. 1.2) führt bereits zur Dekonstruktion des didaktischen Leitbildes von der homogenen Lerngruppe. Wie aber können wir den Unterricht in heterogenen Lerngruppen nunmehr auf der Ebene der didaktisch-methodischen Theoriebildung konstruieren? Damit stehen wir vor dem Problem, den gemeinsamen Unterricht als Unterrichtskonzept näher zu bestimmen. Legen wir die Definition von Hilbert Meyer ([6]1994, S. 208ff.) zu Grunde, so stellen Unterrichtskonzepte einen systematischen Begründungszusammenhang von Ziel-, Inhalts- und Methodenentscheidungen dar, der sich in Unterrichtsprinzipien, organisatorischen Rahmenbedingungen, Unterrichtsformen und Prozessmodellen äußert. Ein Unterrichtskonzept des gemeinsamen Unterrichts ist somit bereits normativ, es enthält Vorstellungen von einer guten Qualität dieses spezifischen Lehr-Lernprozesses (vgl. Heyer 1997; Werning 1996).

2.2.1 Prinzipien des gemeinsamen Unterrichts

Unterrichtsprinzipien sind:

»... allgemeine Aussagen, in knappster Form ausgedrückte Handlungsanweisungen, deren tiefere Begründung als bekannt vorausgesetzt wird und die weit reichende, nicht notwendig absolute Geltung für bestimmte Handlungsbereiche beanspruchen.« (*Glöckel* [3]1996, S. 279)

Diese Grundsätze haben deshalb für Lehrer/-innen im gemeinsamen Unterricht eine so große Bedeutung, weil sie grundlegende Handlungsorientierungen ermöglichen. In der Unterrichtssituation, die unter unmittelbarem Handlungsdruck steht, entlasten Unter-

96 Gemeinsamkeit erfahren – Handlungskonzepte integrativer Pädagogik

richtsprinzipien also von theoriebezogenen Reflexionen, die im beruflichen Alltag nicht immer geleistet werden können. Gleichzeitig stehen sie für eine bestimmte Qualität des gemeinsamen Unterrichts. In Anlehnung an Herbert Gudjons (^{2}1998a) können auf der Basis des Projektlernens folgenden Prinzipien gemeinsamen Unterrichts unterschieden werden:

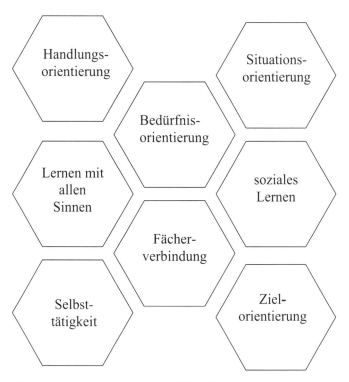

Abb. 8: Prinzipien des gemeinsamen Unterrichts

- *Handlungsorientierung*: Der gemeinsame Unterricht sollte *handlungsorientiert* sein, damit alle Schüler/-innen die Möglichkeit zu einer aktiven Auseinandersetzung mit dem gemeinsamen Lerngegenstand auf der Basis ihrer individuellen Kompetenzen haben (vgl. Gudjons ^{4}1994). Häufig entstehen in Projekten auch konkrete Produkte, wobei als Pro-

jektergebnis auch eine veränderte Haltung bzw. Einstellung angestrebt werden kann.
- *Situationsorientierung*: Die Themen und Inhalte des gemeinsamen Unterrichts sollten zur *Erfahrungswelt der Schüler/-innen* in Beziehung gesetzt werden und idealerweise aus deren Lebenswelt stammen, d.h. gesellschaftliche Praxisrelevanz besitzen (vgl. Heimlich 1994).
- *Bedürfnisorientierung*: Im gemeinsamen Unterricht müssen die individuellen Förderbedürfnisse aller Schüler/-innen durch ein *individualisiertes und differenziertes Lernangebot* beantwortet werden (vgl. Gehrmann 1997).
- *Lernen mit allen Sinnen*: Aufgrund der Vielfalt der Lernbedürfnisse der Schüler/-innen ist das Lernangebot des gemeinsamen Unterrichts *multisensorisch und bewegungsorientiert* auszurichten (vgl. Ayres 1991, Vester [23]1996).
- *Soziales Lernen*: Ein qualitativ guter gemeinsamer Unterricht schafft in wechselnden Sozialformen umfangreiche Gelegenheiten zur Kooperation der Schüler/-innen untereinander, um den entwicklungsbedeutsamen *Prozessen des »Voneinander-Lernens«* in der *peer-group* Raum zu geben (vgl. Benkmann 1998).
- *Fächerverbindung*: Gemeinsamer Unterricht sollte zur Überwindung von starren Grenzen zwischen Unterrichtsfächern beitragen und übergreifende Themenstellungen (z.B. Umweltbildung) aufgreifen. Er sollte *Zusammenhänge und Vernetzungen* zwischen den verschiedenen Rahmencurricula stärker betonen (vgl. Duncker/Popp *1998*).
- *Selbsttätigkeit*: Im gemeinsamen Unterricht werden Schüler/-innen aufgefordert, ihr Lernen stärker selbst zu planen und zu kontrollieren, um so zu mehr *Selbstbestimmung* zu gelangen (vgl. Heimlich 1997).
- *Zielorientierung*: Der gemeinsame Unterricht sollte an differenzierten Zielsetzungen ausgerichtet sein (sog. »zieldifferente Integration«) und die gemeinsamen Lerngegenstände auf die jeweiligen Entwicklungsniveaus beziehen. Aber auch dort, wo eine zielgleiche Integration möglich ist, sollte auf die erforderliche sonderpädagogische Unterstützung besonders geachtet werden (vgl. Bach/Pfirrmann 1994).

Ein Unterricht, in dem nach diesen Prinzipien gelehrt und gelernt wird, kommt nach vorliegenden Erfahrungen allen Kindern und Jugendlichen zugute – nicht nur den Schüler/-innen mit sonderpädagogischem Förderbedarf. Für Sonderpädagogen/-innen sind allerdings die Prinzipien Handlungsorientierung, Bedürfnisorientierung und Lernen mit allen Sinnen von besonderem Interesse. Über die Realisierung dieser Prinzipien im gemeinsamen Unterricht sichern sie die Möglichkeiten der Teilhabe aller Schüler/-innen am gemeinsamen Lernen.

98 Gemeinsamkeit erfahren – Handlungskonzepte integrativer Pädagogik

Fragen wir nun weiter nach der äußeren Gestalt dieser Lehr-Lernprozesse, die wir als gemeinsamen Unterricht bezeichnet haben, so gelangen wir zu den Unterrichtsformen des gemeinsamen Unterrichts.

2.2.2 Formen des gemeinsamen Unterrichts

Unterrichtsformen gelten im Anschluss an Hilbert Meyer ([6]1994, S. 125ff.) als Handlungsmuster:

»Sie sind historisch gewachsen. Sie haben eine formale Struktur, die es erlaubt, vielfältige inhaltliche und methodische Ausformungen vorzunehmen. Sie haben einen definierten Anfang, eine innere Zielgerichtetheit und zumeist auch ein klar definiertes Ende.«

Aus der Sicht der Lehrenden sind sie Lehrformen, aus der Sicht der Lernenden eher Lernformen (vgl. Glöckel [3]1996, S. 59f.). Zu ihnen zählen neben den Sozialformen auch methodische Großformen wie Vorhaben, Lehrgang und Projekt. Bezogen auf den gemeinsamen Unterricht lassen sich die folgenden Unterrichtsformen unterscheiden:

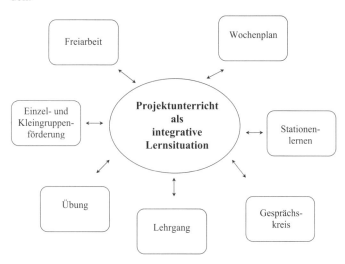

Abb. 9: Formen des gemeinsamen Unterrichts

Im Mittelpunkt des gemeinsamen Unterrichts steht der *gemeinsame Lerngegenstand* bzw. das *Projektthema*. Das Unterrichtsthema wird im Projektunterricht mit den Schüler/-innen ausgehandelt. Es kann aber auch aus den Richtlinien stammen. Entscheidend ist die gemeinsame Planungsphase unter Einbeziehung der Kompetenzen auf Seiten der Lernenden (vgl. Frey ⁹2002). Das gemeinsame Unterrichtsthema wird bei der Projektplanung unter der Perspektive der möglichst vielfältigen Zugangsweisen betrachtet. Das Projekt stellt *das* thematische und soziale Zentrum des gemeinsamen Unterrichts dar (vgl. Feuser/Meyer 1987).

Das Konzept des Projektunterrichts deckt jedoch keineswegs den gesamten Bereich des gemeinsamen Unterrichts ab. Um dieses Zentrum herum sind weitere Unterrichtsformen angesiedelt, auf die in Ergänzung zum gemeinsamen Lerngegenstand immer wieder zurückgegriffen wird:

- *Freiarbeit*: Regelmäßige Freiarbeitsphasen beispielsweise zu Beginn eines Unterrichtstages bieten ein Höchstmaß an Möglichkeiten zur Differenzierung, Individualisierung und vor allem Selbsttätigkeit (vgl. Montessori ²1987).
- *Wochenplan*: Das Unterrichten mit Wochenplänen erleichtert die Organisation eines Unterrichtsgeschehens, das auf individuelle Lernwege ausgerichtet ist und bis hin zu Tages- und Förderplänen reicht (vgl. Reiß/Eberle ²1994).
- *Stationenlernen*: Die Lerninhalte einer Unterrichtseinheit müssen im gemeinsamen Unterricht nicht immer in stundenweisen »Häppchen« nacheinander präsentiert werden. Sie können mit einem ähnlichen Arbeitsaufwand auch gleichzeitig als Stationen zum Selbstentdecken angeboten werden. Diese ermöglichen so eine gute Vorbereitung für selbsttätige Lernphasen (vgl. Hegele 1996).
- *Gesprächskreis*: Der Gesprächskreis bildet im gemeinsamen Unterricht häufig eine Art Drehscheibe für das soziale Geschehen im Klassenraum und ergänzt auf diese Weise das gemeinsame Lernen am gemeinsamen Lerngegenstand noch einmal um soziale Lernprozesse (vgl. Schall 1995; Petersen ⁵²/⁵³1972)
- *Lehrgang*: Aber auch ein handwerklich gut gemachter Frontalunterricht, in dem mit innerer Differenzierung gearbeitet wird, hat weiter seine Berechtigung insbesondere in der Sekundarstufe I und II und wenn es z.B. um die gemeinsame Erarbeitung eines neuen Lerninhaltes für eine Lerngruppe geht (vgl. Meyer ⁵1993, S. 181ff.).
- *Übung*: Ein reformpädagogischer Unterricht – und als solcher wird der gemeinsame Unterricht verstanden – enthält auch ein verändertes Verständnis von Übung und Wiederholung. Dieses veränderte Übungsver-

ständnis besteht insbesondere darin, dass nicht nur reproduktive, sondern insbesondere auch produktive Methoden des Übens angewandt werden (vgl. Meier u.a. 2000).
- *Einzel- und Kleingruppenförderung*: Bei allem Bemühen um ein kooperatives Lerngeschehen im gemeinsamen Unterricht kann es gleichwohl notwendig werden, dass besondere Förder- und Therapieangebote in kleinen Gruppen oder für einzelne Kinder angeboten werden. Allerdings verändern sich diese Förder- und Therapiekonzepte gegenwärtig auch insofern, als sie verstärkt von den Bedürfnissen der Schüler/-innen nach Selbsttätigkeit ausgehen (vgl. Heimlich 1997).

Der Versuch, das Lernen in Projekten in einer didaktischen Systematik der Prinzipien und Formen des gemeinsamen Unterrichts zu verankern, führt uns letztlich zur Entwicklung von Qualitätsstandards. Ein guter gemeinsamer Unterricht ist insbesondere durch Rückbezug auf den Projektunterricht zu gewährleisten, auch wenn damit lediglich das Zentrum der vielfältigen Unterrichtsformen bezeichnet ist.

Sonderpädagoginnen und Sonderpädagogen kommt hier die Funktion zu, in den genannten Formen des gemeinsamen Unterrichts unterschiedliche Muster der Lernbegleitung anzubieten. In der Einzel- und Kleingruppenförderung sowie im Stationenlernen, bei der Übung und in Bezug auf die Wochenpläne lassen sich auch Maßnahmen der sonderpädagogischen Förderung im gemeinsamen Unterricht verankern.

Zusammenfassend kann festgehalten werden, dass der gemeinsame Unterricht nicht in einem eigenen Unterrichtskonzept fundiert wird. Auf der konzeptionellen Ebene werden vielmehr Anleihen bei reformpädagogischen Entwürfen erforderlich. Das Konzept des Projektlernens enthält z.B. ein Handlungswissen, dass es erlaubt, die Praxis des gemeinsamen Unterrichts unter normativen Aspekten zu betrachten und weiterzuentwickeln.

2.2.3 Integrative Lernsituationen im Rahmen einer »Bildung für alle«

Im erziehungswissenschaftlichen Zusammenhang sind wir darauf verwiesen, den Alltag und das Handlungskonzept des gemeinsamen Unterrichts in ein Verhältnis zu den didaktischen Modellen zu bringen (vgl. Sünkel 1996). Erst auf dieser Ebene können wir zu anthropologischen und sozialphilosophischen Begründungszusammenhängen des gemeinsamen Unterrichts gelangen (vgl. Jantzen 2000). Den ersten Schritt in dieser Richtung hat Georg Feuser im Jahre 1998 getan. Er begründet den gemeinsamen Unterricht hier in Anlehnung an das kritisch-konstruktive Modell der Didaktik von Wolfgang Klafki (⁵1996). Gemeinsames Lernen am gemeinsamen Lerngegenstand ist danach deshalb erforderlich, weil – so Feuser – nur auf diesem Wege ein humanes und demokratisches Bildungs- und Erziehungssystem zu realisieren ist. Damit wird bereits die bildungstheoretische Dimension des gemeinsamen Unterrichts sichtbar (vgl. Prengel ²1995).

Hans Wocken (1998) entwickelt in kritischer Diskussion mit Feuser eine Theorie gemeinsamer Lernsituationen. Aus der Tradition des symbolischen Interaktionismus heraus differenziert er vornehmlich die soziale Dimension von gemeinsamen Lernsituationen und unterscheidet koexistente, kommunikative, subsidiäre und kooperative Lernsituationen. Damit bestreitet Wocken zugleich, dass gemeinsamer Unterricht nur in kooperativen Prozessen stattfinden kann.

Die Vielschichtigkeit integrativer Lernerfahrungen im gemeinsamen Unterricht wird mit diesen didaktischen Konzeptionen allerdings noch nicht erreicht. Es dominiert im ersten Fall die kognitive, im zweiten Fall die soziale Dimension des gemeinsamen Lernens. Dabei werden mindestens die sensomotorischen bzw. die leiblich-sinnlichen Dimensionen gemeinsamen Lernens ausgeblendet (vgl. dazu die phänomenologische Denktradition bei Maurice Merleau-Ponty 1966; Ronald D. Laing 1969; Käthe Meyer-Drawe ²1987). Auf der Ebene der Konstruktion eines Begründungszusammenhanges des gemeinsamen Unterrichts (vgl. Reich 1996) soll deshalb nun die Unterrichts- und Schultheorie von John Dewey herangezogen werden (vgl. Krüger/Lersch ²1993). Damit ist im Übrigen nicht die viel zitierte Formel »*learning by doing*« gemeint, die bekanntlich überhaupt nicht von Dewey selbst stammt. Vielmehr wird der Erfahrungsbegriff zum entscheidenden Zugang zu Deweys Erziehungsphilosophie.

Deweys Demokratieverständnis zielt auf eine bestimmte Qualität des Umgangs zwischen Menschen und meint nicht nur eine bestimmte Staatsform, sondern vor allem eine Lebensform (vgl. Putnam 1997). Die damit verbundenen Erfahrungsmöglichkeiten enthalten einen aktiven, handelnden und einen passiven, eher wahrnehmenden Teil (vgl. Dewey 1916/1993). Der Phänomenologe

Bernhard Waldenfels spricht in ähnlicher Weise vom produktiv-reproduktiven Lebensweltbezug (vgl. Waldenfels 1985, S. 140). Bei Hartmut von Hentig finden wir aufbauend auf Dewey das Konzept einer »Schule als Lebens- und Erfahrungsraum«, wie er es bekanntlich in der Bielefelder Laborschule entwickelt hat und in seiner weithin bekannt gewordenen Schrift »Die Schule neu denken« (²1993) noch einmal zusammenfasst. Die »Schule als Lebens- und Erfahrungsraum« ist letztlich eine integrative Schule, die alle Schüler/-innen eines Wohnbezirks mit all ihren spezifischen Kompetenzen aufnimmt und sie möglichst lange gemeinsam unterrichtet (vgl. das Schulporträt bei Demmer-Dieckmann/Struck 2001). Damit soll das realisiert werden, was von Hentig in seinem Essay »Bildung« als »Bildung für alle« entfaltet (vgl. 1996, S. 61ff.). Diese »Bildung für alle« ist an bestimmte Erfahrungen gebunden, aus denen idealerweise die Bildungsinhalte stammen sollen (vgl. Hörster 1995). Zumindest sollten die Bildungsgehalte mit den Erfahrungen der Schüler/-innen in Beziehung gesetzt werden (vgl. das Modell eines erfahrungsorientierten Unterrichts bei Ingo Scheller 1987). *Integrative Lernsituationen bieten eine Vielfalt an Lernerfahrungen im kognitiven, sozialen, emotionalen und sensomotorischen Bereich an, damit alle am gemeinsamen Lernen partizipieren können und alle etwas dazu beitragen* (vgl. Heimlich 1999a, S. 69ff.).

Integrative Didaktik wird hier als »Bildung für alle« letztlich ethisch fundiert in einem demokratischen Wertekonsens (vgl. Antor 1999). So können wir auch Wolfgang Klafkis neue Studien zur Bildungstheorie und Didaktik (⁵1996) als Beitrag zu einer integrativen Bildungs- und Erziehungstheorie auffassen. Bekanntlich betrachtet er den Umgang von Behinderten und Nichtbehinderten als eines der Schlüsselprobleme einer zeitgemäßen Bildung. Seine Bildungsziele, nämlich Selbstbestimmungs-, Mitbestimmungs- und Solidaritätsfähigkeit, repräsentieren letztlich die demokratischen Grundwerte der Freiheit, der gleichberechtigten Partizipation und der Solidarität (vgl. Krawitz 2001). Es kommt daher nicht von ungefähr, wenn diese Bildungsziele gegenwärtig auf einen breiten Konsens im didaktischen Theoriediskurs stoßen (vgl. Jank/Meyer ³1994, S. 175ff.).

Zusammenfassend ist darauf hinzuweisen, dass eine didaktische Theorie des gemeinsamen Unterrichts gegenwärtig erst in rudimentären Ansätzen entsteht. Wollen wir jedoch – beispielsweise gegenüber kritischen Rückfragen, also auch in höchst praxisbezogenen Zusammenhängen – das Konzept des gemeinsamen Unterrichts begründen, so sind wir auf ein Wissen angewiesen, wie es uns von Theorien des Erziehungs- und Bildungsprozesses bereitgestellt wird. Diese theoretische Betrachtung bietet auch die Chance zur Weiterentwicklung vorhandener Handlungskonzepte sowie zur Überprüfung bzw. Konstruktion neuer Handlungskonzepte.

Besonders im Sekundarbereich mit seinen großen Schulsystemen hat sich neben der Entwicklung eines Konzeptes für den gemeinsamen Unterricht gezeigt, dass schulische Integration nicht allein durch eine veränderte Didaktik erreicht werden kann. Vielmehr ist die Schule als System mit einzubeziehen, wenn der Weg zur integrationsfähigen Schule beschritten werden soll. Auch die Einrichtung von Integrationsklassen bleibt in den meisten Fällen keine isolierte Maßnahme, sondern erfasst über kurz oder lang die gesamte Schule. Mittlerweile haben einige Schulen, wie die Gesamtschule Bonn-Beuel, integrative Schulprogramme entwickelt und so den Gedanken der »*inclusive schools*« aus dem nordamerikanischen Raum aufgegriffen (s. Kap. 3.1.2). Der Weg zur integrationsfähigen Schule führt über Prozesse der Schulentwicklung.

2.3 Integrative Schulentwicklung

Meist stehen zu Beginn der Einrichtung von Integrationsklassen in allgemeinen Schulen die Schüler/-innen mit sonderpädagogischem Förderbedarf im Vordergrund der Innovationsarbeit (z.B. Durchführung der Kind-Umfeld-Analyse, Entwicklung der Förderpläne usf., s. Kap. 2.4). Ausgehend von diesem Mittelpunkt lässt sich die Vielfalt der Entwicklungsprozesse in integrativen Schulen aber nicht mehr allein mit didaktisch-methodischen Kategorien beschreiben (also etwa reformpädagogisches Unterrichtskonzept, individualisierte Förderung usf.). Vielmehr ergeben sich auch über den Unterricht hinaus innovative Prozesse auf weiteren Entwicklungsebenen (vgl. auch Köbberling/Schley 2000).

2.3.1 Pädagogische Schulentwicklung und Integration

Allen voran ist die Zusammenarbeit der Pädagoginnen und Pädagogen in den Jahrgangsstufenteams zu nennen. Damit wird bereits die Ebene der Schule als System erreicht. Integrationsklassen erfordern besonders im Sekundarbereich auch Veränderungen auf dieser systemischen Ebene. Dabei wird deutlich, dass die jeweilige Einzelschule in ein Bildungs- und Erziehungssystem eingebettet ist, das über spezifische Rahmenbedingungen (z.B. Richtlinien, Erlasse usf.) in die Arbeit der Integrationsklassen hineinwirkt. Die Einrichtung von Integrationsklassen in allgemeinen Schulen zieht innovative Prozesse auf verschiedenen Ebenen schulischer Handlungsstrukturen nach sich, die am ehesten im Rahmen von Schulentwicklungskonzepten beschrieben werden können. Dies wird auch von der empirischen Schulforschung im Wesentlichen bestätigt. So geht Fend (1998) zunächst davon aus, dass die jeweilige Einzelschule der Motor für Innovationen ist. Zahlreiche Schulentwicklungsprojekte einzelner Schulen belegen jedoch, wie zentral die Bedeutung des Bildungs- und Erziehungssystems insgesamt für die Entwicklung der einzelnen Schule ist. Bezogen auf Schulentwicklungsprozesse unterscheidet Fend von daher zwischen Mikro-, Meso- und Makro-Ebene. Die *Mikroebene integrativer Schulentwicklung* wird durch den gemeinsamen Unterricht repräsentiert. Die didaktisch-methodische Innovation setzt allerdings weitere Entwicklungen im Bereich der Kooperation von Lehrern/-innen in Gang. Das Zwei-Lehrer-System in Integrationsklassen, die Zusammenarbeit in Jahrgangsstufenteams und Formen der jahrgangsübergreifenden Zusammenarbeit von Lehrenden sowie die Unterstützung und Begleitung durch die jeweilige Schulleitung zählen mit zu den unverzichtbaren Merkmalen von *inclusive schools* (vgl. Thomas/Walker/Webb 1998). Auf dieser *Meso-Ebene integrativer Schulentwicklung* stellt sich das Problem der Qualität von einzelnen Schulen (vgl. zur integrativen Qualität auch Speck 1999, s. Kap. 1.1.4). Diese ist nach vorliegenden Erfahrungen nicht auf dem Verordnungswege zu erreichen, sondern stets das Ergebnis einer Entwicklung von unten und deshalb das Ergebnis der Entwicklung von einzelnen Schulen. Allerdings unterliegt die Einzelschule wiederum administrativ geregelten Rahmenbedingungen. Auf einer *Makroebene integrativer Schulentwicklung* haben einige Bundesländer inzwischen schulrechtliche Voraussetzungen für die

Einrichtung von Integrationsklassen geschaffen und dabei bestimmte Ausstattungsmerkmale in personeller und sächlicher Hinsicht festgeschrieben.

Integrative Schulentwicklung lässt sich nun am ehesten in Modellen der »Pädagogischen Schulentwicklung (PSE)« beschreiben (vgl. Bastian 1998; Klippert 2000). Im Gegensatz zur Organisationsentwicklung (OE), wie sie von Hans-Günter Rolff u.a. (1993) im Dortmunder Institut für Schulentwicklungsforschung zunächst bevorzugt wurde, geht PSE von der Veränderung des Unterrichts aus. Erst daran anschließend und stets darauf bezogen werden die schulischen Kommunikationsstrukturen systematisch verändert. Integrative Schulentwicklung umfasst so im Rahmen eines Mehrebenenmodells eine Bewegung von Innen nach Außen:

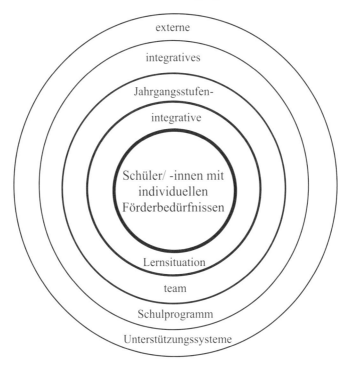

Abb. 10: Integrative Schulentwicklung

Dieses Modell integrativer Schulentwicklung folgt im Wesentlichen einem ökologischen Theoriekonzept, wie es im Anschluss an den nordamerikanischen Sozialforscher Urie Bronfenbrenner (1989) beispielsweise von Anne Hildeschmidt und Alfred Sander (1995) auf die Integration im Sekundarbereich übertragen wurde. In der brandenburgischen Integrationsentwicklung (vgl. Preuss-Lausitz 1997c) und in dem schleswig-holsteinischen Weg zur Einbeziehung der Schulaufsicht in die Integrationsentwicklung (vgl. Pluhar 1998) liegen ähnliche Schulentwicklungskonzepte zugrunde. Impulse gehen ebenfalls von dem Mehrebenenmodell integrativer Prozesse im Anschluss an Helmut Reiser u.a. (1986) aus. Ein Phasenablauf integrativer Schulentwicklung ergibt sich nun erneut im Rückgriff auf das Projektlernen, das auch für das Lernen der Lehrenden zugrunde gelegt werden kann.

2.3.2 Integrative Schulentwicklung als Projektlernen

Der Schulentwicklungsprozess hin zu einer integrationsfähigen Schule lässt sich als Prozess des Projektlernens darstellen (vgl. Bastian/Schnack 1997). Auch hier kann wieder auf das Modell der denkenden Erfahrung von John Dewey mit den Phasen »problemhaltige Sachlage«, »gemeinsame Planung der Problemlösung«, »handelnde und kooperative Auseinandersetzung mit der Problemlösung« und »Überprüfung der Problemlösung an der Wirklichkeit« zurückgegriffen werden (vgl. auch Heimlich 1999a, S. 182ff.).

Projektphase	Integrative Schulentwicklung
1. Problemhaltige Sachlage	• Anfrage von Eltern auf Einrichtung einer Integrationsklasse an die Schulleitung
2. Gemeinsame Planung der Problemlösung	• Bildung eines Jahrgangsstufenteams zur Vorbereitung und Konzepterstellung für den gemeinsamen Unterricht

Projektphase	Integrative Schulentwicklung
3. *Handelnde und kooperative Auseinandersetzung mit der Problemlösung*	• Konzepterstellung für den gemeinsamen Unterricht • Suche nach Unterstützung und Ressourcen
4. *Überprüfung der Problemlösung an der Wirklichkeit*	• Stufenplan zur praktischen Umsetzung • Sicherstellung der notwendigen Ressourcen

Abb. 11: Projektlernen im Rahmen integrativer Schulentwicklung

Integrative Schulentwicklung beginnt meist mit der Anfrage von Eltern an die Schulleitung und der Anregung, eine Integrationsklasse einzurichten. Finden sich Lehrer/-innen, die sich für die Einrichtung einer Integrationsklasse engagieren wollen, so könnte ein Jahrgangsstufenteam gebildet werden, um die weitere Vorbereitung auf den Weg zu bringen. Dieses Team setzt sich – möglichst unter Einbeziehung der Eltern – mit dem Grundanliegen des gemeinsamen Unterrichts auseinander und macht die Einrichtung der Integrationsklasse zur gemeinsamen Zielsetzung. Es wird festgelegt, in welchem Zeitraum und von wem ein entsprechendes Konzept zu erstellen ist. Nun wird das Konzept für den gemeinsamen Unterricht entwickelt. Dazu zählen die zentralen Zielsetzungen, die Beschreibung der Unterrichtsmethoden und ein Organisationsmodell zur zeitlichen, räumlichen sowie personellen Realisierung. Es geht dabei vor allem um eine Übersicht über die vorhandenen und noch zu erschließenden Ressourcen. Die Umsetzung steht und fällt mit der Sicherstellung der Ressourcen, wobei hier in der Vergangenheit vielfach gezeigt werden konnte, dass der Weg zu den Ressourcen entsteht, in dem er begangen wird. Da jedoch zwischenzeitlich in vielen Bundesländern rechtliche Grundlagen für den gemeinsamen Unterricht und die Arbeit in Integrationsklassen vorliegen, sollten diese auch zur Realisierung des Konzeptes in Anspruch genommen werden. Gute Erfahrungen zu solchen projektorientierten Schulentwicklungsmodellen liegen uns aus den Integrationsschulen vor, die bereits über mehrere Schuljahre hinweg Erfahrungen mit der Einrichtung von Integrationsklassen gemacht haben (vgl. das Beispiel der Integrierten Gesamtschule in Halle/S. bei Heimlich/Jacobs 2001).

Ergebnis eines mehrjährigen Schulentwicklungsprozesses kann in Integrationsschulen auch ein integratives Schulprogramm sein. Die Aufgabe der Integration ist hier an zentraler Stelle im Schulprofil verankert und auch schriftlich fixiert. Nach Beatrix Lumer ist integrative Schulprogrammarbeit als Prozess zu begreifen, in dem alle Beteiligten in der Schule langfristig und in Kooperation miteinander ihre Position zum gemeinsamen Unterricht klären und Entwicklungsziele sowie Evaluationsansätze dazu festschreiben (vgl. Lumer 2001, S. 116ff; Schmetz 1993).

2.3.3 Qualitätssicherung und Evaluation in der integrativen Schulentwicklung

Die Evaluation von integrativen Schulentwicklungsprozessen auf den verschiedenen Innovationsebenen kann kein punktuelles Ereignis sein, dass sich in der Fremdevaluation etwa durch wissenschaftliche Begleitforschung oder externe Schulberatung erschöpft. Evaluation meint im ursprünglichen Wortsinne (von frz. *évaluation*) die sachgerechte Beurteilung und Bewertung. Im Rahmen von Modellen der Qualitätsentwicklung (vgl. Spiess 1997, S. 27ff.) gerät Evaluation zum Bestandteil von Qualitätssicherung bezogen auf den gemeinsamen Unterricht und wird selbst zum Prozess. Evaluation integrativer Schulentwicklung umfasst von daher immer formative und summative sowie interne und externe Formen.

Zum Verständnis der erforderlichen Innovationsprozesse bezogen auf Integrationsklassen ist eine Form der praxisbegleitenden Evaluation erforderlich (*formative Evaluation*, vgl. Rolff 1995). Meist zeigen sich gerade in den ersten Monaten nach der Einrichtung von Integrationsklassen vielfältige Alltagsprobleme, die häufig ad hoc zu bewältigen sind. In dieser Situation empfiehlt es sich, dass der Prozess der Konzeptumsetzung regelmäßig im Jahrgangsstufenteam reflektiert wird. Hilfreich sind dabei externe Berater, die aber eher Moderations- und Servicefunktionen übernehmen sollten (z.B. Gestaltung von Teamfallbesprechungen, Vorbereitung von Schulinternen Fortbildungsveranstaltungen und Bereitstellung von Unterrichts- und Fördermaterialien bzw.

förderdiagnostischen Materialien). Die Entwicklungsarbeit sollte weiterhin vom Team der pädagogisch Tätigen verantwortet und gesteuert werden.

Der Rückblick auf einen längeren Abschnitt der Schulentwicklung eröffnet demgegenüber wiederum neue Perspektiven (*summative Evaluation*). Von Zeit zu Zeit empfiehlt es sich deshalb innezuhalten, um die Nachhaltigkeit von Schulentwicklung überprüfen zu können. Neben dialogischen Ansätzen bieten sich hier allerdings auch standardisierte Evaluationsinstrumente (z.B. Lehrer- und Schülerbefragungen) an, über die ein Vergleich mit anderen Schulentwicklungsprozessen möglich wird. Auch diese summative Evaluation sollte nur mit Einverständnis des Entwicklungsteams erfolgen.

Das Grundverständnis von Evaluation im Bereich von Schulentwicklungsprozessen hat sich nachhaltig gewandelt (vgl. Allgäuer 1997, S. 36ff.). Zunächst steht die Fremdevaluation durch externe Experten im Vordergrund. Allerdings entwickelt sich in den achtziger Jahren zunehmend ein Bewusstsein für die Einbeziehung der Akteure in der Schulentwicklung. In Verbindung mit der Forderung nach mehr Schulautonomie gerät die Evaluation zum Bestandteil von festgeschriebenen Qualitätssicherungsmodellen (vgl. Bildungskommission NRW 1995). Für die einzelne Schule soll die Qualitätssicherung mehr Entscheidungsspielraum eröffnen. In diesem Zusammenhang gibt es zur kontinuierlichen Selbstevaluation (*interne Evaluation*) im Rahmen integrativer Schulentwicklung wohl keine Alternative. Gerade zu Beginn eines solchen Schulentwicklungsprozesses kann allerdings auch ein externes Korrektiv erforderlich werden, um möglichst umgehend eine objektive Rückmeldung über den Stand der Umsetzung eines Konzeptes für den gemeinsamen Unterricht zu erhalten. Hier kann es hilfreich sein, eine Fremdevaluation der integrativen Schulentwicklung durchzuführen (*externe Evaluation*) und sich möglicherweise mit einer beratenden Schulaufsicht bzw. mit benachbarten Schulkollegien (sog. »*peer review*«) über den Stand der Entwicklungsarbeit auszutauschen.

Letztlich erfordert die Evaluation integrativer Schulentwicklung mit dem Ziel der Qualitätsentwicklung und -sicherung ein Gespräch aller Beteiligten. In diese dialogische Evaluation sollten alle schulischen Gruppen (Lehrer/-innen, Eltern, Schüler/-innen) zumindest in größeren Abschnitten einbezogen sein, um ein

Bewusstsein für die Gemeinsamkeit der Aufgabe integrativer Schulentwicklung zu schaffen.

Während sich die integrativen Handlungskonzepte im Bereich von Spielförderung, Didaktik und Schulentwicklung schwerpunktmäßig auf bestimmte Arbeitsfelder der integrativen Pädagogik beziehen, entwickeln sich zunehmend Aufgabenstellungen, die quer zu den Arbeitsfeldern liegen. Dazu zählen insbesondere diagnostisch, beratende und assistierende Handlungsmuster.

2.4 Integrative Diagnostik

Alle Maßnahmen der integrativen Förderung – in welchem Lebensabschnitt auch immer – setzen bislang die Feststellung einer Behinderung (bzw. eines sonderpädagogischen Förderbedarfs) voraus. Von daher ist integrative Förderung gegenwärtig immer noch in einem Dilemma zwischen Etikettierung und Ressourcenzuweisung gefangen (sog. »Etikettierungs-Ressourcen-Dilemma«, vgl. Füssel/Kretschmann 1993). Der Zugang zu Maßnahmen der integrativen Förderung ist deshalb bislang an diagnostische Prozesse und Entscheidungen gebunden. Diagnostik stammt als Konzept ursprünglich aus der Medizin bzw. Psychologie und bezieht sich auf die Feststellung von körperlichen und psychischen Krankheiten. Pädagogische und sonderpädagogische Diagnostik (vgl. Kleber 1992; Bundschuh [4]1996) zielt demgegenüber auf die Feststellung von Lern- und Entwicklungsvoraussetzungen bei Kindern und Jugendlichen, um daraus Grundlagen für die Förderung abzuleiten. Nach der Überwindung der eher medizinisch dominierten Tradition speziell in der sonderpädagogischen Diagnostik steht somit gegenwärtig eher das Konzept der Förderdiagnostik im Mittelpunkt (vgl. Mutzeck [3]2002a). Im Zuge der Ausweitung von Arbeitsfeldern integrativer Pädagogik werden nunmehr auch die integrativen Aufgabenstellungen einer sonderpädagogischen Diagnostik bewusster wahrgenommen und reflektiert (vgl. Grissemann 1998; Kornmann 1998; Boban/Hinz 1998).

2.4.1 Kind-Umfeld-Analyse

Insbesondere Alfred Sander hat mit seiner Kind-Umfeld-Analyse dazu beigetragen, dass Massnahmen der integrativen Förderung in den Rahmen eines umfassenden förderdiagnostischen Prozesses hineingestellt werden. Auf dem Hintergrund ökologischer und systemischer Theoriekonzepte (vgl. Sander 2002a; s. Kap. 3.2.3) wird hier nicht nur das Kind mit seinen spezifischen Förderbedürfnissen diagnostiziert. Zu fragen ist unter der Förderperspektive stets nach den möglichen Ressourcen für die Förderung im familiären Umfeld des Kindes sowie im Bereich von Bildungs- und Erziehungsinstitutionen. Diese neue Sichtweise der Förderdiagnostik ist besonders im Saarland entwickelt worden und in Zusammenhang mit der Planung von Maßnahmen der Einzelintegration entstanden. Damit enthält die Kind-Umfeld-Analyse von Beginn an nicht nur den *Blick auf das Kind* und die Feststellung von Lern- und Entwicklungsvoraussetzungen. Vielmehr beinhaltet die Umfeldorientierung dieses Diagnose-Konzeptes ebenso den *Blick auf die Ressourcen* und die Möglichkeiten zu deren Erschließung. Die Kind-Umfeld-Analyse bleibt allerdings nicht bei der Feststellung von Voraussetzungen und Ressourcen stehen. Vielmehr zielt sie auf konkrete Veränderungen im Bereich der Förderung des Kindes, aber auch im Bereich der Umfeldbedingungen für die Entwicklung des Kindes. Aus der ökologischen Sichtweise folgt von daher nicht nur eine *Kind-Umfeld-Diagnose,* sondern auch eine *Kind-Umfeld-Förderung.* Außerdem ist ein solch komplexes Diagnostik-Konzept nur noch im Team von pädagogisch Tätigen und Eltern zu bewältigen. Letztere fordern dabei seit geraumer Zeit umfassende Mitspracherechte, da die diagnostischen Entscheidungen weit reichende Konsequenzen für den weiteren Bildungsweg von Kindern und Jugendlichen nach sich ziehen. Insofern ist die Kind-Umfeld-Analyse am ehesten in einem kooperativen Arbeitsprozess zu bewältigen, der beispielsweise in mehreren Bundesländern in der Arbeit von »Förderausschüssen« als kooperativer Beratungsprozess organisiert wird (s. Kap. 2.5). Das Konzept von Sander hat zwischenzeitlich in mehreren Bundesländern Eingang in Gesetzestexte gefunden und ist ebenso Bestandteil der bundesweiten »Empfehlungen zur sonderpädagogischen Förderung...« (vgl. Sekretariat 1994a, Abschnitt II.2).

In einem »Leitfaden zur Kind-Umfeld-Diagnose von sonderpädagogischem Förderbedarf im Schulalter« ist als Orientierungshilfe eine Reihe von Fragekomplexen aufgeführt, die im Rahmen der Kind-Umfeld-Analyse gemeinsam bearbeitet werden. Als Ausgangspunkt wird zunächst eine Leitfrage formuliert (Frage I):

»Welche Unterstützung benötigen das Kind, die Schule, die Lehrpersonen, die Familie zur bestmöglichen Entwicklungsförderung des Kindes, und wie ist diese Unterstützung sicherzustellen?« (Sander 2002a, S. 22)

Zielsetzung des förderdiagnostischen Prozesses ist letztlich die Erarbeitung einer Empfehlung zur möglichst optimalen Förderung des Kindes (Frage IV). Das Ergebnis des diagnostischen Prozesses ist somit nicht in jedem Fall die Entscheidung für ein integratives Förderangebot. Die Möglichkeit der integrativen Förderung sollte jedoch in jedem Fall geprüft worden sein. Die Fragekomplexe umfassen nun im Wesentlichen die folgenden Bereiche, wobei das Arbeitsfeld Schule im Vordergrund steht:

I. Leitfrage: Benötigte Unterstützung und deren Sicherstellung	
II. Derzeitige Lebens- und Lernsituation des Kindes	
II. 1 Sichtweise der Bezugspersonen	• Alltägliche Handlungszusammenhänge • Sozial-emotionale Beziehungen
II.2 Informationen über die Schädigung/Behinderung und die Entwicklung des Kindes	• Vorliegende Diagnosen und Berichte • Fähigkeiten und Fertigkeiten/ Entwicklungsaufgaben (Motorik, Sprache, Sozialverhalten, Schulleistungen usf.)
III. Pädagogische Situation an der Schule (bzw. sonstigen Einrichtung)	
III.0 Bisherige Hilfen und Fördermaßnahmen	• Bei bereits geförderten Kindern (z.B. in der Schule oder im Elementarbereich)

III.1 Unterstützung der Lehrpersonen und des Kindes	• Pädagogisch-schulorganisatorische Bedingungen • Sonderpädagogische Unterstützung • Pflegerisch-soziale Unterstützung • Psychologisch-therapeutische Unterstützung • Apparative und/oder technische Hilfsmittel
III.2 Weitere Unterstützung für Lehrpersonen, Kind oder Klasse	• Beratung, Lernmaterial usf.
III.3 Baulich-technische Veränderungen	• Rollstuhlrampen, behindertengerechte Toilette, Pflegeräume usf.
III.4 Ressourcen der Schule usf.	• Vorhandene Hilfs- und Unterstützungsmöglichkeiten
III.5 Einstellung der direkt Beteiligten	• Klassenlehrer/-in, Schulleiter/-in, Eltern, Kind, Mitschüler/-innen
IV. Abschließende Empfehlung	

Abb. 12: Kind-Umfeld-Analyse (n. Alfred Sander 2002a, S. 22ff./Kurzfassung U.H.)

Im Saarland ist die Kind-Umfeld-Analyse bereits mehr als 1000-mal praktisch erprobt worden und hat sich dabei grundsätzlich bewährt. Die Qualität der Förderempfehlungen hängt nach diesen Erfahrungen sowohl von der Zusammensetzung der diagnostischen Teams als auch von der Qualität der Kooperation innerhalb der Teams ab (vgl. Sander 2002a, S. 19ff.). Ein solcher kooperativer Prozess der förderdiagnostischen Begleitung von Kindern im gemeinsamen Unterricht wird nun aus der Laborschule Bielefeld (NRW) vorgestellt.

2.4.2 Kooperative Lernbegleitung

Bei konsequenter Umsetzung in die integrative Förderpraxis veränderte sich die sonderpädagogische Diagnostik von einem punktuellen Ereignis hin zu einem Prozess. Die Empfehlungen zur integrativen Förderung beinhalten bestimmte Fördermaßnahmen, die zur Erweiterung der Fähigkeiten und Fertigkeiten beitragen und die Entwicklung des Kindes anregen. Es ergibt sich folgerichtig ein neuer Lern- und Entwicklungsstand, der wiederum als Ausgangslage in die weitere Förderung Eingang findet. Von daher wird gegenwärtig mehr und mehr das Modell der Lernbegleitung als Weiterentwicklung der förderdiagnostischen Strategie favorisiert (vgl. Heimlich 2002). Ein solches Konzept, die »kooperative Lernbegleitung« hat Rolf Werning mit Lehrern/-innen an der Bielefelder Laborschule entwickelt (vgl. Heuser/Schütte Werning 1997; Werning 2002; Begemann 1997).

Vor dem Hintergrund konstruktivistischer Lerntheorien gehen Werning u.a. davon aus, dass jeder Lernende (auch Kinder und Jugendliche mit sonderpädagogischem Förderbedarf) seine Wirklichkeit beim Lernen nicht einfach von außen übernimmt, sondern selbst aktiv herstellt (konstruiert). Dabei ist die Eigenaktivität und Individualität des Lernenden, aber auch seine sozialen Bezüge in der unmittelbaren Bezugsgruppe entscheidend. Für die Förderdiagnostik stellt sich dann in der Umsetzung das Problem, dass die Fördermaßnahmen sich nicht in der fremdgesteuerten Unterstützung erschöpfen dürfen. Sie müssen vielmehr Anregungen zur Selbststeuerung enthalten, die Schüler/-innen konsequent als Subjekte ihrer Lernprozesse mit einbeziehen. Außerdem werden die Kinder und Jugendlichen stets als eingebettet in ihre gesamte Lebenswelt betrachtet, sodass sich isolierte Fördermaßnahmen, die sich z.B. nur auf die Schule beziehen von vornherein verbieten. Zur Realisierung dieses umfassenden Förderanspruchs wird folgerichtig auf die Notwendigkeit zur Kooperation im Team der pädagogisch Tätigen hingewiesen, die zugleich als Element eines kontinuierlichen Prozesses der Professionalisierung zu sehen ist (vgl. zum Konzept: Werning 2002, S. 228ff.).

In der praktischen Umsetzung hat sich ein bestimmtes Prozessmodell als sinnvoll erwiesen:

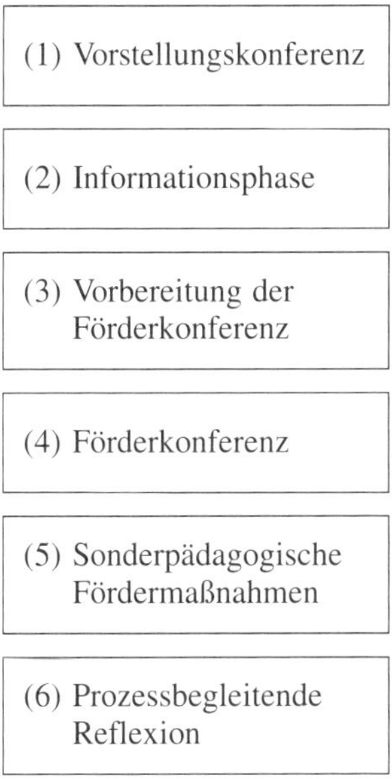

Integrative Diagnostik 115

(1) Vorstellungskonferenz

(2) Informationsphase

(3) Vorbereitung der Förderkonferenz

(4) Förderkonferenz

(5) Sonderpädagogische Fördermaßnahmen

(6) Prozessbegleitende Reflexion

Abb. 13: Prozessmodell kooperativer Lernbegleitung

Zunächst wird das Kind, dessen Förderung gemeinsam geplant werden soll, vorgestellt (vgl. Werning 2002, S. 234ff.). Ein besonderer Akzent liegt dabei neben den individuellen Fähigkeiten auf den vorhandenen Schwierigkeiten und den Bedingungen bzw. der Vorgeschichte, die dazu beigetragen haben (*Vorstellungskonferenz*). Erfahrungsgemäß kann bereits die gemeinsame Reflexion der pädagogisch Tätigen über die Probleme des Kindes zu einer Veränderung der Perspektiven beitragen. So berichten Praktiker/ -innen immer wieder, dass sie häufig erst in dieser Phase gelernt hätten, ein Kind aus unterschiedlichen Perspektiven zu betrachten. Es folgt nun die diagnostische Tätigkeit im engeren Sinne, in der über Unterrichtsbeobachtung, Gespräche und spezielle förderdiagnostische Verfahren genauere Informationen über den Lern- und Entwicklungsstand des Kindes gesammelt werden (*Informationsphase*). Auf der Basis dieser förderdiagnostischen Befunde entwickeln die verantwortlichen Lehrer/-innen eine erste Konzeption der integrativen Förderung (*Vorbereitung der Förderkonferenz*), die wiederum in die Teamsitzung eingeht. Dieser Vorschlag wird in der Gruppe der pädagogisch Tätigen, die mit dem Kind in Verbindung steht nun gemeinsam erörtert und weiter entwickelt. Dabei ist es von besonderer Bedeutung, dass ein gemeinsames Förderkonzept in eine von allen getragene Förderplanung Eingang findet. Nur so ist eine isolierte Förderung, die nur begrenzte Effekte nach sich ziehen könnte, zu vermeiden (*Förderkonferenz*). Die konkrete Umsetzung des Förderkonzeptes bedarf nun der kontinuierlichen begleitenden Reflexion und ist über diesen Weg an die Lern- und Entwicklungsfortschritte des Kindes fortlaufend anzupassen (*Umsetzung und Reflexion*).

Die Bedeutung dieses Konzeptes liegt vor allem darin, dass pädagogisch Tätige die Wahrnehmung des Kindes und auch das Förderkonzept gemeinsam konstruieren. Auf diesem Weg entsteht eine Vielfalt an unterschiedlichen Perspektiven und eine Fülle an Fördermaßnahmen, die in einem individuellen Akt nicht in vergleichbarer Weise hervorzubringen wären (vgl. dazu auch das Konzept der Teamfallbesprechung: Gudjons 1998b, S. 41ff.). Von daher kann die kooperative Lernbegleitung erneut als deutliches Plädoyer für die Ausweitung von Teamerfahrungen in allgemeinen Schulen gewertet werden, die sich auf den Weg zu einer integrationsfähigen Schule gemacht haben.

Inwieweit Förderpläne integrative Förderung unterstützen können, ist gegenwärtig in der Literatur eher umstritten. Während Ines Boban und Andreas Hinz sie aus den Hamburger Erfahrungen mit Integrationsklassen und integrativen Regelklassen im Rahmen einer integrativen Diagnostik völlig ablehnen (vgl. Boban/Hinz 2000), ergeben sich im Rahmen einer kooperativ gestalteten Förderplanung durchaus Bezüge zu der so bedeutsamen Teamarbeit in Integrationsschulen und einer gemeinsam verantworteten Förderarbeit (vgl. Mutzeck 2000). Hier bleibt es abzuwarten, wie sich die praktischen Erfahrungen mit der Förderplanarbeit weiter entwickeln. Es werden zumindest auch Beispiele berichtet, in denen es gelungen ist, die sonderpädagogische Förderung über eine kooperative Förderplanung in den Alltag von Integrationsklassen einzubeziehen (vgl. Heimlich/Jacobs 2001, S. 54ff.).

Die Notwendigkeit zur Kooperation innerhalb der integrativen Diagnostik weist über sich hinaus auf ein weiteres Handlungskonzept der integrativen Pädagogik im Bereich der Beratung. Die zahlreichen Gespräche im Umfeld von integrativen Förderangeboten erfordern mehr und mehr professionelle Kompetenzen auf dem Gebiet der Kommunikation.

2.5 Integrative Beratung

Beratung zählt seit jeher zum unverzichtbaren Bestandteil pädagogischer Arbeitsfelder. Von der Elternberatung über Schullaufbahnentscheidungen bis hin zu kollegialen Formen der Supervision der pädagogisch Tätigen untereinander reichen die alltäglichen Beratungsanlässe. Gleichwohl hat die umfassende Bedeutung der Beratung als pädagogisches Handlungskonzept erst in jüngster Zeit Eingang in den erziehungswissenschaftlichen Diskurs gefunden (vgl. Engel/Nestmann 1995).

2.5.1 Grundlagen integrativer Beratung

Wolfgang Mutzeck (^{4}2002b) hat mit seinem Konzept der »Kooperativen Beratung« auf die grundlegenden Probleme der Gestaltung von Beratungssituationen aufmerksam gemacht und praxisbezogene Lösungen angeboten. Insbesondere vertikale Beratungsmodelle, bei denen der Ratsuchende nicht in seiner spezifischen Kompetenz zur Problemwahrnehmung und handelnden Veränderung seiner Lebenssituation wahrgenommen wird, haben sich in der Praxis als weitgehend wirkungslos erwiesen. Auf der Basis des klientenzentrierten Therapieansatzes nach Carl Rogers (1992) und im Rahmen der humanistischen Psychologie entwickelt Mutzeck ein horizontales Modell der Beratung, bei dem sowohl die Beratenden als auch die Ratsuchenden in ihrer je spezifischen Kompetenz als gleichberechtigte Partner anerkannt sind. Dadurch entsteht nicht mehr ein Prozess, in dem *jemandem ein Rat erteilt* wird, wie in den vertikalen Modellen. Hier wird vielmehr ein Prozess angestrebt, in dem die Beteiligten *sich gemeinsam beraten* und dabei eine Problemlösung entwickeln, die alle akzeptieren, und auch gemeinsam eine Strategie zur Umsetzung erarbeitet. Bestätigt wird dieses Konzept auch aus einem eher schulischen Kontext und auf der Grundlage systemischer Theorieansätze (vgl. Palmowski ^{2}1996).

Im Zusammenhang mit integrativer Förderung lassen sich nun begleitend zum Lebenslauf eine Reihe von Beratungsaufgaben unterscheiden. Anne Hildeschmidt (1998, S. 179) zeigt, dass die Anlässe für integrative Beratung sich als Familienberatung, in der Frühförderung, bei der Aufnahme in den Kindergarten oder die Grundschule, beim Übergang in weiterführende Schulen des Sekundarbereichs, bezogen auf den Einstieg in den Beruf, die selbstbestimmte Lebensbewältigung im Erwachsenenalter und die notwendige Unterstützung im Alter ergeben können. Grundlegend für Hildeschmidt und das Konzept der integrativen Beratung im Saarland ist – ähnlich wie bei der Kind-Umfeld-Analyse – das ökologische Modell im Anschluss an Bronfenbrenner (1989). Integrative Beratung zielt vornehmlich auf Problemsituationen im Mikrosystem der unmittelbaren sozialen Beziehungen von Ratsuchenden. Diese sind wiederum in weitere Umweltebenen eingebettet, die das Mikrosystem umfassen und so als Rahmenbedingungen mit in die Beratungssituation hineinwirken (s. Kap. 3.2.3). Auch hier liefert das ökologische Modell wieder den Bezugsrahmen für komplexe Hilfeangebote, die auf mehreren gesellschaftlichen Ebenen der Lebenssituation von Menschen mit Behinderung angesiedelt sein können. Was aber zeichnet nun einen integrativen Beratungsprozess konkret aus?

2.5.2 Prozessmodell integrativer Beratung

Auf der Basis der Überlegungen zur praktischen Umsetzung des integrativen Beratungskonzeptes bei Hildeschmidt (1998, S. 189ff.) und der Vorschläge von Mutzeck (^{4}2002) zur Methode der kooperativen Beratung ist das folgende Prozessmodell entstanden:

Integrative Beratung 119

(1) Anlass

(2) Vorstellungsrunde

(3) Einführung in die Beratungssituation

(4) Zielformulierung

(5) Perspektivenwechsel

(6) Handlungsschritte

(7) Antizipation möglicher Schwierigkeiten

(8) Umsetzung der Handlungsschritte

(9) Reflexion

Abb. 14: Prozessmodell integrativer Beratung

Dieser idealtypische Prozess soll nun am Beispiel der Fachberatung für gemeinsame Erziehung im Elementarbereich veranschaulicht werden (s. auch Kap. 1.1.4). Jeder integrative Beratungsprozess beginnt mit der genauen Klärung des Beratungsanlasses (*1. Anlass*). Hier gilt es insbesondere, die gegenseitigen Erwartungshaltungen kennen zu lernen. Mögliche Anlässe sind: Aufnahme eines Kindes mit einer Behinderung in den Kindergarten, Weiterentwicklung des Förderplans, Integration von Therapiemaßnahmen in den Kindergartenalltag, Beratung der Eltern bei der Kindergartenwahl usf. Meist geht die erste Phase bereits in eine Phase der persönlichen Vorstellung der Beteiligten über (*2. Vorstellungsrunde*). Jetzt sollten alle Gelegenheit haben, ihren persönlichen Bezug zum Beratungsanlass darzustellen. Dazu zählen ebenso die Eltern. Die persönliche Vorstellung dient also nicht nur dem Kennenlernen, sondern ebenso der ersten Formulierung von Wünschen, Hoffnungen und Vorerfahrungen. Zur Gestaltung des Beratungsprozesses ist es in diesem Stadium unbedingt erforderlich, dass ein konzeptioneller Rahmen für die Beratungssituation vereinbart wird (*3. Einführung in die Beratungssituation*). Dabei geht es vor allem darum, allen Beteiligten die gleichen Chancen zur Teilhabe zu ermöglichen. Außerdem sollte von vornherein vereinbart werden, dass keine fertig vorfabrizierten Lösungen von außen eingebracht werden. Vielmehr sollten sich alle Beteiligten für das Beratungsergebnis verantwortlich fühlen und ihre Ideen und Vorschläge einbringen können. Sodann steht die Einigung über die genaue Intention des Beratungsprozesses an (*4. Zielformulierung*). Auch diese Zielsetzung wird wiederum nicht von einzelnen vorgegeben, sondern gemeinsam entwickelt und sollte auf jeden Fall von allen getragen werden können. Unter Umständen ist hier ein längerfristiger Klärungsprozess mit mehreren Terminen erforderlich.

Es folgt nun ein wichtiger Schritt aus dem Konzept der kooperativen Beratung. Alle Teilnehmenden des Beratungsgesprächs erhalten hier Gelegenheit, sich zur gemeinsamen Zielsetzung zu äußern und ihr persönliches Verhältnis zum Vorhaben deutlich zu machen (*5. Perspektivenwechsel*). Durch die verschiedenen Sichtweisen wird es möglich, die gemeinsame Zielsetzung aus unterschiedlichen Blickrichtungen zu betrachten. Eltern können dabei z.B. lernen, dass die Bereitstellung des zusätzlichen Personals nicht von heute auf morgen realisiert werden kann und die Einrichtung des Therapieraumes vermutlich erst im nächsten Haushaltsjahr – wenn überhaupt – eingeplant werden kann. Erzieherinnen ihrerseits gewinnen hier vertiefte Einsichten in die Motive der Eltern, in deren Möglichkeiten zur Unterstützung, aber auch in die Dringlichkeit des Integrationswunsches. Erst vor dem Hintergrund dieses Wechsels der Blickrichtungen sollten Schritte zur Umsetzung der

Zielsetzung gemeinsam geplant werden (*6. Handlungsschritte*). Im Idealfall begreifen sich alle Beteiligten an dieser Stelle in einem ökologischen Sinne als Ressourcen für die Realisierung der Integration und überlegen nun, was sie selbst zum Gelingen des gemeinsamen Integrationsvorhabens beitragen können. Außerdem ist es wichtig, dass alle Beteiligten gemeinsam die Entscheidung für ein bestimmtes Handlungskonzept fällen. Außerdem empfiehlt es sich hier, Überlegungen zu Unterstützungsmöglichkeiten von außen zu machen (Frühförderung, Therapie, Medizin). Bevor dann tatsächlich mit der Umsetzung begonnen wird, ist es sinnvoll, mögliche Problemstellungen bei der Realisierung genau zu analysieren (*7. Antizipation von Schwierigkeiten*). So kann man versuchen, sich rechtzeitig darauf einzustellen. Außerdem ist es wichtig, eine gemeinsame Vorgehensweise für den Fall zu vereinbaren, wenn Schwierigkeiten eintreten – also z.B. die Einberufung eines erneuten Beratungsgespräches. Der gemeinsamen Planung folgt schließlich die Tat (*8. Umsetzung der Handlungsschritte*). Hier ist sicher zunächst einmal festzuhalten, dass z.B. die Fachberatung für gemeinsame Erziehung nicht stellvertretend für die jeweilige Tageseinrichtung oder die einzelne Familie handeln kann. Es geht vielmehr um eine Stärkung der autonomen Handlungsmöglichkeiten der beteiligten Systeme (Familie, Tageseinrichtung, Schule). Das eigentlich Beratungsziel aus der Sicht der integrativen Beratung besteht also darin, die Beteiligten zur Handlungsfähigkeit im Sinne des gemeinsamen Integrationsvorhabens anzuregen. Ist die Zielsetzung an der Realität überprüft worden, so empfiehlt es sich, nach einer angemessenen Zeit der Erprobung oder bei unvorhergesehenen Problemen eine Auswertungsrunde zu vereinbaren (*9. Reflexion*). Hier besteht auch die Möglichkeit, in eine neue Beratungsrunde einzusteigen, das entwickelte Konzept auszuweiten, zu revidieren oder einen neuen Anlauf zu machen.

Für den Schulbereich hat Hildeschmidt (1998) dieses Beratungskonzept praxisnah entfaltet (vgl. ebenfalls die Vorarbeiten: Christ 1986; Meister 1991). Die Konzeption der Fachberatung für gemeinsame Erziehung im Elementarbereich hat sich bislang eher an pragmatischen Anforderungen im jeweiligen gesetzlichen Rahmen orientiert (vgl. Merker 1993). Eine angemessene Qualität integrativer Beratung kann allerdings nach vorliegenden Erfahrungen nicht nur über die neue Thematik (z.B. gemeinsame Erziehung im Elementarbereich) und darauf bezogene Sachkompetenzen erreicht werden. Letztlich geht es bei integrativen Beratungsprozessen stets auch um die Beratungskompetenz im Sinne personaler und sozialer Anteile der Beratenden. Dazu zählen kommunikative Techniken ebenso wie die Gestaltung von Beratungssituationen und die Reflexion des eigenen Verhaltens.

Schon die Beratung als Handlungskonzept integrativer Pädagogik hat den Blick auf den gesamten Lebenslauf von Menschen mit Behinderung geöffnet. Integrative Förderung umfasst von daher nicht nur Problemstellungen innerhalb von Bildungs- und Erziehungsinstitutionen. Gesellschaftliche Integration als Zielsetzung deutet vielmehr auf die gesamte Lebenswelt von Menschen mit Behinderung hin. Von daher ist auch das Normalisierungsprinzip für eine integrative Pädagogik von grundlegender Bedeutung.

2.6 Normalisierung

Normalisierung von Menschen mit Behinderung wäre als Anpassung an die Gesellschaft gründlich missverstanden. Vielmehr wird die Leitidee in der Formulierung des dänischen Juristen und Sozialpolitikers Niels Erik Bank-Mikkelsen gesehen, dass Menschen mit Behinderung ein »Leben so normal wie möglich« führen können (zit. n. Thimm 1994a, S. 35). Ausgangspunkt ist in den fünfziger Jahren die Situation in den großen Heimen für Menschen mit geistiger Behinderung und psychisch Kranke in Dänemark. Die weitgehende soziale Isolation und der Verlust jeglicher Form von Privatsphäre wird hier seinerzeit als menschenunwürdig kritisiert. Nach der Aufnahme des Normalisierungsgedankens in das Dänische Sozialgesetz von 1959 weichen die großen stationären Einrichtungen zunehmend kleinen teilstationären Institutionen. Die Idee der Normalisierung dringt rasch in die schwedische Sozialpolitik ein und wird von Bengt Nirje Ende der sechziger Jahre in ihren wesentlichen Grundelementen erstmals ausformuliert. Durch Kontakt nach Nordamerika breitet sich das Normalisierungskonzept rasch auch hier aus. Wolf Wolfensberger wird in den USA der große Anreger der Normalisierungsbewegung (vgl. den historischen Abriss bei Thimm 1994a, S. 34-37). In der BRD hat Walter Thimm das Normalisierungskonzept in einer groß angelegten vergleichenden Studie (gemeinsam mit Christian von Ferber) bekannt gemacht.

Letztendlich zielt auch Normalisierung auf gesellschaftliche Integration von Menschen mit Behinderung (vgl. Thimm 1994b, S. 27). Allerdings wird immer wieder kritisch eingewendet, dass Normalisierung auch als »Normal-machen« interpretiert werden kann, ohne dass sich die gesellschaftlichen Bedingungen für das Leben von Menschen mit Behinderung verändern müssten (vgl. Schildmann 1997, 2001). Eine ähnliche Gefahr droht allerdings auch dem Bemühen um Integration, stellt sich doch dabei ebenso die Frage, ob eine Integration der Menschen mit Behinderung ohne gesellschaftliche Veränderungen nicht lediglich als möglichst optimale Anpassung an die Gesellschaft realisiert würde. Gesellschaftliche Teilhabe würde demnach ohne ein selbstbestimmtes Leben als Zielsetzung zu kurz greifen. Insofern ist wohl davon auszugehen, dass das Normalisierungsprinzip den Bemühungen um mehr Integration von Menschen mit Behinderung in allen gesellschaftlichen Bereichen den Boden bereitet hat. Inzwischen werden jedoch unter der Perspektive des »*supported living*« und des »*community caring*« Schritte über die Normalisierung hinaus unternommen.

2.6.1 Elemente und Ebenen des Normalisierungskonzepts

Bengt Nirje arbeitet das Normalisierungskonzept erstmals noch in praxisbezogener Perspektive aus und beschreibt die *Grundelemente*. Er sieht Normalisierung

»... als Mittel an, das dem geistig Behinderten gestattet, Errungenschaften und Bedingungen des täglichen Lebens, so wie sie der Masse der übrigen Bevölkerung zur Verfügung stehen, weitgehend zu nutzen.« (zit. n. Thimm 1994a, S. 37)

Nach Nirje folgt daraus, dass Menschen mit Behinderung einen normalen Tages-, Wochen- und Jahresrhythmus haben sollten. Dabei ist vor allem eine Trennung der Bereiche Arbeiten, Freizeit und Wohnen anzustreben (z.B. Abtrennung einer Privatsphäre, in den Urlaub fahren können usf.). Häufig werden Erwachsene mit Behinderung wie Kinder behandelt. Ihr Recht auf einen normalen Lebenszyklus muss demgegenüber immer wieder behauptet werden. Ihre Bedürfnisse sind zu respektieren, sodass sie auch in der

Lage sind, selbstständig Entscheidungen zu treffen. Diese gilt ebenso für sexuelle Bedürfnisse, die häufig in Behinderteneinrichtungen noch ausgeklammert werden. Menschen mit Behinderung sollten ebenfalls in normalen wirtschaftlichen Verhältnissen leben können und für ihre Arbeitstätigkeit auch angemessen entlohnt werden. Letztlich ist der Standard zur Beurteilung der Qualität von Einrichtungen für Menschen mit Behinderung in den Vorstellungen der übrigen Gesellschaftsmitglieder bezogen auf deren Bedürfnisse zu sehen. Was die Gesellschaft als angemessen ansieht, das sollte normalerweise auch Menschen mit Behinderung zur Verfügung stehen.

Diese Basiselemente des Normalisierungskonzeptes sind noch ganz aus der praktischen Behindertenarbeit heraus entwickelt. Systematisch ausgearbeitet wird das Konzept erst von Wolf Wolfensberger im Zusammenhang mit seinen Studien zur Umsetzung des Normalisierungsprinzips in verschiedenen Gemeinden der USA (vgl. Schildmann 2001). Wolfensberger findet dabei heraus, dass sich der Prozess der Normalisierung auf verschiedenen *Systemebenen* (Person, primäre soziale Systeme, Gesellschaftssysteme) und in verschiedenen *Dimensionen* (Interaktion, Interpretation) vollziehen muss, um erfolgreich zu sein (zit. n. Thimm 1994b, S. 26-33). Auf der Ebene der Person sind Verhaltensweisen zu erlernen, die die Nutzung der normalen ›Errungenschaften und Bedingungen des täglichen Lebens‹ ermöglichen. Zugleich sollten Menschen mit Behinderung in der Öffentlichkeit wie jeder andere akzeptiert werden. Die primären sozialen Systeme wie Familie, Nachbarschaft, Schulen und Heime können diesen Prozess unterstützen, in dem sie möglichst normale Verhaltensweisen anstreben und sich selbst von ihrem Sonderstatus zu befreien suchen. Auch die großen Gesellschaftssysteme wie das Bildungs- und Erziehungssystem oder das Rechtssystem können von der Möglichkeit normaler Fähigkeiten bei Menschen mit Behinderung ausgehen und versuchen, die vorhandenen gesellschaftlichen Wertvorstellungen in diesem Sinne zu verändern. Von Vorteil ist dieses Mehrebenenmodell der Normalisierung schon allein deshalb, weil es nicht nur beim Menschen mit Behinderung ansetzt. Wäre Normalisierung darauf eingeschränkt, so ließe sich allerdings die Gefahr einer einseitigen Anpassung Behinderter an die Gesellschaft nicht ausschließen. Sind jedoch die weiteren Umfeldsysteme mit in den Normalisierungsprozess hineingenommen, so ist von vornherein auch eine gesellschaftliche Veränderung angestrebt. Praktisch gewendet steuern wir damit auf kleine sozialräumliche Einheiten zu, in denen wohnortnahe ambulante Hilfen zur Verfügung stehen, die Menschen mit Behinderung in ihrem Alltag möglichst selbstbestimmt abrufen können (z.b. einen Wohnassistenten). Damit erweist sich die Normalisierung in der Fassung bei Wolfensberger als interaktionistisches Konzept.

2.6.2 Entwicklungsperspektiven des Normalisierungskonzepts

Auch Walter Thimm stellt das Normalisierungskonzept in einen Interaktionszusammenhang und knüpft dabei vor allem beim Stigma-Konzept von Erving Goffman ([14]1999) an. Mit Normalisierung wäre demnach keine Anpassung, sondern eher die Möglichkeit zur Herausbildung der Ich-Identität gemeint. Diese besteht nach Goffman in der stets neu zu findenden Balance zwischen der persönlichen Identität (der einzigartigen Person) und der sozialen Identität (der gesellschaftlich akzeptierten Person). Jeder Mensch versucht, diese Leistung zu vollbringen. Auch Menschen mit Behinderung sollten die Chance dazu haben. Vor diesem Hintergrund definiert Thimm:

»Mitbürgerinnen und Mitbürger mit geistigen, körperlichen oder psychischen Beeinträchtigungen sollen ein Leben führen können, das dem ihrer nichtbeeinträchtigten Mitbürgerinnen/Mitbürger entspricht. ... Dieses ist am ehesten erreichbar, wenn die dabei eingesetzten Mittel so normal wie möglich sind.« (Thimm 1994a, S. 67f.)

Die Normalisierung zielt nunmehr nicht nur auf eine Gleichstellung in den Lebensbedingungen, sondern auch auf die Mittel, die zu ihrer Erreichung erforderlich sind. Damit verändert sich der Interventionsansatz von einer personenbezogenen Orientierung hin zu einer Person-Umfeld-Orientierung. Gegenstand des Normalisierungskonzepts sind somit nicht die Menschen mit Behinderung allein, sondern vielmehr ihre sozialen Interaktionen und alle daran Beteiligten (Personen und Institutionen). Von daher ergeben sich nach Thimm weit reichende Entwicklungsperspektiven für das Normalisierungskonzept.

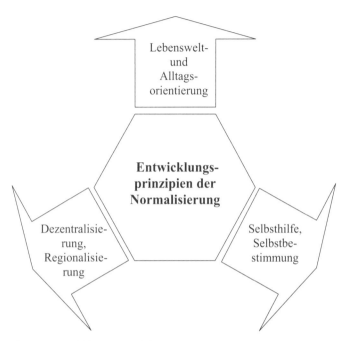

Abb. 15: Entwicklungsperspektiven des Normalisierungskonzeptes
(n. Thimm 1994a, S. 68)

Normalisierung als Konzept in der Behindertenhilfe führt zu einer Orientierung am Alltag von Menschen mit Behinderung und an ihrer Lebenswelt. Behindertenhilfe ist Hilfe zur Bewältigung des Alltags und Beitrag zur Gestaltung eines gelingenderen Alltagslebens (vgl. Thiersch 1992). Diese eigenständigen alltäglichen Lebensbezüge sind zu respektieren und als Grundlage einer möglichst selbstbestimmten Lebensführung anzuerkennen. Dieser Anspruch kann nur durch eine konsequente Dezentralisierung der Behindertenhilfe geschehen. Die Unterstützungsangebote kommen zum Menschen mit Behinderung in den Stadtteil bzw. die Region. Das bedeutet gleichzeitig einen weitgehenden Verzicht auf zentrale Behinderteneinrichtungen und das Akzeptieren von kleinen Lösungen. Außerdem sollten Menschen mit Behinderung wie jeder andere die Möglichkeit haben, Beginn und Ende von Hilfemaßnahmen weitgehend selbst zu bestimmen. Alltagsorientierung, Dezentralisierung und Selbstbestimmung folgen von daher aus einer interaktionistischen Interpretation des Normalisierungskonzepts, wie sie Thimm vorgenommen hat.

Damit ist zugleich das Arbeitsprogramm einer gesellschaftlichen Integration umrissen. Soll Integration von Menschen mit Behinderung auch im Arbeits-, Wohn- und Freizeitbereich gelingen, so sind intensive Bemühungen um eine Normalisierung der Lebenswelten erforderlich. Beispiele für konkrete Maßnahmen zur integrativen Förderung in diesem Zusammenhang sind die Familienentlastenden Dienste. Sie verstehen sich konsequent als ambulante Hilfeleistungen, die z.B. medizinische und pflegerische Grundversorgung auch in der Privatwohnung anbieten (vgl. Bundesvereinigung Lebenshilfe für geistig Behinderte e.V. 1995). Diese persönlichen Assistenzdienste, wie sie aus der Bewegung des »supported living« entstanden sind, übernehmen zukünftig eine Schlüsselrolle bei der Weiterentwicklung von Integration und Selbstbestimmung. Letztlich werden sie dazu beitragen, dass ein System von gemeindenahen Diensten für Menschen mit Behinderung entsteht. Insofern entwickelt sich die Behindertenhilfe unter der Leitidee der Normalisierung gegenwärtig weiter zur Gemeinwesenarbeit (von Lüpke 1994, S. 104ff.).

2.7 Zusammenfassung: Integrative Erfahrungen

Die Handlungskonzepte einer integrativen Pädagogik zeigen, dass die Zielsetzung der gesellschaftlichen Integration bei allen Integrationsbemühungen möglichst ständig erfahrbar sein muss. Im Sinne dieser integrativen Leitvorstellung pädagogisch zu handeln bedeutet deshalb, die Möglichkeit zu schaffen, Integration von Anfang zu erleben, zu erproben und einzuüben. Durch die Gestaltung von Spiel-, Lern- und Lebenssituationen, in denen die Gemeinsamkeit trotz aller Verschiedenheit erfahrbar wird, kann erst eine Vorbereitung auf ein gemeinsames Leben stattfinden. Integrative Pädagogik erschöpft sich von daher weder in institutionellen Handlungskonzepten noch gar in ausschließlich schulpädagogischen. Vielmehr sind alle gesellschaftlichen Bereiche mit der Aufgabe konfrontiert, aus der Unterschiedlichkeit wieder in einer neue Gemeinsamkeit einzutreten.

Literaturempfehlungen

Heimlich, Ulrich: Behinderte und nichtbehinderte Kinder spielen gemeinsam. Konzept und Praxis integrativer Spielförderung. Bad Heilbrunn: Klinkhardt, 1995

Heimlich, Ulrich/Jacobs, Sven: Integrative Schulentwicklung. Das Beispiel der Integrierten Gesamtschule Halle/S. Bad Heilbrunn: Klinkhardt, 2001

Mutzeck, Wolfgang: Kooperative Beratung. Grundlagen und Methoden der Beratung und Supervision im Berufsalltag. Weinheim u. Basel: Beltz, [4]2002b

Schöler, Jutta: Integrative Schule – Integrativer Unterricht. Ratgeber für Eltern und Lehrer. Neuwied, Kriftel, Berlin: Luchterhand, [2]1999

Thimm, Walter: Leben in Nachbarschaften. Hilfen für Menschen mit Behinderungen. Freiburg i.Br.: Herder, [5]1994a

3 Voneinander lernen – Theoriemodelle integrativer Pädagogik

»Als Vis-à-vis habe ich den Anderen in lebendiger Gegenwart, an der er und ich teilhaben kann, vor mir. Mein und sein ›Jetzt und Hier‹ fallen zusammen, solange die Situation andauert.« (Berger/Luckmann [18]2001, S. 31)

Begeben wir uns nun auf die Ebene der Betrachtung der integrativen Erziehungswirklichkeit, so verlassen wir den Bereich des unmittelbaren Handelns in den integrativen Arbeitsfeldern vorübergehend. Der integrative Prozess der gemeinsamen Erziehungspraxis wird gleichsam angehalten, um ihn der genaueren Analyse zu unterziehen. Wir fragen nunmehr nicht nur nach den praktischen Möglichkeiten integrativer Förderung und den darauf bezogenen Methoden. Vielmehr stehen wir vor dem Problem, integrative Pädagogik zu legitimieren. Die Frage lautet dann: Warum soll integrative Förderung von Menschen mit und ohne Behinderung vorrangig realisiert werden? Damit stehen wir vor der Aufgabe, die Begründungszusammenhänge einer integrativen Pädagogik aufzudecken und sie einer kritischen Prüfung zu unterziehen. Begleitend zu den umfassenden Praxiserfahrungen mit der integrativen Förderung und im Zuge der zahlreichen Projekte der wissenschaftlichen Begleitung hat sich zwischenzeitlich ein Grundbestand an zentralen Begriffen, Theoriemodellen und Forschungsmethoden einer integrativen Pädagogik herausgebildet, die es berechtigt erscheinen lassen, von einem neuen erziehungswissenschaftlichen Aufgabengebiet zu sprechen.

Wer gegenwärtig integrative Pädagogik legitimieren will ist auf die Kenntnis verschiedener Grundkonzeptionen angewiesen. Auch wenn es sich bei dieser fachlichen Kompetenz der Begründung eines pädagogischen Handelns im Sinne des gemeinsamen Zieles der Integration um eine höchst praktische und alltägliche Anforderung handelt, aktivieren wir zugleich bei diesem Versuch unsere Menschenbildannahmen und Denkmodelle. In einem pluralistischen Wissenschaftsbetrieb wie in der Erziehungswissenschaft verbietet es sich dabei von vornherein, eine letzthin gültige Antwort zu erwarten. Vielmehr gilt es auch auf dem Gebiet der integrativen Pädagogik, sich in einer Vielfalt von theoretischen Grundpositionen zurechtzufinden. Den Rang einer erziehungswissenschaftlichen Konzeption (im Unterschied zu einer pädagogischen Lehre, vgl. Lenzen 1999, S. 51) gewinnen diese Theoriemodelle erst unter Berücksichtigung einer begrifflichen Systematik und über die Offenlegung der anthropologischen, sozialphilosophischen und erkenntnistheoretischen Grundannahmen. Dies ist zugleich der Rahmen, in den die aktuellen Begründungsversuche einer integrativen Pädagogik nunmehr hineingestellt werden sollen. Wir bewegen uns damit letztlich auf der Ebene einer Metatheorie, auf der wir darüber nachdenken, wie wir zu den Theoriemodellen einer integrativen Pädagogik gelangen können. Pädagogisches Handeln ist auch im Feld der integrativen Pädagogik auf das begleitende Reflektieren angewiesen. Und auch dieses Reflektieren hat wiederum den Beweis seines integrativen Erklärungswertes zu erbringen, denn auch Begriffe und Theorien können bereits aussondern. Zunächst ist aus diesem Grunde das zentrale Begriffspaar »Behinderung und Integration« zu klären (3.1), bevor auf die Theoriemodelle integrativer Pädagogik im einzelnen eingegangen werden kann (3.2). Im erziehungswissenschaftlichen Zusammenhang hat zugleich das Forschungsprogramm einer integrativen Pädagogik eine grundlegende Bedeutung. Deshalb sollen hier die bevorzugten Forschungsdesigns und die relevanten Forschungsmethoden der Integrationsforschung ebenfalls angeführt werden (3.3). Die ›Anstrengung des Begriffs‹ (Georg Wilhelm Friedrich Hegel) steht hier deshalb am Anfang, weil sie die Notwendigkeit der theoretischen Reflexion integrativer Erziehungswirklichkeit erneut untermauert.

3.1 Behinderung und Integration – begriffliche Klärung

Bislang ist im vorliegenden Zusammenhang konsequent auf die neue Begrifflichkeit in der Heil- und Sonderpädagogik Bezug genommen worden. Im Anschluss an den angloamerikanischen Sprachgebrauch (*special educational needs*) wird in der BRD seit Mitte der neunziger Jahre der Begriff »sonderpädagogischer Förderbedarf« dem Begriff der Behinderung vorgezogen. Neben dieser Entwicklung soll hier insbesondere gezeigt werden, wie eng die Begriffe Behinderung und Integration miteinander verbunden sind.

3.1.1 Von der Behinderung zum sonderpädagogischen Förderbedarf

Im allgemeinen Sprachgebrauch wird zwischen »behindern« als Verb (jemandem oder einer Sache hinderlich sein) und »behindert« als Adjektiv (mit einem Gebrechen behaftet) unterschieden. Das Substantiv »Behinderung« umfasst von der Bedeutung her wiederum sowohl die Tätigkeit des »Behinderns« als auch das Handicap, also das, was jemanden behindert. Auf dem Gebiet der Heil- und Sonderpädagogik erscheint der Begriff »Behinderung« relativ spät. Als sozialrechtliche Kategorie in den sechziger Jahren des vergangenen Jahrhunderts geprägt (vgl. BSHG, SchwbG), liefert die (in der Regel medizinische) Feststellung eines »Grades der Behinderung (GdB)« nach wie vor die Grundlage für die Zuweisung entsprechender Hilfeleistungen für Menschen mit Behinderung. In die Erziehungswissenschaft wird der Begriff »Behinderung« von Ulrich Bleidick als zentrale Kategorie seiner Behindertenpädagogik (vgl. Bleidick [4]1983) eingeführt.

Behinderung der Erziehung (Ulrich Bleidick)

Bleidick betrachtet Behinderung unter pädagogischem Aspekt als »intervenierende Variable der Erziehung« (vgl. Bleidick [6]1998, S. 27ff.). Die Behinderung verändert in dieser Sichtweise den Erziehungsvorgang, macht andere Handlungskonzepte und intensivierte Formen der pädagogischen Förderung erforderlich. So plausibel dieser Ansatz der begrifflichen Klärung zunächst erscheint, so intensiv ist er inzwischen der Kritik ausgesetzt worden. Zweifellos ist die Erziehungsaufgabe im Falle der Behinderung erschwert, wie Paul Moor (²1969) es ausgedrückt hat. Zu klären bleibt jedoch nach wie vor, was sich hinter dem Behinderungsbegriff verbirgt. Handelt es sich um eine individuelle Schädigung, möglicherweise sogar im Sinne der medizinischen Diagnostik um eine Krankheit? Dann wäre es legitim, die Behinderung als Eigenschaft der Person zu betrachten (»Jemand *ist* behindert!«). So hat auch Heinz Bach sein Klassifikationsschema (Schweregrad, Umfang und Dauer einer Beeinträchtigung) zunächst einseitig auf die Person des Menschen mit einer Behinderung gerichtet (vgl. Bach ¹⁵1995/1975, S. 9). Sehen wir jedoch eher auf die sozialen Folgen einer Schädigung, so verändert sich auch unser Verständnis des Phänomens »Behinderung«. Behinderung ist dann das Ergebnis einer sozialen Ausgrenzung, einer Einschränkung der gesellschaftlichen Teilhabe und damit Produkt einer sozialen Interaktion (»Jemand *wird* behindert!«, vgl. Eberwein/Sasse 1998). So kommt Christian Lindmeier in seiner gründlichen Analyse des Behinderungsbegriffes zu dem Schluss, dass Bleidicks ursprünglicher Definitionsansatz die Behinderung zu sehr als defizitäres Merkmal einer Person begreift und damit ontologisiert, d.h. ausschließlich als Ergebnis einer individuellen Entwicklung ansieht (vgl. Lindmeier 1993, S. 56-62). Der veränderte Erziehungsvorgang wird allerdings nicht nur durch die Merkmale einer Person geprägt, die als »behindert« bezeichnet wird. Vielmehr sind an der sozialen Interaktion, die wir Erziehung nennen, stets auch erwachsene und gleichaltrige Bezugspersonen beteiligt. Außerdem findet Erziehung von Menschen mit Behinderung stets an einem gesellschaftlichen Ort mit entsprechenden organisatorischen und sozialräumlichen Strukturen statt. Dieses Umfeld des Erziehungsvorgangs ist ebenso verantwortlich für die Entstehung und den Verlauf von Behinderungen. Zur Definition von Behinderung ist also stets mindestens ein personaler, ein sozialer und ein ökologischer Aspekt heranzuziehen. Festzuhalten bleibt allerdings, dass Behinderungen immer eine personale Dimension enthalten werden. Auch wenn wir die Behinderung als Folge einer Schädigung eher im Sinne einer sozialen Ausgrenzung begreifen, steht die Person, die als behindert bezeichnet wird, vor der Aufgabe, den Umgang mit einer Schädigung und der daraus folgenden Behinderung zu lernen. Es stellt sich letztlich immer die Frage, welche subjektive Bedeutung eine Schädigung bzw. Behinderung für eine Person hat (*personaler Aspekt der Behinderung*).

Schädigung, Beeinträchtigung, Behinderung (ICIDH 1)

Die sozialwissenschaftliche Betrachtungsweise des Behinderungsbegriffes ist bereits im Jahre 1980 von der Weltgesundheitsorganisation (vgl. Weltgesundheitsorganisation, WHO 1980) entwickelt worden (*International Classification of Impairments, Disabilities, und Handicaps*). Wir unterscheiden in diesem Definitionsansatz zwischen Schädigung (*impairment*), Beeinträchtigung (*disability*) und Behinderung (*handicap*). Der Vorteil dieser Differenzierung liegt zunächst in der Trennung dieser drei Teilprozesse. Eine vorliegende Schädigung körperlicher, seelischer oder geistiger Art bei einem Menschen muss demnach nicht zwangsläufig zu einer Beeinträchtigung all seiner Fähigkeiten und Fertigkeiten führen. Und selbst wenn eine Beeinträchtigung im Sinne eingeschränkter Kompetenzen vorliegt, dann bedeutet dies ebenfalls noch nicht zwingend, dass daraus eine Behinderung im Sinne sozialer Benachteiligung folgt. Damit ist zugleich eine Trennung zwischen der individuellen Schädigung (im Sinne eines Defizits oder Mangels) und der daraus entstehenden Behinderung (im Sinne der sozialen Folgen einer Schädigung) vollzogen. Behinderung ist also in diesem Klassifikationsmodell der WHO bereits eine soziale Kategorie. Allerdings hat sich der öffentliche Sprachgebrauch zum Begriff »Behinderung« auch zwanzig Jahre nach dieser Bekanntmachung der WHO noch nicht grundlegend verändert. Nach wie vor wird der Behinderungsbegriff im öffentlichen Raum als personales Merkmal verwendet und bisweilen sogar mit einer Krankheit gleich gesetzt. Menschen ohne Behinderung werden häufig im Gegensatz dazu gerade von medizinischer Seite als »Gesunde« bezeichnet. Die Gleichsetzung von Behinderung und Krankheit sollte jedoch auch nach Empfehlung der Weltgesundheitsorganisation bereits seit über zwei Jahrzehnten ausgeschlossen sein.

Schädigung, Aktivität, Partizipation (ICF)

Im Jahre 1997 entwickelt die WHO ihren eigenen Begriffsansatz von 1980 weiter und ersetzt die Begriffe *impairment, disabiltity* und *handicap* durch *impairment, activity* und *participation*. Kritisiert wird an der ICIDH 1 von 1980 letztlich ebenfalls die defizitorientierte Ausrichtung. Die Schädigung führt zu negativen Abweichungen von einer gesellschaftlichen Verhaltensnorm und setzt so Prozesse der Ausgrenzung in Gang. Diese eher negative Sichtweise soll nunmehr durch einen Blick auf die positiven Möglichkeiten eines Menschen mit einer Schädigung überwunden werden. Demnach gilt es zu fragen, wie der Mensch mit einer Schädigung sein Leben möglichst aktiv und selbstbestimmt gestalten kann (Aktivität) und wie seine Teilhabe am gesellschaftlichen Leben gelingen könnte (Partizipation). Der neue Klassifikationsansatz der WHO zielt also wesentlich mehr auf die Ermöglichung eines selbstbestimmten Lebens von Menschen mit einer Schädigung bei umfassender gesellschaftlicher Integration. Dazu ist es ebenfalls erforderlich, dass der gesamte Kontext des individuellen Lebensumfeldes mit in die Betrachtung einbezogen wird. Gesellschaftliche Integration gerät so zur Zielperspektive jeglicher pädagogischer Bemühungen um Menschen in deren Auseinandersetzung mit einer Schädigung. Damit ist der Behinderungsbegriff endgültig zu einer relationalen Kategorie geworden (vgl. Lindmeier 1993, S. 225ff.), die nur in Abhängigkeit von den jeweiligen personalen, sozialen und ökologischen Ressourcen eines Menschen genauer gefasst werden kann. Auch Bleidick betont neuerdings den vorübergehenden Charakter der Zuschreibung einer Behinderung mit dem Ziel, den Zugang zu Hilfesystemen zu ermöglichen (vgl. Bleidick 1999, S. 19). Behinderung ist deshalb stets in einem bestimmten sozialen Kontext definiert.

Spezielle Erziehungsbedürfnisse (Otto Speck)

Bereits in den siebziger Jahren hat im angloamerikanischen Raum der Begriff *special educational needs* den Begriff *handicap* abgelöst (vgl. den Warnock Report: Department of Education and Science 1978). Otto Speck greift den Terminus der speziellen Erziehungsbedürfnisse auf und wendet ihn kritisch gegen das Behinderungsverständnis von Bleidick. Speck entwirft somit seine

Heilpädagogik nicht aus der individuellen Schädigung und der Störung des Erziehungsvorgangs heraus, wie Bleidick das ursprünglich versucht. Vielmehr geht Speck von dem besonderen Bedarf an Erziehung (bzw. Förderung) aus, der sich im Zusammenhang mit dem Phänomen »Behinderung« ergibt. Folglich steht der »Begriff ›Behinderung‹ als Ausgangsbegriff grundsätzlich infrage« (Speck ²1991, S. 235). Die besonderen Erziehungsbedürfnisse weisen von vornherein über die Person, die gefördert werden soll, hinaus auf das Umfeld, das diese Förderung bereitstellt. Wenn überhaupt, so ergäbe sich also eine Definition der Behinderung über den besonderen Bedarf an pädagogischer Begleitung und Unterstützung, der bezogen auf die Realisierung des gemeinsamen Ziels eines selbstbestimmten Lebens in sozialer Teilhabe entsteht.

Dieser Wechsel des Blickwinkels von der individuellen Schädigung hin zum besonderen Bedarf an Erziehung und Förderung hat in den neunziger Jahren im Feld der Behindertenhilfe besonders für den schulischen Bereich einen nachhaltigen Wandel bewirkt. So greift die Kultusministerkonferenz der Länder der BRD im Jahre 1994 in ihren »Empfehlungen zur sonderpädagogischen Förderung ...« (vgl. Drave/Rumpler/Wachtel 2000) diesen Perspektivenwechsel auf und entwickelt den Begriff des »sonderpädagogischen Förderbedarfs« in der Nachfolge des traditionellen Behinderungsbegriffes. Es stehen nun vor allem die individuellen Förderbedürfnisse der Schülerinnen und Schüler im Vordergrund, auf die an unterschiedlichen Orten im Bildungs- und Erziehungssystem auch mit sonderpädagogischer Unterstützung eingegangen werden soll. Die Förderbedürfnisse werden in den KMK-Empfehlungen von 1994 zu sonderpädagogischen Förderschwerpunkten gebündelt, ohne dass dabei explizit auf die traditionelle Klassifikation der Behinderungsarten Bezug genommen würde. Sonderpädagogische Förderschwerpunkte können sich ergeben im Lern- und Leistungsverhalten, in der Sprache, in der emotionalen und sozialen Entwicklung, in der geistigen Entwicklung, in der körperlichen und motorischen Entwicklung, im Bereich des Hörens und des Sehens und im Bereich langandauernder Erkrankung. Behinderung wird hier also definiert als besonderer Bedarf an Förderung in den genannten Schwerpunkten. Inwieweit hier erneut nach Schwere, Umfang und Dauer des Förderbedarfs zu unterscheiden ist, wie Bach es für die Grade der Beeinträchtigung vorgeschlagen hat, erscheint gegenwärtig noch offen (vgl. Bach 1999, S. 35). Aus diesem Grunde fehlt das valide Abgrenzungskriterium zwischen Kindern und Jugendlichen mit und ohne sonderpädagogischem Förderbedarf bislang.

Dieser Definitionsansatz führt so letztlich zu der Frage, inwieweit auf den Behinderungsbegriff in Zukunft ganz verzichtet werden kann. Eine solche »Dekategorisierung« (vgl. Benkmann 1994) birgt zumindest die Chance, dass die etikettierenden und diskriminierenden Begleiterscheinungen des Behinderungsbegriffes vermieden werden. Und dass auch heil- und sonderpädagogische Begriffe weit reichende reale Folgen haben können, ist spätestens seit der unsäglichen Verbindung zwischen dem Begriff des »lebensunwerten Lebens« (vgl. Binding/Hoche 1920) und den Euthanasie-Programmen der Nazis in seiner ganzen Tragweite bekannt. Fassen wir jedoch den Behinderungsbegriff als soziale Kategorie, so müssen wir *nolens volens* einsehen, dass die soziale Faktizität der Behinderung nicht so ohne weiteres auszublenden ist. Ausgrenzungen im Sinne von sozialen Benachteiligungen finden tatsächlich statt. Sie werden nicht enden, nur weil ein Begriff nicht mehr benutzt wird. Dazu müssten erst die zugrunde liegenden gesellschaftlichen Strukturen und sozialpsychologischen Mechanismen außer Kraft gesetzt werden. Dies mag in einem gesellschaftlichen Zukunftsentwurf gelingen, einstweilen haben wir es jedoch mit einer bestimmten gesellschaftlichen Realität zu tun. Hilfeleistungen werden weiter individuumsbezogen zugewiesen, um basalen Grundsätzen von Verteilungsgerechtigkeit überhaupt noch entsprechen zu können. Eine Zukunftsperspektive kommt allenfalls in den selbstbewussten öffentlichen Äußerungen einer wachsenden Behindertenbewegung zum Ausdruck, die im Sinne der Perspektive »Selbstbestimmt leben« öffentlich artikuliert: »Wir lassen uns nicht behindern!«[17] Die konkrete Utopie einer integrativen Pädagogik wäre somit die gemeinsame Gestaltung gesellschaftlicher Verhältnisse, in denen auf Ausgrenzung und soziale Benachteiligung verzichtet werden könnte. Da wir uns vermutlich stets auf dem Weg zu diesem Ziel hin befinden, wird auch der Behinderungsbegriff (als soziale Kategorie) einstweilen noch un-

---

17 So etwa im gleichnamigen Roman des Schweizers Gérald Métroz: »Ich lasse mich nicht behindern!« Bern, München, Wien: Scherz, 2002.

verzichtbar sein. Insofern stehen alle Personen einer Gesellschaft ebenfalls vor der Aufgabe, den Umgang mit Personen zu lernen, die sich mit Schädigungen und Behinderungen im Sinne sozialer Ausgrenzung und Benachteiligung auseinander setzen (*sozialer Aspekt der Behinderung*).

Mit der Erweiterung der personalen um die soziale Perspektive sind wir bereits bei dem Komplementärbegriff zur Behinderung angelangt. Integration entsteht als gesellschaftliche Aufgabe aus der Tatsache der Behinderung. Da sie ebenfalls nicht zu den »einheimischen« (Johann Friedrich Herbart) Begriffen der Pädagogik zählt, ist der Versuch einer Begriffsbestimmung umso dringlicher.

3.1.2 Von der Integration zur Inklusion

Das Wort »Integration« stammt aus dem Lateinischen und bedeutet in der wörtlichen Übersetzung so viel wie »Wiederherstellung eines Ganzen«. Neben mathematischen (z.B. Integral), politischen (z.B. europäische Integration) und sprachwissenschaftlichen Begriffsverwendungen interessieren im pädagogischen Zusammenhang insbesondere soziologische und psychologische Bedeutungen. Im soziologischen Sinne bezieht sich Integration auf die Entstehung gesellschaftlicher Einheiten aus einer Vielzahl von Personen und Gruppen und bezeichnet vor allem den Zustand, nach dem jemand oder etwas integriert wurde. Damit sind Prozesse der Integration von Menschen aus anderen Kulturen in eine Gesellschaft ebenfalls gemeint. Im psychologischen Sinne bezeichnet Integration in der Regel die Einheit innerhalb einer Person und innerhalb ihrer Beziehungen zur Umwelt.

Unter erziehungswissenschaftlichem Anspruch stehen wir also vor dem Problem, dass der Begriff Integration bereits in vielfältigen alltäglichen Zusammenhängen und Spezialsprachen Verwendung findet (vgl. auch Kobi 1999, S. 71ff.). Insofern stellt sich von vornherein die Frage, inwieweit die Entwicklung hin zu einer pädagogischen Kategorie überhaupt sinnvoll erscheint. Gleichwohl lässt sich innerhalb der integrativen Pädagogik immer wieder das Bemühen finden, diesen Begriff zu klären. Dies geschieht zunächst über die Analyse der Integration als Zielvorstellung, um davon die integrativen Wege zu unterscheiden.

Indirekte und direkte Integration (Otto Speck)

Vor dem Hintergrund eines historischen Rückblicks auf die pädagogischen Bemühungen um Menschen mit Behinderungen kommt Speck zu dem Schluss, dass zwei Wege zum Ziel der Integration von Menschen mit Behinderung zu unterscheiden seien: der direkte des gemeinsamen Lebens und Lernens und der indirekte der speziellen Förderung (vgl. Speck 1991, S. 289). Integration von Menschen mit Behinderung als Zielsetzung im Sinne umfassender gesellschaftlicher Teilhabe wird dabei als Merkmal demokratischer Gesellschaften nicht mehr grundsätzlich in Frage gestellt. Spätestens mit dem Diskriminierungsverbot in Artikel 3, Abs. (3) des Grundgesetzes in der Fassung von 1994 ist dies auch für die BRD als eines der zentralen Grundrechte verankert. Eine demokratische Gesellschaft hat keine andere Möglichkeit, als die gleichberechtigte Teilhabe aller Gesellschaftsmitglieder verfassungsmäßig zu garantieren, auch wenn die soziale Realität von Menschen mit Behinderung in demokratischen Gesellschaften sicher in vielen Bereichen von diesem Grundsatz noch abweicht. Das Ziel der gesellschaftlichen Integration von Menschen mit Behinderung dürfte auf der Basis einer demokratischen Verfassung also breite Zustimmung erfahren.

Offen ist in vielen gesellschaftlichen Bereichen und insbesondere im Bildungs- und Erziehungssystem nach wie vor der Weg zu diesem Ziel hin. In der Geschichte der Heil- und Sonderpädagogik wird zunächst der Weg der speziellen Erziehung und Förderung in eigenständigen Sondereinrichtungen bevorzugt. Erst Hilfs- bzw. Sonderschulen bieten demnach die Gewähr dafür, dass eine spezialisierte Förderung durch das entsprechende Fachpersonal (speziell ausgebildete Hilfs- bzw. Sonderschullehrer/-innen) in einer angemessenen Sozialform (kleinere und homogene Lerngruppen) mit geeigneten Methoden (Differenzierung und Individualisierung usf.) und bezogen auf eingeschränkte Inhalte (eigenständige und reduzierte Lehrpläne) stattfinden kann (vgl. die Kriterien bei Kniel 1979). Auch diese spezialisierte Förderung in Sondereinrichtungen soll dazu führen, dass beispielsweise Absolventen/-innen bessere Voraussetzungen für die gesellschaftliche Integration erhalten. Nach Durchlaufen der Sondereinrichtungen wird also ebenfalls das Ziel der umfassenden gesellschaftlichen Integration angestrebt. Auch Sonderschulen sind deshalb mit dem Ziel der verbesserten gesellschaftlichen Integration konzipiert worden und streben diese ebenfalls an. Die positiven Möglichkeiten dieses Sonderweges liegen vor allem in den ersten Jahren der schulischen Förderung. Kinder und Jugendliche mit Schulleistungsproblemen erfahren in der Sonderschule zunächst eine grundlegende Akzeptanz, werden bezogen auf ihre vorhandenen Kompetenzen gefördert und entwickeln so auch wieder eine grundlegende Motivationshaltung gegenüber schulischen Leistungsanforderungen. Dies wäre der positive Effekt bezogen auf den *Schonraum »Sonderschule«*. Dadurch dass die gesellschaftlichen Leistungsanforderungen an Schüler/-innen mit Behinderung vorübergehend außer Kraft gesetzt werden, haben sie die Chance, sich auf ihrem Leistungsniveau mit schulischen Leistungsanforderungen neu auseinander zu setzen. Sie erzielen wieder Erfolge beim schulischen Lernen, ihr Selbstkonzept steigt und die Voraussetzungen für schulisches Lernen entwickeln sich zunächst in einer günstigen Weise (vgl. Krug/Rheinberg/Peters 1977). In die Kritik ist dieser *Weg der indirekten Integration* vor allem deshalb geraten, weil die Sondereinrichtung die Diskriminierung und Stigmatisierung von Kindern und Jugendlichen mit Behinderung eher noch verstärken (vgl. Homfeldt 1996). Überdies hat die Überprüfung der Erfolge einer spezialisierten Förderung in Sondereinrichtungen dort, wo sie in empirisch gestützter Weise erfolgt, eher negative Effekte nachweisen können (vgl. beispielsweise den Überblick zu den Effekten der Sonderschule für Lernbehinderte bei Hildeschmidt/Sander 1996). Die Schulleistungen sind in Sonderschulklassen im Vergleich zu Integrationsklassen bestenfalls gleich, teilweise sogar schlechter. Der Abstand zwischen Sonderschülern/-innen und Schülern/-innen der allgemeinen Schulen vergrößert sich im Laufe der Schulzeit. Teilweise sinkt sogar das Niveau der kognitiven Fähigkeiten. Nach wie vor verlässt eine nennenswerte Gruppe von Schülern/-innen die Sonderschule ohne Schulabschluss bzw. ohne den Erwerb der Schriftsprache. Auch die Erfolge bei der beruflichen Integration stoßen in den letzten Jahren auf immer größere Schwierigkeiten. Der Schonraumeffekt bleibt nicht über die gesamte Schulzeit in der Sonderschule erhalten. Etwa ab der siebten Jahrgangsstufe sinkt die Leistungsmotivation und das Selbstkonzept der eigenen Fähigkeiten wieder ab. Die Vermutung liegt nahe, dass Schüler/-innen im Zuge der Auseinandersetzung mit beruflichen Zielen in diesem Alter wieder verstärkt gesellschaftliche Leistungsanforderungen wahrnehmen. Das Problem der Entwicklung realistischer Berufsziele zeigt in dieser Zeit sehr anschaulich, wie schwierig es ist, sich nach Jahren des Schonraums wieder auf eine soziale Wirklichkeit außerhalb der Sonderschule einzustellen. Viele Eltern schätzen die Chancen der Sonderschulen, berufliche und gesellschaftliche Integration für ihre Schüler/-innen zu erreichen aus diesen Gründen seit einiger Zeit eher negativ ein.

Diese Kritik ist mit ein Antrieb gewesen, nach anderen Wegen zur gesellschaftlichen Integration von Menschen mit Behinderung zu suchen. Eltern und pädagogisch Tätige (auch im Sonderschulbereich) entwickeln deshalb die Annahme, dass eine gesellschaftliche Integration von Kindern und Jugendlichen mit Behinderung im Erwachsenenalter dann besser gelingt, wenn sie möglichst frühzeitig mit anderen Kindern und Jugendlichen zusammenkommen. Integration soll *Weg und Ziel* sein. Dies kann häufig in der familiären Lebenswelt noch gewährleistet werden. Im Bildungs- und Erziehungssystem sind dazu pädagogische Handlungskonzepte erforderlich, die gemeinsames Spielen, Lernen und Leben ermöglichen (s. Kap. 2). Durch die ständige Möglichkeit zu sozialen Kontakten erfahren Kinder und Jugendliche mit und ohne Behinderung etwas über die Unterschiede zwischen Menschen. Sie lernen, mit diesen Unterschieden umzugehen, sie sogar produktiv zu nutzen. Gerade im vorschulischen Alter kann dabei vielfach die Ungezwungenheit der Kinder im Umgang mit Unterschieden noch wie selbstverständlich vorausgesetzt werden. Im schulischen Bereich üben sich die Kinder und Jugendlichen in der Kunst des Voneinander-Lernens. Sie befinden sich in einem *Erfahrungsraum*, der es ihnen ermöglicht, sich rechtzeitig und pädagogisch begleitet mit einer zukünftigen gesellschaftlichen Wirklichkeit auseinander zu setzen. Das gemeinsame Lernen wirkt sich nach vorliegenden empirischen Studien (z.B. Wocken 1987b, Haeberlin u.a. [2]1991, Bless 1995) überwiegend positiv auf den Schulleistungsbereich aus. Probleme der sozialen Integration von Kindern und Jugendlichen mit Behinderung in die Schulklasse entstehen im gemeinsamen Unterricht in der Regel nicht. Erst wenn wiederum besondere Fördermaßnahmen außerhalb einer Lerngruppe stattfinden und die Lerngruppe getrennt wird, ergibt sich erneut die Gefahr der sozialen Ausgrenzung. Bei entsprechendem pädagogischen Geschick kann auch dieser Gefahr rechtzeitig entgegengewirkt werden. Problematisch erscheint beim gemeinsamen Lernen allerdings nach wie vor die Selbsteinschätzung der eigenen Fähigkeiten und der gesamte Bereich der emotionalen Integration. Schülerinnen und Schüler vergleichen sich offenbar stets mit dem Leistungspotenzial einer Lerngruppe und kennen ihre eigene Stellung in diesem Zusammenhang genau (*Bezugsgruppeneffekt*). Kinder und Jugendliche mit Behinderung wissen in Integrationsklassen also, dass sie die Anforderungen der Jahrgangsstufe nicht in der gleichen Weise bewältigen können, wie viele andere. Folglich sinkt ihr Selbstwertgefühl und es können sich negative Effekte für die Leistungsmotivation einstellen. Im Unterschied zur Sonderschulklasse beginnen Kinder und Jugendliche mit Behinderung in Integrationsklassen also recht frühzeitig, sich mit einem realistischen Selbstkonzept auseinander zu setzen (und nicht erst in den höheren Klassen, wenn sich die gesellschaftlichen Leistungsanforderungen auch im Schonraum der Sonderschule nicht verleugnen lassen). Der *direkte Weg zur Integration* besteht also darin, Kinder und Jugendliche mit und ohne Behinderung über Prozesse des gemeinsamen Spielens und Lernens unmittelbar auf das gemeinsame Leben als Erwachsene vorzubereiten. Allerdings ist auch gegenwärtig der Beweis noch nicht in letzter Konsequenz erbracht, dass gemeinsames Spielen und Lernen die Chancen für ein gemeinsames Leben wirksam erhöht. Da mittlerweile jedoch erste Schülerjahrgänge komplette integrative Bildungswege durchlaufen haben, nehmen die Integrationsprojekte im Berufs- und Alltagsbereich deutlich an Gewicht zu. Insofern dürften sich hier in naher Zukunft umfangreichere Möglichkeiten der Überprüfung dieses Zusammenhangs ergeben. Zugleich zeigt sich hier erneut die gesellschaftliche Dimension der Integration von Menschen mit Behinderung auf. Dies wird für die jüngste begriffliche Innovation auf dem Gebiet der integrativen Pädagogik, die Inklusion, konstitutiv.

Inclusion und *Inclusive Education*

Seit der Erklärung von Salamanca aus dem Jahre 1994, in der sich 92 Regierungen und 25 internationale Organisationen auf einen Aktionsrahmen zu einer Pädagogik für besondere Bedürfnisse geeinigt haben, bestimmen die neuen Begriffe *inclusion* bzw. *inclusive education* die internationale Diskussion zur Integrationsentwicklung (vgl. Österreichische UNESCO-Kommission 1996)[18]. Geprägt durch die kanadische Bewegung für eine *inclusive school* zu Beginn der neunziger Jahre wird *inclusion* zunächst mit Integration gleich gesetzt (bzw. ›intégration‹ im französischen Sprachgebrauch). Im Deutschen dominiert die Übersetzung von *inclusion* mit Integration. Eine genaue Untersuchung der Entwicklung innerhalb der *inclusive education* insbesondere in Kanada, den USA und Großbritannien zeigt jedoch, dass *inclusion* über die Integrationsperspektive hinausweist (vgl. Hinz 2002). Im Deutschen ist deshalb eher von Inklusion (vgl. Sander 2002b) die Rede. Inklusion (vom lat. *Inclusio*) meint dabei soviel wie »Einschluss, Enthaltensein«. Ohne genaue Definition entwickelt sich der Begriff der Inklusion gleichwohl seither zu einem Leitbild einer zukünftigen Integrationsentwicklung (vgl. Sander 2002b). Inklusion soll über die teils kritisierte Praxis der Integration hinausführen und als neues umfassendes Konzept etabliert werden. Die aktuelle Bedeutung der Inklusion ergibt sich zunächst aus dem Wandel der Begriffe »*mainstreaming*« und »*inclusion*« im angloamerikanischen Sprachraum (vgl. Jülich 1996).

In Verbindung mit den veränderten gesetzlichen Grundlagen für die sonderpädagogische Förderung von Kindern und Jugendlichen mit Behinderung in den USA (Public Law 94-142 von 1975) wird der Begriff »*Mainstreaming*« (wörtlich: »Hauptstrom«) für solche pädagogische Bemühungen verwendet, die dazu beitragen sollen, dass alle Kinder und Jugendlichen in der allgemeinen Schule verbleiben können (vgl. Opp 1992b). Eine wesentliche Grundlage zur Verwirklichung dieser Zielsetzung bildet die Vorstellung von einer ›am wenigsten einschränkenden Umgebung‹ (*Least Restrictive Environment, LRE*). Die Teilhabe an der Regelschule soll möglichst nicht eingeschränkt werden. Allerdings ist in den *mainstreaming*-Programmen nicht nur die Regelklasse ein geeigneter Förderort. Vielmehr entsteht ein Kontinuum an möglichen Förderorten. Diese reichen vom Unterricht in der Regelklasse ohne Unterstützung, über Formen der sonderpädagogischen Unterstützung (*consultant teacher*), die teilweise auch außerhalb des Klassen-

---

18 Der Text der Empfehlungen enthält allerdings im Deutschen – wie von der Übersetzerin auch ausdrücklich angemerkt – statt der Begriffe *inclusion* und *inclusive education* den Begriff der Integration.

raums in eigenen Räumlichkeiten stattfinden (*ressource rooms*), bis hin zum Unterricht in Sonderklassen der allgemeinen Schulen oder der Sondereinrichtungen und zum Einzelunterricht im Krankenhaus bzw. in der Familie. In diesem sog. »Kaskadenmodell« verringern sich demnach die Möglichkeiten der sozialen Interaktion von Schülern/-innen mit und ohne Behinderung bezogen auf die unterschiedlichen Organisationsformen zunehmend. Bei der vollen Integration in die Regelklasse ist die Möglichkeit zur spontanen sozialen Interaktion der Schüler/-innen untereinander am umfangreichsten gegeben. Beim Einzelunterricht dürfte es kaum noch zu sozialen Interaktionen mit Gleichaltrigen kommen (vgl. Hardman et al. 1987, S. 44, zit. n. Jülich 1996, S. 78). In jedem Fall muss für die Schüler/-innen ein individueller Erziehungsplan (*individual educational program, IEP*) erstellt werden, d.h. auch unabhängig vom Förderort (also ebenfalls bei der vollen Integration in den Unterricht der Regelklasse). Damit soll sichergestellt werden, dass der sonderpädagogische Förderbedarf der Schüler/-innen an den unterschiedlichen Förderorten abgedeckt werden kann.

Kritisiert wird an der Praxis des *mainstreaming* etwa seit Mitte der achtziger Jahre besonders die sog. »pullout-Methode« (vgl. Jülich 1996, S. 290). Wenn Schüler/-innen für die sonderpädagogische Förderung vorübergehend aus dem Klassenverband herausgenommen werden, so stört das nicht nur den Unterrichtsablauf. Es führt auch dazu, dass sich Lehrkräfte der allgemeinen Schulen aus der Verantwortung für Schüler/-innen mit sonderpädagogischem Förderbedarf wieder zurückziehen. Das System des *mainstreaming* birgt weiterhin die Gefahr in sich, dass Schüler/-innen von Bildungsmöglichkeiten ausgeschlossen sind (*functional exclusion*), also Bildungsangebote erhalten, die nicht ihren Förderbedürfnissen entsprechen (vgl. Jülich 1996, S. 69). Aus dieser Kritik an den Tendenzen zur *exclusion* entwickelt sich in den achtziger Jahren das »*inclusive schools movement*«. An den Publikationen von Susan und William Stainback lässt sich der Wandel der Position zur schulischen Integration in den USA gut nachvollziehen. Während beide zunächst auch das Modell eines Kontinuums von abgestuften Fördermaßnahmen bevorzugen, lehnen sie inzwischen die separate Förderung von Schülern/-innen mit sonderpädagogischem Förderbedarf grundsätzlich ab (vgl. Stainback/Stainback 1984, 1992, zit. n. Jülich 1996, S. 300). *Inclusion* wird demgegenüber als Integration aller Schüler/-innen in die allgemeine Schule verstanden und in der Konsequenz mit dem Verzicht auf jegliche Form von Etikettierung der Schüler/-innen mit der Auflösung der Sondereinrichtungen und der Sonderpädagogik verbunden. Diese Position der *full inclusion* sieht sich jedoch mittlerweile wachsender Skepsis ausgesetzt. Es etabliert sich demgegenüber eine Position, die als *responsible inclusion* bezeichnet wird und ein Kontinuum integrativer Fördermöglichkeiten enthält (vgl. Jülich 1996, S. 300). Alfred Sander (2002b) kommt in seiner Analyse des Verhältnisses von *inclusion* und Integration vor dem Hintergrund dieser angloamerikanischen Entwicklung zu dem Ergebnis, dass im deutschen Sprachraum beide Begriffe eher synonym verwendet werden. *Inclusion* weist allenfalls auf die Notwendigkeit einer erweiterten und optimierten Integration in der Praxis hin.

Fragt man allerdings nach der konkreten Umsetzung der *inclusion*, so zeigt sich, dass der neue Terminus über ein schulisches Verständnis von Integration weit hinausreicht. *Inclusive schools* bieten nach Gary Thomas, David Walker und Julie Webb (1998, S. 15f.) die Einbindung in die Gemeinschaft und das Schulumfeld, sie sind barrierefrei, unterstützen die Zusammenarbeit auf allen Ebenen und treten für Gleichheit der Teilhabechancen ein. *Inclusion* wird bereits auf der Ebene schulischer Entwicklungsprozesse in ihrer gesellschaftlichen Dimension gesehen. Letztlich zielt auch Integration auf gesellschaftliche Partizipation. Integration wird aber zu häufig noch auf das gemeinsame Spielen und Lernen im Bildungs- und Erziehungssystem reduziert. *Inclusion* öffnet demgegenüber den Blick für die vielfältigen Prozesse des gemeinsamen Lebens außerhalb von Bildungs- und Erziehungseinrichtungen.

Insofern liegt es nahe, eine genauere Bestimmung des Begriffes *inclusion* im sozialwissenschaftlichen Zusammenhang zu suchen. Im Diskurs zur Desintegrationsthese (vgl. Heitmeyer 1997) wird auch die Bedeutung der Inklusion in modernen Gesellschaften analysiert. Während traditionale Gesellschaften ihre Integration über die feste Zugehörigkeit zu bestimmten Gruppen oder sozialen Schichten erreichen, entwickeln moderne Gesellschaften einen eigenständigen Modus des gesellschaftlichen Zusammenhalts. Dieser wird im sozialwissenschaftlichen Diskurs besonders im Anschluss an Niklas Luhmann (^{4}1991/1984) mit dem Begriff »Inklusion« belegt (vgl. Nassehi 1997). Da moderne Gesellschaften ihre Mitglieder immer weiter individualisieren, muss ein Individuum gegenwärtig seine Teilhabe bezogen auf mehrere Teilsysteme (wie Wirtschaft, Recht, Erziehung ...) weitgehend selbst vollbringen. Inklusion bezeichnet vor diesem Hintergrund

»... die Art und Weise, wie Kommunikation auf Menschen zugreift, d.h., wie Gesellschaften, Organisationen und Interaktionen Personen thematisieren, in Anspruch nehmen, anschlussfähig halten und nicht zuletzt ansprechbar machen.« (vgl. Nassehi 1997, S. 121)

Insofern kann folgerichtig von einer Multiinklusionsleistung des Individuums gesprochen werden, wie das auch Reiser bereits für die integrativen Prozesse in seinem Mehrebenenmodell gesehen hat (s. Kap. 3.2.2). Volle Inklusion wird von daher allerdings wohl eher die Ausnahme sein. Und die gegenläufige Tendenz muss im gesellschaftlichen Sinne stets mitgedacht werden. In dem Maße, wie das Individuum versucht, sich selbst zu bestimmen und seine Personalität auszuprägen, wird es sich auch eher von den gesellschaftlichen Teilsystemen entfernen und einen eigenständigen Bereich für sich reklamieren. Individualität führt so letztlich zur Abgrenzung von der Gesellschaft und ihren Teilsystemen. Insofern steht das Individuum in modernen Gesellschaften ständig in einem Spannungsfeld von Einbeziehung (*Inklusion*) und Ausschluss (*Exklusion*). Und dass moderne Gesellschaften selbst in den reichen Industrieländern exklusive Tendenzen haben, zeigt sich nicht zuletzt an der Renaissance des Themas »Armut und soziale Benachteiligung« (vgl. G. Klein 1996; Weiß 1996). Offenbar wird nicht nur in der sog. »Dritten Welt«, sondern ebenso in den Industrienationen ein steigender Teil der Bevölkerung vom durchschnittlichen Lebensstandard ausgeschlossen. Auch Menschen mit Behinderung sind von daher in modernen Gesellschaften der Gefahr der Exklusion in besonderer Weise ausgesetzt. Sie sind bei der Sicherstellung ihrer Inklusion in viel höherem Maße auf Unterstützung angewiesen. Wenn sich jedoch traditionale Formen der gesellschaftlichen Teilhabe über feste Gruppen- bzw. Schichtenzugehörigkeiten (*primäre Inklusion*) immer weiter auflösen, benötigen auch Menschen mit Behinderung neue Formen der Unterstützung bei der gesellschaftlichen Teilhabe. Es kommt daher nicht von ungefähr, dass gerade in den letzten zwanzig Jahren des vergangenen Jahrhunderts genau diese neuen Formen einer selbst organisierten Solidarität an Bedeutung gewinnen (*sekundäre Inklusion*). Der Aufschwung der Selbsthilfebewegung für Menschen mit Behinderung (z.B. *Independent living*, *People First* usf.) ist offenbar Ausdruck dieses neuen Kontextes für gesellschaftliche Integration (vgl. Heimlich 2000d).

Als *Inklusion im pädagogischen Sinne* sind deshalb solche *Interaktionen* zu bezeichnen, *die zur Bildung von Gemeinschaften im Sinne von Netzwerken zur Unterstützung der selbstbestimmten sozialen Teilhabe von Menschen mit Behinderung in allen gesellschaftlichen Bereichen beitragen.* Das Selbstbestimmungsrecht von Menschen mit Behinderung und ihr Recht auf freie Entfaltung wird wiederum zu einer Distanzierung von der Gesellschaft führen und dem Bemühen um Inklusion die reale Möglichkeit zur (möglicherweise auch selbst gewählten) Exklusion gegenüberstellen. Letztlich hat auch ein Mensch mit Behinderung auf der Basis seiner Fähigkeit zur Selbstbestimmung (auf welchem Entwicklungsniveau auch immer) das Recht, nicht teilzuhaben, sich nicht von der Gesellschaft inkludieren zu lassen. Inklusion und Exklusion sind auch für Menschen mit Behinderung stets aufeinander bezogen. Dieses Spannungsverhältnis repräsentiert sowohl das Gleichheitspostulat moderner Gesellschaften (Recht auf gesellschaftliche Teilhabe bzw. Inklusion als normative Idee) als auch die soziale Wirklichkeit der Ab- und Ausgrenzung von Personen oder Gruppen (Faktizität des Ausschlusses bzw. der Exklusion). Insofern lehrt uns ein sozialwissenschaftlicher Begriff von Inklusion, dass die gesellschaftliche Partizipation von Menschen mit Behinderung stets neu auf den Weg gebracht werden muss. Für eine Pädagogik, die sich als inklusiv bezeichnet, gilt deshalb gleichermaßen, dass der Weg das Ziel ist.

Der Versuch der genauen Klärung zentraler Grundbegriffe einer integrativen Pädagogik hat implizit die Notwendigkeit eines Rückgriffs auf die zugrunde liegenden Theoriemodelle verdeutlicht. Die wesentlichen Entwürfe sollen deshalb nun in einem kurzen Überblick vorgestellt werden. Gegenwärtig lassen sich dabei vier große Entwürfe (und ihre Hauptvertreter bzw. Urheber) unterscheiden:

- ein materialistisches Modell bei Georg Feuser,
- ein Modell der Integration als Prozess bei Helmut Reiser,
- ein ökosystemisches Modell bei Alfred Sander,
- ein anthropologisch-ethisches Modell bei Urs Haeberlin.

Damit kann zugleich festgehalten werden, dass die theoretische Grundlegung des neuen erziehungswissenschaftlichen Aufgabengebietes einer integrativen Pädagogik im Wesentlichen aus dem

Diskurs zwischen Schulpädagogik bzw. Pädagogik der frühen Kindheit und Heil- bzw. Sonderpädagogik heraus geleistet wird.

3.2 Grundkonzeptionen integrativer Pädagogik

Auf der Ebene der theoretischen Betrachtung einer integrativen Erziehungswirklichkeit steht nicht mehr nur die Frage nach der Möglichkeit einer integrativen Pädagogik im Sinne einer gesellschaftlichen Praxis im Vordergrund. Neben die Frage nach dem Wie tritt nunmehr die Frage nach dem Warum einer integrativen Pädagogik. Hier wird also davon ausgegangen, dass integrative Pädagogik tatsächlich begründet werden muss. Besonders in Zusammenhang mit der wissenschaftlichen Begleitung von Modellversuchen sind in den letzten dreißig Jahren des vergangenen Jahrhunderts eine Reihe von Theoriemodellen entstanden, die sich im erziehungswissenschaftlichen Diskurs zur Integration von Menschen mit Behinderung fest etablieren konnten. Im Unterschied zur Rede von dem »Integrationsparadigma« wird hier von mehreren Paradigmen einer integrativen Pädagogik gesprochen. Es handelt sich um beispielhafte erziehungswissenschaftliche Theoriekonzepte, die im fachlichen Diskurs Anerkennung gefunden haben. Außerdem verfügen sie über eigenständige theoretische Quellen und entwickeln spezifische Handlungskonzepte.

3.2.1 Materialistisches Modell (Georg Feuser)

Aus der Bremer Integrationsforschung im Kindergarten und in der Grundschule (Feuser [4]1987; Feuser/Meyer 1987) hat Georg Feuser eine entwicklungsorientierte Begründung der Integration von Kindern und Jugendlichen mit Behinderung abgeleitet. Sie wird hier deshalb als materialistisches Modell bezeichnet, weil sie im Zusammenhang mit dem materialistischen Entwurf einer Behindertenpädagogik von Wolfgang Jantzen (1990) entsteht und mit dem materialistischen Ansatz in der Allgemeinen Pädagogik (etwa im Anschluss an Hans Jochen Gamm, vgl. Krüger 1997, S. 101) zumindest in den historischen Quellen Berührungspunkte aufweist. Die materialistische Behindertenpädagogik entsteht in kritischer Auseinandersetzung und Weiterentwicklung des historischen und dialektischen Materialismus von Karl Marx und Friedrich Engels (vgl. Jantzen 1985, S. 322ff). Entscheidende Impulse für die pädagogische Theoriebildung im Allgemeinen und die behindertenpädagogische Theoriebildung im Besonderen gehen jedoch erst von der Erneuerung der russischen Psychologie nach der Revolution im Jahre 1917 aus.

Entwicklungspsychologische Grundlegung (Lev S. Vygotskij)

So entsteht in den Experimenten von Lev S. Vygotskij (1894-1934) am Psychologischen Institut der Universität Moskau ab 1924 eine neue Theorie der menschlichen Entwicklung. Vygotskij zeigt zunächst die Einbettung der individuellen psychischen Entwicklung in die jeweilige gesellschaftliche Situation auf. Demnach ist die Entwicklung des Einzelnen nicht nur abhängig von seinen persönlichen Voraussetzungen, die bis hinein in die körperlichen (materiellen) Grundlagen beispielsweise der genetischen Ausstattung reichen. Auch die konkreten Lebensbedingungen in einer gegebenen gesellschaftlichen Situation liefern ihrerseits die sozialen Voraussetzungen (bzw. materiellen Grundlagen) für die persönliche Entwicklung. In seinem Hauptwerk »Denken und Sprechen«, das erst kurz nach seinem Tod erscheint (1934/2002), werden von Vygotskij in der Folge mehrere Studien zur Entwicklung der Begriffsbildung bei Kindern vorgestellt. In kritischer Auseinandersetzung mit Jean Piaget (1896-1980) und William Stern (1871-1938) formuliert Vygotskij in »Denken und Sprechen« seine in vielen Vorarbeiten bereits angedeutete Theorie von der »Zone der nächsten Entwicklung (ZNE)«. Auf den vorhandenen Fähigkeiten der Begriffsbildung bzw. dem »aktuellen Niveau der Entwicklung« (vgl. Vygotskij 1934/2002, S. 348) aufbauend können Kinder und Jugendliche einen weiteren Entwicklungsschritt unternehmen und die »Zone der nächsten Entwicklung« betreten. Beispielsweise sind bei Kindern die spontanen Begriffe der Alltagssprache eher ausgebildet als die verallgemeinerten wissenschaftlichen Begriffe. Die wissenschaftlichen Begriffe können aber erst erworben werden, wenn sich das Kind sicher mithilfe der alltagssprachlichen Begriffe verständigen kann. Dieses im Grunde recht einfache Entwicklungsmodell enthält jedoch eine völlig veränderte Anthropologie, die Vygotskij mit dem Modell der Denkentwicklung von Piaget eng verbindet. Kinder und Jugendliche werden unter dem Aspekt ihrer Kompetenzen und deren Entwicklung betrachtet. Entscheidend ist also hier bereits im psychologischen Zusammenhang die Frage, wie weit ein Kind entwickelt ist und welche Entwicklungsaufgaben sich als nächstes stellen.

Integration als Kooperation (Georg Feuser)

Vor dem Hintergrund der Bremer Modellversuche zur gemeinsamen Erziehung im Kindergarten und zum gemeinsamen Unterricht in der Grundschule entsteht eine weithin akzeptierte Formel, die den Begriff Integration als Weg und Ziel pädagogischen Bemühens näher bestimmen soll. Nach Feuser findet Integration dann statt, wenn

»... ALLE KINDER UND SCHÜLER in KOOPERATION miteinander AUF IHREM jeweiligen ENTWICKLUNGSNIVEAU ... an und mit einem ›GEMEINSAMEN GEGENSTAND‹ spielen, lernen und arbeiten.« (Feuser 1995, S. 173f., Hervorhebungen im Original – U.H.)

Die »kooperative Tätigkeit« (a.a.O., S. 174) ist damit der Kern der Integration als Weg und Ziel. Damit ist zum einen die *gemeinsame Tätigkeit der Lernenden am gemeinsamen Gegenstand* gemeint. Insofern wären nur solche Lernsituationen als integrative zu bezeichnen, in denen Schülerinnen und Schüler mit und ohne Behinderung gemeinsam tätig sind. Zum anderen betont Feuser aber auch die *gemeinsame Tätigkeit von Lehrenden und Lernenden*, eine Beziehung, in der letztlich ebenfalls beide Seiten voneinander lernen.

Kooperation wird bei Feuser anthropologisch fundiert. Ohne Kooperation könne »menschliche Existenz nicht realisiert werden« (vgl. a.a.O., S. 183). Hier knüpft Feuser an der dialogischen Philosophie von Martin Buber an und bezieht sich mehrfach auf dessen zentrale Aussage (»Der Mensch wird am Du zum Ich.«, vgl. a.a.O., S. 175). Kooperation ist somit nach Feuser selbst ein basales Merkmal des Mensch-Seins. Ohne Kooperation könne weder der Mensch zu sich selbst kommen, noch die jeweilige Gesellschaft oder Kultur existieren. Aus der kooperativen Tätigkeit entsteht im

Idealfall die *Sozialform des Kollektivs,* in der jeder in gleichberechtigter Weise an der Gemeinschaft teilhat.

Gisela Kreie (vgl. 1985) erweitert dieses Kooperationskonzept noch um die Ebene der Zusammenarbeit von pädagogisch Tätigen. Für das Gelingen der Integration als Weg und Ziel pädagogischen Bemühens hält sie die *Kooperation der Lehrenden* für unverzichtbar. Erst wenn es auch auf dieser Ebene zu einer gemeinsamen Tätigkeit komme, gäbe es Aussichten, dass die Kooperation mit den Lernenden und der Lernenden untereinander gelingen könne. Ihr Verständnis einer »integrativen Kooperation« zielt auf Situationen der Einigung ab. Integration ist dann

»... ein Prozess der gegenseitigen Annäherung und Abgrenzung auf der Basis der Wertschätzung der Individualität des anderen ...« (Kreie 1999, S. 287).

Damit wird die ›gegenseitige Akzeptanz‹ zu einem weiteren Kennzeichen gelungener Integration. Auch hier sind Bezüge zur dialogischen Philosophie von Buber deutlich erkennbar. Zu klären bleibt allerdings noch das grundlegende logische Problem, wie denn Kooperation zugleich Prozess und Produkt bzw. Weg und Ziel pädagogischen Bemühens sein kann. Diesem Widerspruch ist letztlich nur dadurch zu entrinnen, dass eine unterschiedliche Qualität von kooperativen Tätigkeiten auf dem Weg zum Ziel der gelungenen Kooperation im Sinne eines gemeinsamen Einigungsprozesses als Idealtypus angenommen wird. Kooperative Tätigkeiten gelingen nicht stets und ohne Hilfestellung, sie können in ihrer Qualität weiterentwickelt werden. Sie beinhalten auch auf der sozialen Ebene einen gemeinsamen Lernprozess, in dem wir uns gemeinsam weiter entwickeln.

Entwicklungslogische Didaktik

Georg Feuser knüpft in seinem Konzept einer integrativen Pädagogik bei der Entwicklungstheorie von Vygotskij und seinen Nachfolgern (wie Leontjew, Galperin, Luria usf.) an und geht davon aus, dass Kinder und Jugendliche mit Behinderungen keine andere Entwicklung durchlaufen als Kinder ohne Behinderung. Ihre Förderung hat sich folglich auch an dieser Entwicklungslogik auszurichten. Zugleich ist die individuelle Entwicklung stets sozial vermittelt. Sie findet im sozialen Kontext statt, in Kooperation aller auf der Basis ihrer jeweiligen Fähigkeiten. Ausgrenzung von Kindern und Jugendlichen mit Behinderung gefährdet deshalb letztlich ihre Entwicklung, nimmt ihnen die Chance zur gemeinsamen Entwicklung mit anderen. Integration wird von Feuser deshalb letztlich über das spezifische der menschlichen Existenz anthropologisch und sozialphilosophisch begründet:

»Die kooperative Tätigkeit ist die integrale Einheit der mit unserer menschlichen Existenz immanent bestehenden Bedarf nach der Spiegelung seiner selbst im anderen Menschen und in dem von der Gattung geschaffenen kulturellen Erbe.« (Feuser 1995, S. 184).

Hier klingt erneut die dialogische Philosophie von Martin Buber an (vgl. a.a.O., S. 175). Wenn der Mensch auf ein Gegenüber angewiesen ist, um sich selbst zu erkennen, dann ist zugleich jede persönliche Entwicklung sozial eingebunden. Im ursprünglichen Sinne sind Menschen von daher stets aufeinander bezogen. Trennung und Ausgrenzung von Menschen, die von gesellschaftlichen Erwartungen abweichen, finden so eher im Nachhinein statt. Integrative Pädagogik als Gegenbewegung zu solchen realen Ausgrenzungen von Menschen mit Behinderung wird von Feuser insbesondere als Didaktik ausgearbeitet. Neben die Analyse der Sachstruktur von Lern- und Unterrichtsprozessen tritt allerdings bei Feuser die Tätigkeitsstrukturanalyse. Das »didaktische Feld« der integrativen Pädagogik (vgl. a.a.O., S. 177) besteht also nicht nur aus den Handlungskompetenzen, die zur Auseinandersetzung mit einem bestimmten Sachgegenstand als Bestandteil unserer Kultur erforderlich sind (Objektseite). Vielmehr gehen hier ebenfalls die individuellen Voraussetzungen des Einzelnen vor dem Hintergrund einer je spezifischen Biografie als Zone der aktuellen und der nächsten Entwicklung mit ein (Subjektseite). Das gemeinsame Lernen und der gemeinsame Unterricht bezieht sich deshalb laut Feuser stets auf einen gemeinsamen Lerngegenstand. Jeder Sachgegenstand als Element unserer überlieferten Kultur ist auf jedem Entwicklungsniveau offen für Aneignungsmöglichkeiten. Die didaktische Struktur dieser gemeinsamen Lerngegenstände vergleicht Feuser mit einem Baum, dessen Wurzeln von den Fach- und Humanwissenschaften gebildet werden, während der Stamm als gemeinsamer Gegenstand fungiert und die Äste und Zweige je nach Höhe Themen und Lernziele auf unterschiedlichen Abstraktionsniveaus verkörpern. Im Mittelpunkt seines Unterrichtskonzepts steht folgerichtig das Projekt, das insbesondere aus der nordamerikanischen ReformPädagogik im Anschluss an John Dewey und William H. Kilpatrick hervorgegangen ist. In Projekten können Lerngegenstände so aufbereitet werden, dass alle Schülerinnen und Schüler einen Zugang zur gemeinsamen Thematik haben (vgl. Heimlich 1999a).

Feuser fordert deshalb für den gemeinsamen Unterricht auch gemeinsame Lerngegenstände, um so die Kooperation aller am gemeinsamen Gegenstand stets zu ermöglichen. Zugleich wird damit die innere Differenzierung des Unterrichts erst auf ihren Kern zurückgeführt – nämlich die unterschiedlichen Zugänge zu einem gemeinsamen Lerngegenstand. Irene Demmer-Dieckmann (1991) hat in ihrer Praxis des gemeinsamen Unterrichts auf der Basis des Konzepts von Feuser eine Fülle von Differenzierungsmöglichkeiten aufgezeigt und so auch die Systematik von Wolfgang Klafki noch einmal erweitern können (vgl. Klafki ⁵1996; Muth 1983). Damit entwickeln sich im Konzept von Feuser schließlich auch Anknüpfungsmöglichkeiten zur erziehungswissenschaftlichen Didaktik-Diskussion. Insbesondere das kritisch-konstruktive Modell der Didaktik bei Klafki und dessen Überlegungen zu einer Allgemeinbildung mit den Grundfähigkeiten »Selbstbestimmung, Mitbestimmung und Solidarität« (vgl. Klafki ⁵1996/1985) wird als Rahmenkonzept herangezogen (vgl. Feuser 1998).

Wirkungen

Das materialistische Modell bei Feuser zählt nach wie vor zu den einflussreichsten Grundlegungsversuchen einer integrativen Pädagogik. Es hat sowohl die umfangreiche integrationspraktische Tätigkeit von Jutta Schöler (²1999) angeregt als auch zahlreiche Schülerinnen und Schüler hervorgebracht (z.B. Demmer-Dieckmann 1991; Störmer 1998). Zweifellos beschreibt Feuser auf der Basis seiner Integrationsforschungsprojekte und der theoretischen Studien den Kern der Integration von Menschen mit Behinderungen in bis heute gültiger Weise. Das Verständnis der Integration als Kooperation aller auf der Basis ihrer Fähigkeiten am gemeinsamen Gegenstand zählt seither zum Grundkonsens im Diskurs der integrativen Pädagogik. Feuser hat damit die Zielvorstellung der integrativen Pädagogik und zugleich ein zentrales Qualitätskriterium für Integration in schlüssiger Weise formuliert. Praktische Überprüfungen dieses zentralen Prinzips ergeben allerdings auch Abweichungen von dieser Zielvorstellung. Weder beim gemeinsamen Spiel (vgl. Heimlich 1995, S. 252ff.) noch beim gemeinsamen Lernen (Wocken 1998, S. 40) sind Kinder und Jugendliche mit und ohne Behinderung stets in enger Kooperation miteinander an einem gemeinsamen Gegenstand tätig. Vielmehr lassen sich auch individuelle Tätigkeiten und Phasen des Rückzugs aus der Gruppe beobachten, die Kinder und Jugendliche ebenfalls benötigen. Fraglich ist überdies, ob die Entwicklungspsychologie und ihre empirisch-deskriptiven Aussagen zugleich ohne weiteres für die Ableitung normativer Perspektiven im pädagogischen Zusammenhang herangezogen werden können. Auch Entwicklungslogiken enthalten möglicherweise erneut implizite Normen einer fiktiven Durchschnittsentwicklung, von der Kinder und Jugendliche mit Behinderung wiederum nur negativ abweichen können. Außerdem dominiert in der Entwicklungstheorie der kognitive Aspekt sehr deutlich. Prozesse des gemeinsamen Spielens und Lernens zeichnen sich jedoch gerade durch ihre multisensorische Qualität aus. Im didaktischen Feld fällt zusätzlich auf, dass der fachwissenschaftliche (und damit ebenfalls der kognitive) Bezug im Konzept von Feuser im Vordergrund steht (im Bild des Baumes die Wurzel, die von den Fachwissenschaften genährt wird). Die Rolle der Lebenswelt als Quelle von Lerngegenständen und Basis der kulturellen Überlieferung bleibt ausgeklammert, sodass insgesamt eine relativ starre, von der Sachstruktur dominierte und in vorgefassten Entwicklungsbahnen ablaufende Unterrichtspraxis entstehen kann. Sowohl Spielprozesse als auch das Projektlernen entfalten in der Praxis jedoch eine hohe Eigendynamik, die möglicherweise nicht mehr über eine vorgegebene Sach- oder Tätigkeitsstruktur gesteuert werden kann. Gerade von diesen integrativen Prozessen geht die Frankfurter Integrationsforschergruppe um Helmut Reiser aus.

3.2.2 Integration als Prozess (Helmut Reiser)

Bei dem Versuch, die vielfältigen Prozesse des gemeinsamen Spielens und Lernens in hessischen Integrationskindergärten konzeptionell einzufangen, kommt die Forschergruppe um Helmut Reiser

Mitte der 1980-er Jahre zu dem Ergebnis, dass Integration stets auf mehreren Ebenen gleichzeitig abläuft (vgl. Reiser u.a. 1986). Auch in den von ihnen begleiteten integrativen Tageseinrichtungen für Kinder fallen die sozialen Prozesse des gemeinsamen Spielens unmittelbar ins Auge. Aber integrative Prozesse lassen sich ebenfalls auf einer personalen, einer institutionellen und einer gesellschaftlichen Ebene verorten. Als integrativ bezeichnen Reiser u.a. (vgl. 1986, S. 120) Prozesse,

»... bei denen ›Einigungen‹ zwischen widersprüchlichen innerpsychischen Anteilen, gegensätzlichen Sichtweisen interagierender Personen und Personengruppen zustande kommen.«

Neben der psychoanalytischen Interaktionstheorie von Lorenzer (1976, S. 218-276) und dem Konzept der Themenzentrierten Interaktion (TZI) nach Ruth C. Cohn ([12]1994/1975) wird hier erneut auf Buber verwiesen und sein dialogisches Konzept der Einigung. Einigung bedeutet jedoch nicht Auflösung von Gegensätzen. Reiser u.a. legen eher eine dialektische Struktur des Einigungsprozesses zugrunde. Diese enthält sowohl das Element der Annäherung als auch das der Abgrenzung. Insofern ist mehr ein Miteinander trotz aller Unterschiede gemeint.

Integration als Mehrebenenmodell

Gerade durch den Rückbezug auf psychoanalytisches Denken wird nun ein erweitertes Integrationsverständnis möglich. Dabei geraten neben den sozialen Prozessen auch die personalen Anteile der Integration in den Blick. Integration findet deshalb nicht nur im sozialen Austausch mit anderen statt, sondern stellt sich als Aufgabe auch im Rahmen der Personwerdung. Daraus ergibt sich ein Mehrebenenmodell integrativer Prozesse (vgl. die Übersicht bei Reiser u.a. 1986, S. 121):

- Auf einer *innerpsychischen Ebene* besteht die gelungene Integration in der Einigung zwischen den inneren Widersprüchen innerhalb einer Person. Wenn jemand mit sich selbst übereinstimmt, sich selbst als authentisch erlebt und auch als identisch von anderen wahrgenommen wird, so hat er offenbar gelernt, die vielen unterschiedlichen Aspekte seiner Persönlichkeit in ein kohärentes Ganzes einzubringen und auch nach außen zu präsentieren. Schon dieser personale Anteil der Integration ist nicht ohne den sozialen Bezug zu realisieren.

- Auf der *interaktionellen Ebene* ergibt sich die Chance zur Integration durch die Möglichkeit, miteinander tätig zu werden. Seien es nun Zweierbeziehungen oder Gruppenbeziehungen – stets sind wir mit der Aufgabe konfrontiert, uns selbst als Person in diese Interaktion einzubringen und zugleich unser Gegenüber in seiner Eigenart zu respektieren. Aus den dabei zwangsläufig sichtbar werdenden Unterschieden und Widersprüchen entsteht über soziale Aushandlungsprozesse eine Einigung zwischen den verschiedenen Personen.
- Die *institutionelle Ebene* umfasst insbesondere die organisatorische Seite integrativer Prozesse. Personelle und materielle Rahmenbedingungen können sich förderlich oder hinderlich auf die Integration auswirken. In jedem Fall entwickeln Bildungs- und Erziehungseinrichtungen, die sich für Kinder mit Behinderung öffnen, über kurz oder lang eigene pädagogische Konzepte. Einigungen müssen hier zwischen den organisatorischen und konzeptionellen Aspekten der integrativen Förderung zustande kommen. Damit sind insbesondere Prozesse der Teamentwicklung und Kooperation der pädagogisch Tätigen angesprochen.
- Die *gesellschaftliche Ebene* integrativer Prozesse öffnet den Blick auf die Zielperspektive eines integrativen Lern- und Lebensraumes, an dem alle gleichberechtigt und selbstbestimmt partizipieren. In dieser Makroperspektive werden vor allem Widersprüche zwischen den Wünschen einzelner nach gesellschaftlicher Integration und den Ausgrenzungstendenzen einer Gesellschaft sichtbar. Zugleich sind hier die normativen Grundlagen einer Gesellschaft angesprochen, die sicher nicht ohne weiteres verändert werden können. Einigungen dürften auf dieser Ebene von daher auch nicht mehr von pädagogisch Tätigen allein hervorgebracht werden können. Deshalb gilt es an dieser Stelle auch die professionellen Grenzen pädagogischen Handelns zu reflektieren.

Erst wenn diese vier Ebenen integrativer Prozesse sich in Wechselwirkung befinden, kann von einer dynamischen Integrationsentwicklung gesprochen werden. Institutionelle Integrationsprozesse bleiben unwirksam, wenn sie nicht auch soziale Interaktionen und personale Veränderungen beinhalten. Deshalb zielen integrative Prozesse stets auf eine Veränderung der normativen Grundlagen einer Gesellschaft in Richtung auf mehr Akzeptanz der Unterschiedlichkeit. Die Grundgesetzänderung von 1994 mit der Aufnahme des Diskriminierungsschutzes in Artikel 3, Absatz 3 ist ein Beispiel für einen integrativen Prozess auf der gesellschaftlichen Ebene. In einer Aktualisierung des Modells bezieht Reiser die Themenzentrierte Interaktion (TZI) von Cohn noch stärker mit ein und sieht im Zentrum nunmehr die Verknüpfung von innerpsychischer (Ich), interaktionaler (Wir) sowie Handlungsebene

(Sache), die wiederum von einer »situativ-ökologischen Ebene« (Globe) umschlossen sind. Dieser unmittelbare Interaktionskontext integrativer Prozesse wird von der institutionellen und der gesellschaftlichen Ebene umschlossen. Darüber hinaus sieht Reiser in einer transzendierenden Ebene integrativer Prozesse die Möglichkeit zu existenziellen Erfahrungen, die wiederum die Möglichkeit der Änderung von grundlegenden kulturbestimmten Einstellungen gegenüber Behinderung und Integration eröffnen (vgl. auch Markowetz 1997). Auf all diesen Ebenen kann Integration stattfinden. Sie beruht auf dem dialektischen Spannungsverhältnis von Gleichheit und Differenz, das auf allen beteiligten Ebenen immer wieder auszubalancieren ist. Reiser betrachtet diese Dialektik von Annäherung und Abgrenzung zwischen Gleichheit und Verschiedenheit als »Motor integrativer Prozesse« (vgl. Reiser 1992, S. 14). Mit diesem Mehrebenenmodell integrativer Prozesse beeinflusst Reiser auch die ökologischen Modelle integrativer Pädagogik (s. Kap. 3.2.3).

Weitere Ausdifferenzierungen und Erweiterungen dieses Modells sind in der Frankfurter Integrationsforschergruppe vor allem von Helga Deppe-Wolfinger und Annedore Prengel ausgegangen. Deppe-Wolfinger betont in ihren Arbeiten die gesellschaftstheoretische Dimension der Integration und stellt so integrative Pädagogik in den Kontext einer soziologischen Theorie der Zweiten Moderne mit ihren zentralen Tendenzen der Individualisierung und Pluralisierung (Ulrich Beck) hinein (vgl. Deppe-Wolfinger 1993). Annedore Prengel (^{2}1995) erweitert schließlich den Prozessansatz integrativer Pädagogik zu einem philosophisch fundierten Konzept einer Pädagogik der Vielfalt, zu deren Bestandteilen neben der interkulturellen und der feministischen auch die gemeinsame Erziehung von Kindern und Jugendlichen mit und ohne Behinderung zählt (vgl. zur Einordnung innerhalb der Erziehungswissenschaft: Krüger 1997, S. 157).

Pädagogik der Vielfalt (Annedore Prengel)

Prengel (^{2}1995) entdeckt als gemeinsamen Nenner der »pädagogischen Bewegungen« zur feministischen, interkulturellen und integrativen Pädagogik das Problem des pädagogischen Umgangs mit der Vielfalt in demokratischen Gesellschaften im Rahmen von

Bildungsprozessen. Eine »Bildung für alle«, die als verfassungsmäßig verbrieftes Recht zum demokratischen Wertekonsens zählt (*Gleichheitsgrundsatz*), hat als Ausgangsbedingung mit der realen Verschiedenheit der Mitglieder einer Gesellschaft zu rechnen (*Freiheitsgrundsatz*). Integrative Pädagogik steht also ebenfalls vor der Aufgabe, zwischen Gleichheit und Verschiedenheit zu vermitteln. Dieses Spannungsverhältnis kann in demokratischen Gesellschaften nicht aufgelöst werden. So sind zwar alle Menschen im Rahmen einer demokratischen Verfassung in Bezug auf ihre sozialen Teilhaberechte gleich. Ebenso wird ihnen aber auch ein Recht auf Selbstbestimmung zuerkannt, das allenfalls durch die Selbstbestimmungsrechte des anderen eingeschränkt sein darf. Gleichberechtigte soziale Partizipation und eine möglichst weit reichende Selbstbestimmung sind also in jeder Situation wieder neu auszubalancieren, damit ein soziales Miteinander entstehen kann. Diese Gemeinsamkeit in der Vielfalt ist zugleich das zentrale Kennzeichen einer Pädagogik, die sich ihres demokratischen Wertekontextes bewusst ist. Insofern trifft sich eine »Pädagogik der Vielfalt« an dieser Stelle mit dem Entwurf einer demokratischen Pädagogik bei John Dewey (1916/1993). In modernen Gesellschaften entwickelt sich nun über die Prozesse der Individualisierung und Pluralisierung (Ulrich Beck) die gesellschaftliche Vielfalt derart sprunghaft weiter, dass eine moderne Pädagogik – so Prengel (a.a.O., S. 49ff.) – nicht umhin kann, sich auf diese »radikale Pluralität« einzustellen, wenn sie auf der Höhe der Zeit sein will. Die Entstehung einer integrativen Pädagogik wird vor diesem Hintergrund also verständlich als Reaktion auf die Modernisierungsschübe in der Gesellschaft der Gegenwart. Wenn sich Lebensentwürfe moderner Menschen immer weiter individualisieren und gewachsene soziale Strukturen immer weiter auflösen, wie uns neuere soziologische Forschungen zeigen (vgl. Beck 1986), dann kann auch in Bildungs- und Erziehungseinrichtungen die zunehmende Pluralität der Lern- und Förderbedürfnisse nicht mehr verwundern. Unter didaktischem Aspekt stellt Prengel der Betonung von Maßnahmen der inneren Differenzierung, wie es Feuser favorisiert, ein Unterrichtskonzept gegenüber, in dem auch Phasen der äußeren Differenzierung und unterschiedliche Lerngegenstände zugelassen sind, bis hin zur zeitweisen Einzelbetreuung (vgl. Prengel [2]1995, S. 161f.). Insofern bietet sich in dieser Konzeption einer integrativen Didaktik eher das Bild eines reformpädagogisch orientierten Unterrichts, der neben Projekten und Gesprächskreisen als gemeinsamen Lernsituationen auch Situationen des selbstgesteuerten individuellen Lernens an unterschiedlichen Themen fordert. Mit dem Hinweis auf das Prinzip der »Gleichheit in der Verschiedenheit« im Rahmen einer Pädagogik der Vielfalt hat Prengel deshalb der integrativen Pädagogik ein demokratisches Fundament geliefert. In demokratischen Gesellschaften gibt es demnach keine Alternative zur Entwicklung einer integrativen Pädagogik.

Wirkungen

Das Modell der integrativen Prozesse ist die Grundlage für zahlreiche Begleitforschungsprojekte zur Integrationsentwicklung in Hessen geworden (Reiser u.a. 1987; Deppe-Wolfinger/Prengel/ Reiser u.a. 1990). Dabei ist bereits sein umfassender Erklärungswert unter Beweis gestellt worden. Von daher beeinflusst es auch zahlreiche weitere empirische und theoretische Arbeiten in der integrativen Pädagogik. Andreas Hinz (1993) entwickelt seine »Pädagogik der Heterogenität« ausdrücklich im Anschluss an das Mehrebenenmodell von Reiser und differenziert die Pole des Spannungsverhältnisses (Gleichheit und Verschiedenheit) sowie die damit verbundenen Prozesse (Annäherung und Abgrenzung) noch einmal systematisch auf den verschiedenen Ebenen aus. Hans Wocken (1998) knüpft mit seiner Theorie gemeinsamer Lernsituationen ausdrücklich bei Reiser und Hinz an und unterscheidet verschiedene Grade der Interaktion bezogen auf unterschiedliche Typen gemeinsamer Lernsituationen. Neben den kooperativen Lernsituationen, an denen alle Schülerinnen und Schüler gleichberechtigt partizipieren und gegenstandsbezogen handeln, gibt es nach Wocken im gemeinsamen Unterricht auch Situationen, die eher den Charakter von spontanen Begegnungen haben oder kommunikativen Zwecken dienen bzw. helfende und unterstützende Funktionen übernehmen. Im Gegensatz zu Feusers Ansatz der Kooperation aller am gemeinsamen Gegenstand ist für Wocken gemeinsames Lernen auch bei unterschiedlichen Graden der sozialen Interaktion möglich. Er sieht überdies auch die Notwendigkeit, Rückzugsmöglichkeiten und individuelle Lernsituationen für Schülerinnen und Schüler im gemeinsamen Unterricht zuzulassen, wenn das den Lernbedürfnissen entspricht.

Gerade durch die Einbeziehung der TZI erreicht Reiser eine hohe Plausibilität in seinem Modell einer integrativen Pädagogik. Ich, Wir, Sache und Globe sind ebenfalls zentrale Aspekte integrativer Prozesse. Auch ökologisches Denken wird mit dem Mehrebenenmodell schon ansatzweise aufgegriffen. Offen bleibt allenfalls noch die Verknüpfung dieses Kerns integrativer Prozesse mit der institutionellen und gesellschaftlichen Ebene. Dies wird der Einbeziehung des ökosystemischen Denkens in die integrative Pädagogik durch Alfred Sander vorbehalten bleiben.

3.2.3 Ökosystemisches Modell (Alfred Sander)

Die Integrationsbewegung im Saarland hat etwa seit 1985 nicht nur eine beeindruckende Integrationsentwicklung in Kindergärten und Schulen bewirkt. Aus der praktischen Arbeit und den Begleitforschungsprojekten entstehen ebenfalls mehrere bundesweit wirksame Handlungskonzepte, wie die Kind-Umfeld-Analyse und die integrative Beratung (s. Kap. 2.4 und 2.5) sowie die Hinweise zur Arbeit in den Förderausschüssen. Auch die gesetzlichen Regelungen zum gemeinsamen Unterricht können bis in die Gegenwart hinein als beispielhaft bezeichnet werden (s. Kap. 1.2). Den theoretischen Hintergrund für die Integrationsentwicklung im Saarland bietet das ökosystemische Denken, das von Alfred Sander ab Mitte der achtziger Jahre auf die integrative Pädagogik übertragen wird. Er setzt zunächst bei einer Kritik des seinerzeit vorhandenen Behinderungsverständnisses an und entwickelt aus der Vorstellung des Kind-Umfeld-Systems einen alternativen Zugang zum Behinderungsbegriff, der auch für die integrative Pädagogik richtungsweisend werden sollte.

Behinderung im Mensch-Umfeld-System

In seiner Begriffsanalyse bezieht sich Sander (1985) zunächst auf die ICIDH 1 von 1980, entwickelt die sozialwissenschaftliche Sichtweise jedoch weiter (s. Kap. 3.1.2). Die Behinderung soll in das gesamte Mensch-Umfeld-System eingebettet sein. Aus dieser ökologischen Sicht definiert Sander:

»Behinderung liegt vor, wenn ein Mensch auf Grund einer Schädigung oder Leistungsminderung ungenügend in sein vielschichtiges Mensch-Umfeld-

System integriert ist.« (Sander 1999a, S. 105, Hervorhebung im Original – U.H.)

Dieser Definitionsansatz ist zum einen unter dem Eindruck der internationalen Diskussion zu den »speziellen Erziehungsbedürfnissen« entstanden. Gerade die Fokussierung auf den Unterstützungsbedarf enthält im Grunde schon eine stärkere Betonung der Umweltbedingungen von Behinderungen. Nicht der einzelne Mensch ist dabei die Grundeinheit des Definitionsansatzes, sondern vielmehr das Mensch-Umfeld-System, d.h. die gesamten Umfeldbezüge des Menschen. Fragen wir uns also, welche Hilfe ein Mensch mit Behinderung benötigt, so stehen wir unweigerlich vor der Aufgabe, das Umfeld dieses Menschen genauer zu betrachten. Als Klassifikationsansatz ergibt sich dabei zunächst das Kriterium der Dauer des Unterstützungsbedarfs. Neben den Personen, die überhaupt nicht auf sonderpädagogische Unterstützung angewiesen sind, lässt sich die Gruppe der Personen mit Bedarf an sonderpädagogischer Unterstützung nach einer langfristigem und kurzfristigem Perspektive unterscheiden. Eine dauerhafte Zuweisung des Bedarfs erweist sich allerdings wiederum als problematisch, da sich der Bedarf auch förderungs- bzw. entwicklungsabhängig laufend ändern kann.

Den entscheidenden definitorischen Fortschritt erzielt Sander jedoch dadurch, dass er Behinderung und Integration aufeinander bezieht. Auch dies ist eine nahe liegende Konsequenz aus der sozialwissenschaftlichen Sichtweise der Behinderung. Wenn Behinderung als soziale Kategorie insbesondere mit sozialer Ausgrenzung und Benachteiligung gleich gesetzt wird, so ist offenbar Desintegration die Folge von behindernden sozialen Interaktionen. In der Umkehrrichtung entsteht also aus der sozialen Tatsache der Behinderung erst die Aufgabe der gesellschaftlichen Integration (bzw. Wiedereingliederung). Behinderung und Integration sind somit nach Sander in reziproker Weise aufeinander bezogen. Solange es behindernde soziale Prozesse gibt, wird sich stets die Aufgabe der gesellschaftlichen Integration aufs Neue stellen. Erst wenn die konkrete Utopie einer integrationsfähigen Gesellschaft realisiert ist, kann auf den Behinderungsbegriff verzichtet werden. Schädigungen haben nicht an allen gesellschaftlichen Orten und in allen sozialen Situationen Behinderungen zur Folge. Insofern steht die Gesellschaft auch vor der Aufgabe, solche Mensch-Umwelt-

Bedingungen zu schaffen, die Personen mit einer Schädigung die nötige Hilfe für ein selbstbestimmtes Leben in voller gesellschaftlicher Teilhabe ermöglichen (*ökologischer Aspekt von Behinderung*).

Ökologische Entwicklungstheorie (Urie Bronfenbrenner)

Im Jahre 1979 veröffentlicht der nordamerikanische Sozialpsychologe Urie Bronfenbrenner sein Hauptwerk »*The Ecology of Human Development*«, in dem er das ökologische Denken auf die menschliche Entwicklung anwendet. Mit der modernen Entwicklungspsychologie im Anschluss an Jean Piaget teilt er die Vorstellung, dass sich Menschen aktiv mit ihrer Umwelt auseinander setzen und in diesem Prozess auch ihre individuelle Entwicklung vollziehen. Ökologisches Denken bietet nach Bronfenbrenner nun den Vorteil, dass die Umwelt in diesem Prozess der Interaktion genauer untersucht werden kann. »Ökologie« wird dabei nicht nur auf die biologische Umwelt reduziert, obgleich der Zusammenhang der natürlichen Lebensbedingungen des Menschen immer erhalten bleibt. »Oikos« bedeutet vom griechischen Wortstamm her soviel wie »Haus« bzw. »Haushaltung« und umfasst im sozialwissenschaftlichen Sinne sämtliche Umweltaspekte der menschlichen Entwicklung in einem möglichst ganzheitlichen Sinne. Die Umwelt bleibt bei Bronfenbrenner jedoch kein ungegliedertes Ganzes. Er stellt sich die Umwelt des Menschen als einen »Satz ineinandergeschachtelter Strukturen« (Bronfenbrenner 1989, S. 19) vor. Auf der ersten Ebene stehen die verschiedenen Lebensbereiche der Menschen (z.B. die Familie) mit ihrer unmittelbaren Beteiligung in sozialen Interaktionen im Mittelpunkt (Mikrosystem). Die nächste Umweltebene wird von den Beziehungen dieser Lebensbereiche (z.B. Familie und Schule) zueinander bestimmt (Mesosystem), die sich zusätzlich in Abhängigkeit von der Entwicklung ständig auf weitere Beziehungen zwischen neu erschlossenen Lebensbereichen ausdehnt. Darüber hinaus wird die menschliche Entwicklung aber auch durch Lebensbereiche (z.B. Berufe der Eltern und ihre Bedeutung für Kinder) bestimmt, an denen der Einzelne nicht mehr unmittelbar beteiligt oder in denen er überhaupt nicht anwesend ist (Exosystem). Hier schwinden auch zusehends die persönlichen Einflussmöglichkeiten im Sinne einer aktiven Auseinandersetzung.

Allen drei genannten Systemebenen der Umwelt ist nun ein spezifischer kultureller Kontext gemeinsam, der ebenfalls individuelle Entwicklungen beeinflusst (z.b. Auswirkungen ökonomischer Krisen auf kindliche Entwicklung). Die Folgen dieser gesamtgesellschaftlichen Ebene (Makrosystem) werden etwa im Vergleich zwischen unterschiedlichen Kulturen oder auch zwischen unterschiedlichen historischen Epochen sichtbar (z.b. Bedeutung der Schriftsprachkompetenz für gesellschaftliche Partizipation in westlichen Industrieländern und sog.»Entwicklungsländern« oder im Vergleich zwischen Moderne und Mittelalter).

Vor diesem Hintergrund entwirft Alfred Sander nun eine ökologische Theorie der Integrationsentwicklung (vgl. Sander 1999b, S. 34ff.). Auf der *Mikrosystemebene* kommt es meist zu den unmittelbaren Anstößen für gemeinsame Erziehung. Einzelne Erzieherinnen oder Lehrerinnen und Lehrer entschließen sich, ein Kind mit einer Behinderung in ihre Einrichtung aufzunehmen. Sie verständigen sich mit anderen pädagogisch Tätigen, mit denen sie enger zusammenarbeiten, und bemühen sich um die Unterstützung der Kindergarten- bzw. Schulleitung. Häufig stehen auch Eltern am Beginn einer solchen Entwicklung und können die Beteiligten von den Chancen überzeugen, die die gemeinsame Erziehung für alle Kinder beinhaltet. In vielen Fällen sind die Eltern schon während der Kindergartenzeit näher in Kontakt gekommen oder haben sogar eine Selbsthilfegruppe gründet. Integrationsentwicklung im Mikrosystem hat zum Ziel, dass Kinder und Jugendliche mit und ohne Behinderung leicht direkten Kontakt zueinander aufnehmen können (in der Nachbarschaft, im Kindergarten, in der Schule). Dies wiederum ist eine günstige Voraussetzung für Entwicklung, weil sich solche Beziehungen durch wechselseitige Einflussmöglichkeiten (Reziprozität) auszeichnen (vgl. Bronfenbrenner 1989, S. 72ff.).

Direkte Interaktionen zwischen Kindern und Jugendlichen mit und ohne Behinderung in den verschiedenen Lebensbereichen setzen zwangsläufig Beziehungen zwischen diesen Bereichen voraus (*Mesosystemebene*). Sie entstehen beim Übergang von einem Mikrosystem zum anderen, also beispielsweise vom Elternhaus in den Kindergarten und später in die Schule. Die Bedeutung dieser Beziehungen zwischen den Lebensbereichen für die Integrationsentwicklung wird immer dann erfahrbar, wenn es hier zu Problemen in der Abstimmung beispielsweise zwischen Elternhaus und

Schule oder zwischen Lehrern/-innen und Therapeuten/-innen kommt. Die Entstehung von Integrationsnetzwerken ist ebenfalls in diesem lokalen bzw. regionalen Bereich anzusiedeln. Entwicklungsförderlich ist wiederum die Zugehörigkeit zu mehreren auch strukturell unterschiedlichen Mikrosystemen. Die Aufgabe, sich auf unterschiedliche Personen und viele verschiedene Situationen einzustellen, fördert sowohl kognitive als auch soziale Fähigkeiten – zweifellos auch bei Kindern und Jugendlichen mit Behinderung. Durch unterschiedliche kulturelle, ethnische, soziale oder religiöse Kontexte wird dieser Effekt sogar noch verstärkt (vgl. Bronfenbrenner 1989, S. 202ff.).

Integrationsentwicklung wird ebenfalls durch Entscheidungen in Lebensbereichen beeinflusst, an denen Menschen mit Behinderung in der Regel nicht mehr unmittelbar in direkter Interaktion teilnehmen (*Exosystemebene*). Hier ist vor allem an die Rolle der Fachberatung für Kindertageseinrichtungen oder die Schulaufsicht mit den unterschiedlichen Organisationsebenen zu denken, die für die konkrete Gestaltung der Rahmenbedingungen (Sachausstattung, Personalstellen usf.) von integrativen Bildungs- und Erziehungseinrichtungen eine entscheidende Bedeutung haben. Erfahrungsgemäß geraten Integrationsentwicklungen allerdings dann nachhaltiger, wenn es gelingt, Fachberatung und Schulaufsicht mit in die konkrete Entwicklungsarbeit einzubeziehen. Für die Entwicklung wirkt sich eine hohe Durchlässigkeit zwischen den Mikrosystemen und ihren Beziehungen untereinander (Mesosystemen) auf der einen Seite sowie den Exosystemen auf der anderen Seite aus. Hier ist insbesondere an demokratische Beteiligungsstrukturen zu denken, die es ermöglichen, auf Entscheidungen über Rahmenbedingungen für Integrationsentwicklung einzuwirken. Gerade die Landesarbeitsgemeinschaften »Gemeinsam leben, gemeinsam lernen« der Eltern, die sich für Integration einsetzen, haben diese demokratische Beteiligungsrechte in Form von Öffentlichkeitsarbeit in den letzten drei Jahrzehnten mit Erfolg wahrgenommen. Dabei sind auch neue Verbindungen zwischen Lebensbereichen entstanden, die zur Unterstützung der integrativen Förderung herangezogen werden. Die Förderausschüsse im Saarland versuchen dieses Entwicklungspotenzial einer verstärkten Beteiligung beispielsweise der Eltern an Exosystemen der Integrationsentwicklung zu erschließen. Die Forderung nach einem Wahlrecht der Eltern von Kindern und Jugendlichen mit Behinderung bezogen auf den Förderort ist aus ökologischer Sicht deshalb ebenfalls ausdrücklich zu begrüßen.

Die *Ebene des Makrosystems* der Integrationsentwicklung umfasst die Wertesysteme, mit denen eine Gesellschaft auf die Tatsache der Behinderung reagiert. Die Änderung des Grundgesetzes von 1994 und die Verabschiedungen von Gleichstellungsgesetzen im Bund und in den Ländern sind Beispiele für die Möglichkeit der Änderung von gesamtgesellschaftlichen Grundüberzeugungen gegenüber Behinderungen. Makrosysteme enthalten nicht nur eine Beschreibung der tatsächlichen gesellschaftlichen Situationen von Menschen mit Behinderung. Sie beinhalten stets auch Vorstellungen darüber, wie eine Gesellschaft sich gegenüber Menschen mit Behinderung verhalten soll (vgl. Bronfenbrenner 1989, S. 266). Die Ebene des Makrosystems der Integrationsentwicklung enthält also letztlich die konkrete Utopie der umfassenden gesellschaftlichen Teilhabe von Menschen mit Behinderung in möglichst weitgehender Selbstbestimmung. Es kommt von daher nicht von ungefähr, wenn Bronfenbrenner zum Abschluss seines Werkes zur Ökologie ein verändertes Menschenbild einfordert und für die deutliche Abkehr vom »Defizit-Modell« (a.a.O., S. 166) plädiert. Dies sei letztlich eine individuumzentrierte Perspektive, die die Ursachen für Störungen menschlichen Verhaltens beim Individuum selbst ansiedele, also mit individuellen Unzulänglichkeiten zu erklären. Demgegenüber bekennt sich Bronfenbrenner zu »einer wissenschaftlichen, praktischen und politischen Orientierung, die sich zum Transformationsexperiment bekennt« (vgl. a.a.O. 1989, S. 268).

Alfred Sander hat dieses ökologische Modell integrativer Pädagogik inzwischen für den Bereich der Diagnostik, der Beratung und der Schulentwicklung erschlossen. Insofern kann von einem tragfähigen und weithin anerkannten erziehungswissenschaftlichen Modell gesprochen werden.

Wirkungen

Die umfassende theoretische Betrachtungsweise innerhalb des ökologischen Modells beinhaltet gleichwohl Gefahren, deren man sich bewusst sein sollte. Während die zahlreichen Verknüpfungen im Netzwerk der integrativen Förderung in komplexer

Weise sichtbar werden, gerät möglicherweise die konkrete Fördersituation mit den Kindern und Jugendlichen immer stärker aus dem Blick. Ökologisches Denken innerhalb integrativer Pädagogik muss jedoch ebenfalls einen Beitrag zur Gestaltung von integrativen Spiel- und Lernsituationen leisten. Ökologische Interventionsansätze werden in der integrativen Pädagogik jedoch noch kaum thematisiert. Nicht nur Diagnose und Beratung sind auf den verschiedenen Ebenen des Kind-Umfeld-Systems verankert. Auch die Förderung ist stets als Förderung des Kindes und als Förderung des Umfeldes zu konzipieren. Neben der Vernetzungsperspektive gilt es somit im Rahmen des ökologischen Modells integrativer Pädagogik zukünftig ebenfalls die Interventionsperspektive weiter zu entfalten.

Der Begründungszusammenhang einer integrativen Pädagogik entwickelt sich historisch zunächst in kritischer Distanz zur traditionellen Heil- und Sonderpädagogik. Inzwischen haben jedoch sowohl die Ergebnisse der Integrationsforschung als auch die Fortschritte einer theoretischen Grundlegung integrativer Pädagogik dazu geführt, dass innerhalb der Heil- und Sonderpädagogik eine Öffnung für Fragestellungen der Integration von Menschen mit Behinderung stattfindet. Besonders die heilpädagogische Traditionslinie erweist sich dabei als anschlussfähig für integrative Weiterentwicklungen. So kommen Maximilian Buchka, Rüdiger Grimm und Ferdinand Klein in ihrer Darstellung der »Lebensbilder bedeutender Heilpädagoginnen und Heilpädagogen im 20. Jahrhundert« (2000) zu dem Ergebnis, dass Integration im Sinne gesellschaftlicher Eingliederung zu einem Leitprinzip der »heilpädagogischen Bewegung« zählt (vgl. a.a.O., S. 10). Der Schweizer Heilpädagoge Urs Haeberlin trägt mit seinen Forschungen und theoretischen Arbeiten in herausragender Weise zur Entwicklung einer integrativen Heilpädagogik bei. Dabei stehen anthropologisch-ethische Fragestellungen im Mittelpunkt.

3.2.4 Anthropologisch-ethisches Modell (Urs Haeberlin)

Neben umfangreichen und international anerkannten Beiträgen zur Integrationsforschung (vgl. Haeberlin u.a. ^{2}1991) entwirft Haeberlin im Rahmen seiner wertgeleiteten Heilpädagogik ebenfalls einen Begründungszusammenhang für integrative Pädagogik. Dabei ist es als besonderes Verdienst von Haeberlin zu bewerten, dass er die separierenden und exklusiven Tendenzen in der europäischen Geistesgeschichte kritisch herausarbeitet und so auf die inklusiven philosophischen Grundlagen integrativer Pädagogik aufmerksam machen kann. Der Rückbezug auf die dialogische Philosophie von Martin Buber kann für alle grundlegenden Entwürfe einer integrativen Pädagogik nachgewiesen werden. Auch die heilpädagogische Traditionslinie ist ohne diesen dialogischen Bezug nicht denkbar. Besonders Paul Moor (1899-1977) entwirft eine heilpädagogische Konzeption, die die Gemeinsamkeiten mit der Allgemeinen Pädagogik bewusst macht – ein Grundgedanke, der bereits von den Begründern einer modernen Heilpädagogik, Jan Daniel Georgens (1823-1886) und Heinrich Marianus Deinhardt (1821-1880), in ihrer 1861 und 1863 erschienen »Heilpädagogik« formuliert wird (vgl. Möckel 1988, S. 155ff.).

Integrative Quellen in der heilpädagogischen Tradition

Als Schüler von Heinrich Hanselmann (1885-1960) und ab 1951 als Nachfolger auf dem Lehrstuhl für Heilpädagogik am Heilpädagogischen Seminar in Zürich[19] ist Moor bereits durch ein heilpädagogisches Denken geprägt, dass nicht mit der Intention einer eigenständigen »Sonderpädagogik« verbunden wird (vgl. Haeberlin 2000). Vielmehr betont Moor den allgemeinpädagogischen Rahmen einer Heilpädagogik:

»Aus der Tatsache, dass Heilpädagogik Pädagogik ist und nichts anderes, folgt, dass sie im Grundsätzlichen dieselben Möglichkeiten besitzt wie die NormalPädagogik.« (Moor ^{2}1969, S. 273)

Damit ist zunächst einmal gesagt, dass auch Heilpädagogik im Kern auf Erziehung zielt, wenn auch unter erschwerten Bedingungen bzw. mit besonderen Anforderungen. Moor konstituiert jedoch wie sein Lehrer Hanselmann nicht ein eigenständiges Wissenschaftsgebiet. Heilpädagogik ist für ihn ein »Sondergebiet der all-

---

19 Heinrich Hanselmann wird im Jahre 1931 als außerordentlicher Professor für Heilpädagogik von der Universität Zürich (Heilpädagogisches Seminar) berufen. Dies ist zugleich die erste heilpädagogische Professur an einer Universität in Europa.

gemeinen Pädagogik« (a.a.O., S. 272), in dem die Allgemeine Pädagogik weitergeführt, vertieft und intensiviert wird. Weder anthropologisch noch methodisch kann die Heilpädagogik nach Moor eine disziplinäre Eigenständigkeit gegenüber der Allgemeinen Pädagogik behaupten. Vielmehr beeinflussen sich Heilpädagogik und Allgemeine Pädagogik gegenseitig.

Wie aber stellt sich Moor zur heilpädagogischen Aufgabe der gesellschaftlichen Integration bzw. »*Eingliederung*«, wie er es seinerzeit noch nennt? Sein Konzept der Eingliederung wird insbesondere in Zusammenhang mit der »sozialen Fürsorge« erläutert (vgl. a.a.O., S. 328ff.). Moor geht davon aus, dass Menschen auf das Leben in der Gemeinschaft angewiesen sind. Demgegenüber steht die Feststellung, dass es immer wieder Menschen gibt, die aus der Gemeinschaft herausfallen. Sie bedürfen der Hilfe, um in der Gemeinschaft den für ihren eigenen Lebensweg nötigen Halt wieder zu gewinnen. Entscheidend ist nun die Art der Hilfe. Sie dürfe nach Moor nicht nur eine Hilfe sein, die dem Hilfebedürftigen etwas abnimmt, was dieser nicht mehr zu leisten vermag. Vielmehr gelte es, eine solche Hilfeleistung bereitzuhalten, die den Hilfebedürftigen wieder in die Lage versetzt, das zu leisten, was er selber kann (vgl. a.a.O., S. 331). ›Hilfe zur Selbsthilfe‹, wie es verkürzt auch heißen könnte, ist jedoch laut Moor nichts anderes als Erziehung. Als solche zielt sie ausgehend von der tatsächlichen Gemeinschaft auf das »Ideal der Gemeinschaft« (a.a.O., S. 334) und fordert von der Gemeinschaft, sich so zu verändern, dass »überhaupt keine Hilfsbedürftigen mehr entstehen« (ebd.). Die Fürsorge soll sich letztlich zur Vorsorge entwickeln (ebd.). So ist bereits bei Moor die konkrete Utopie einer integrationsfähigen Gesellschaft erkennbar, wie sie gegenwärtig im Grundgedanken der Inklusion enthalten ist. Festzuhalten bleibt allerdings auch, dass für Moor der Weg zu dieser Eingliederung über die ›Hilfe zur Selbsthilfe‹ noch nicht den Weg über ein Bildungs- und Erziehungssystem ohne Aussonderung beinhaltet. Vielmehr betont Moor die Bedeutung des »Hilfsschulunterrichts« in »Spezialklassen« (vgl. a.a.O., S. 179). Damit sind zwar überwiegend spezielle Klassen der allgemeinen Schule gemeint, wie sie für das Schweizer Bildungs- und Erziehungssystem im heilpädagogischen Bereich seinerzeit schon kennzeichnend sind. Aber die Vorstellung eines gemeinsamen Unterrichts wird von Moor gerade unter dem Eindruck der Situation im »Normalschul-Unterricht« eher abgelehnt (ebd.). Die Möglichkeit einer Veränderung dieses Unterrichts- und Erziehungskonzeptes mit der Perspektive der »Eingliederung« von sog. »schwachbegabten und debilen« Kindern als Weg des heilpädagogischen Handelns hin zum Ziel der gesellschaftlichen Eingliederung ist zu diesem Zeitpunkt in der heilpädagogischen Tradition noch nicht gedacht.

Auffallend im Werk von Moor ist weiterhin, dass der Behinderungsbegriff allenfalls in Zusammenhang mit körperlichen Beeinträchtigungen Verwendung findet. Moor geht bei der Bestimmung des Aufgabenbereichs der Heilpädagogik eben nicht von einer eigenständigen Anthropologie des Menschen mit einer Behinderung aus. Die heilpädagogische Aufgabe (bzw. die heilpädagogische Situation) ergibt sich überall dort, wo Menschen nicht über den nötigen *inneren Halt* verfügen, um ihr Leben selbstständig bewältigen zu können. Dieser innere Halt ist die Aufgabe der Erziehung (vgl. a.a.O., S. 271). Durch Erziehung soll der Mensch in die Lage versetzt werden, mit sich selbst übereinzustimmen, im Einklang mit seinen Fähigkeiten und Bedürfnissen zu leben und sich dabei durch den äußeren Halt in der Gemeinschaft unterstützen zu lassen.

»In der heilpädagogischen Situation, die dadurch gekennzeichnet ist, dass der Innere Halt gefährdet ist und oft dauernd gefährdet bleibt, muss diese Ergänzung des Innern Haltes durch den äußern Halt besonders betont werden.« (vgl. a.a.O., S. 271)

Die Theorie des inneren Haltes bei Moor korrespondiert von daher mit der Ebene der personalen Integration im Modell von Helmut Reiser. In der Gefährdung des Zusammenhangs zwischen innerem und äußerem Halt wird zusätzlich die Verschränkung zwischen Individuum und Gemeinschaft ersichtlich, wie sie auch für den ökologischen Definitionsansatz von Alfred Sander bestimmend ist. Die ungenügende Integration in das Umfeld-System als konkrete Beschreibung der Situation »Behinderung« hat mit der Theorie des inneren Haltes bei Moor den Ausgangspunkt der gesellschaftlichen Ausgliederung gemeinsam. Um den inneren Halt wieder zu finden und die gesellschaftliche Wiedereingliederung zu erreichen, bedürfen Menschen der Hilfe zur Selbsthilfe, die diese Integrationsleistung nicht mehr selbstständig erbringen können. Innerer und äußerer Halt beschreiben also im Kern personale und soziale Integrationsdimensionen. Damit ist durch Hanselmann und Moor bereits der Weg für eine integrative Weiterentwicklung der Heilpädagogik bereitet. Für den heilpädagogischen Entwurf von Haeberlin wird dieses Leitprinzip der heilpädagogischen Bewegung zum bestimmenden Moment.

Integrative Heilpädagogik

Urs Haeberlin promoviert 1968 bei Paul Moor, wirkt seit 1979 an der Universität Freiburg (Schweiz) und entwickelt hier die »Substanz der Schweizer Heilpädagogik« weiter (vgl. Haeberlin 1996, S. 5). Sein Entwurf einer »Heilpädagogik als wertgeleitete Wissenschaft« aus dem Jahre 1996 vollzieht den Schritt zur wissenschaftstheoretischen und methodologischen Begründung einer integrativen Heilpädagogik. Sein Überblick zur Heilpädagogik und zum Behinderungsbegriff mündet in einem *Konzept von parteinehmender Heilpädagogik*, die von einer uneingeschränkten Solidarität für Menschen mit Behinderung als menschlicher Grundhaltung getragen ist. Die philosophische Basis dieser »heilpädagogischen Haltung« (vgl. a.a.O., S. 35) wird zum einen erneut im dialogischen Prinzip von Martin Buber gesehen und somit anthropologisch begründet. »Annahme des Partners« (a.a.O., S. 37), »Vertrauen in das Potenzial des Partners« (a.a.O., S. 38) und »Echtheit« (a.a.O., S. 39) sind Einzelmerkmale dieser Grundhaltung. Zum anderen bezieht die heilpädagogische Haltung ihre Zielsetzung aus dem Normalisierungskonzept, indem sie ein »Leben so normal wie möglich« für Menschen mit Behinderung zu realisieren versucht. Hier ist unschwer auch die gesellschaftliche Integration mit einzubeziehen.

Haeberlin nimmt diese *heilpädagogische Haltung* nun zur Grundlage für eine kritische Analyse der Erziehungsgeschichte und ihres jeweiligen ideengeschichtlichen Kontextes. Das Ergebnis dieser Analyse ist ernüchternd. Die Erziehungsgeschichte in Europa wird von Haeberlin mit einer Geschichte der *Entsolidarisierung* gleich gesetzt. Im Grunde fehle es nicht nur an Zeichen der praktischen Solidarisierung mit Menschen mit Behinderung, sondern ebenso an den philosophischen Grundlagen für eine solche Haltung. Ausgehend von Johann Heinrich Pestalozzi (1746-1827) über Hanselmann und Moor wird dem die Tradition der wertgeleiteten Heilpädagogik gegenübergestellt. So gipfelt der Versuch von

Haeberlin letztlich in einer heilpädagogischen Professionsethik. Dazu zählen für Haeberlin ohne Anspruch auf Vollständigkeit die Merkmale »ideologische Offenheit«, »Verantwortung für das absolute Lebensrecht aller von Menschen gezeugten Lebewesen«, »Recht auf Erziehung und Bildung aller Menschen«, »Selbstständigkeit und Lebensqualität« sowie das Bekenntnis zur »pädagogischen Effizienzkontrolle und Selbstkritik« (vgl. a.a.O., S. 341ff.).

Damit zeigt Haeberlin sowohl in seiner konkreten Forschungstätigkeit als auch in seinen Beiträgen zur Theoriebildung, dass eine wertgeleitete Heilpädagogik als spezielle pädagogische Teildisziplin in ihren zentralen Begründungszusammenhängen mit den Modellen einer integrativen Pädagogik übereinstimmt und zu ihrer Begründung beizutragen vermag. Die Entwicklung einer integrativen Pädagogik ist somit durchaus vereinbar mit einer heilpädagogischen Traditionslinie. Dies wird ebenfalls im Werk von Emil E. Kobi sichtbar, der besonders den Begriff der Integration in seinen vielschichtigen Dimensionen darstellt (vgl. Kobi ^{5}1993, S. 118 und 380; Kobi 1999, S. 72). Auch Ferdinand Klein zeigt in seiner Aktualisierung der Heilpädagogik von Friedrich Meinertz und Rudolf Kausen, dass heilpädagogisches Denken den Bezug zu integrativen Spiel- und Lernsituationen implizit enthält (vgl. Klein/Meinertz/Kausen ^{10}1999). Besonders deutlich wird dieser Zusammenhang in der Analyse des Beitrages von Janusz Korczak (1878-1942) zur Heilpädagogik (vgl. F. Klein 1996). Rudi Krawitz (^{3}1997) steht mit seinem individualpädagogischen Ansatz einer integrativen Pädagogik ebenfalls in der heilpädagogischen Tradition und grenzt unter Rückgriff auf die transzendentalphilosophischen Überlegungen von Immanuel Kant den pädagogischen Aufgabenbereich vom therapeutischen ab. In seiner ökologischen Grundlegung der Heilpädagogik widmet Otto Speck der Integrationsdiskussion ebenfalls umfangreiche Überlegungen (vgl. Speck ^{2}1991, S. 288ff.). Das »Wörterbuch Heilpädagogik« (vgl. Bundschuh/Heimlich/Krawitz ^{2}2002) enthält schließlich den aktuellen Stand der Integrationsdiskussion (Stichworte: Integration, Integrationspädagogik, Integrationsforschung, gemeinsame Erziehung, gemeinsamer Unterricht usf.).

Integrative Situationen

In meinen eigenen Arbeiten zur integrativen Pädagogik habe ich auf dem Hintergrund einer integrativen heilpädagogischen Tradition zunächst in Kindertageseinrichtungen (vgl. Heimlich 1995) und später in allgemeinen Schulen (vgl. Heimlich 1999c ; Heimlich/Jacobs 2001) zu zeigen versucht, dass integrative Pädagogik sich auf die Gestaltung von integrativen Situationen bezieht. Steht vor dem Schuleintritt das gemeinsame Spielen im Vordergrund, so dominieren im schulischen Zusammenhang eher Prozesse des gemeinsamen Lernens an gemeinsamen Gegenständen. Nach Ende der Schulzeit und begleitend dazu erweitert sich die Aufgabe der Integration von Menschen mit Behinderung hin zur Gestaltung eines gemeinsamen Lebens im Arbeits-, Wohn- und Freizeitbereich. Integrative Pädagogik zielt in dieser Perspektive auf die Gestaltung von integrativen Spiel-, Lern- und Lebenssituationen ab, um das gemeinsame Spielen, Lernen und Leben zu ermöglichen.

Was aber kennzeichnet integrative Situationen nun in einem allgemeinen Sinne? Das Wort »Situation« bezeichnet im allgemeinen Sprachgebrauch eine bestimmte Lage oder Stellung, in der sich ein Mensch befindet (zum lat. *situs*). Damit wären eher die Verhältnisse bzw. Umstände gemeint, denen sich ein Mensch ausgesetzt sieht. Gerade der französische Sprachgebrauch legt jedoch ebenfalls ein aktives Verständnis von Situation nahe. Das französische Verb »situer« zeigt, dass der Mensch sich auch in eine bestimmte Lage bringt oder hineinstellt. Situationen sind demnach von der Wortbedeutung her bezogen auf den Menschen bereits passiv und aktiv bestimmt. Situationen sind deshalb nicht nur die Summe von Umständen für menschliches Handeln, sie werden erst durch einen Handlungszusammenhang konstituiert. Darauf hat Theodor Schulze (1983) für die Erziehungswissenschaft aufmerksam gemacht und Lernen als Bewältigen neuartiger Situationen dargestellt. Ebenfalls ist bereits darauf hingewiesen worden, dass die Weltgesundheitsorganisation (WHO) in ihrer »Internationalen Klassifikation der Funktionalität (ICF)« Behinderung nicht mehr als Eigenschaft, sondern vielmehr als Situation versteht und von da aus Aktivitäts- und Partizipationsmöglichkeiten in den Blick nimmt.

Integrativ sind Situationen nun immer dann, *wenn sie eine Erfahrung ermöglichen, an der alle Menschen teilhaben und zu der alle Menschen beitragen können.* Dieser Definitionsansatz geht auf die demokratische Erziehungstheorie des amerikanischen Reformpädagogen und Erziehungsphilosophen John Dewey zurück (vgl. Dewey 1939/1988). Er sieht die Demokratie nicht einfach als Staatsform, sondern vielmehr als Lebensform, die eine bestimmte Qualität zwischenmenschlicher Interaktionen anstrebt. In diese normative Vorstellung von Gesellschaft ist auch die Erziehung eingebettet. Eine Gesellschaft, die zwischenmenschliche *Erfahrungen* ermöglicht, an denen alle teilhaben und zu denen alle beitragen, ist eine demokratische Gesellschaft. Sie verwirklicht den verfassungsmäßig verbrieften Freiheitsgrundsatz (Alle Menschen sind unterschiedlich!) und den Gleichheitsgrundsatz der Menschenrechte (Alle Menschen sind gleich!). Widersprüchlich ist dies nur dann, wenn wir diese Grundsätze unabhängig voneinander betrachten. Demokratische Gesellschaften haben sich jedoch zur Aufgabe gemacht, allen Menschen das Recht auf freie Entfaltung zuzugestehen und sie gleichwohl gleichberechtigt an der Gesellschaft partizipieren zu lassen. Freiheit und Gleichheit sind in demokratischen Gesellschaften dialektisch aufeinander bezogen und werden erst durch praktizierte Solidarität zwischen Menschen konkretisierbar. Diese normative Grundorientierung gilt auch für Menschen mit Behinderung. Jakob Muth (1927-1993) hat die demokratische Grundlage integrativer Pädagogik seit Beginn der siebziger Jahre des vergangenen Jahrhunderts immer wieder betont und Integration als Aufgabe von Menschen in demokratischen Gesellschaften bezeichnet (vgl. Muth 1986).

Integrative Pädagogik als demokratische Aufgabe ist also notwendig auf zwischenmenschliche Beziehungen angewiesen. Erst in der Interaktion kann sich Freiheit und Gleichheit, Teilhaben und Beitragen konstituieren. Von daher wird es auch verständlich, wenn sich die verschiedenen Entwürfe einer integrativen Pädagogik bis hin zur integrativen Tradition in der Heilpädagogik immer wieder auf die dialogische Philosophie insbesondere im Anschluss an Martin Buber (1878-1965) beziehen. Sie ist insofern eine Philosophie der Gemeinsamkeit, als sie den Dialog, das zwischenmenschliche *Gespräch* als Grundlage für die Personwerdung und für die Entstehung von Gemeinsamkeit ansieht. Damit wird die Aufgabe der integrativen Pädagogik auch anthropologisch fundiert.

Das Mensch-Sein ist aus sich selbst heraus auf ein Miteinander angelegt (vgl. Buber [10]2000). Wir benötigen den anderen, um uns selbst zu erkennen und zu entwickeln. Der Mensch wird ohne den Dialog nicht Mensch. Dies bedeutet auch, dass Menschen mit und ohne Behinderung aufeinander angewiesen sind, um ihre Menschwerdung zu erreichen. Die Beziehung zwischen Menschen mit und ohne Behinderung ist deshalb auch keine einseitige, durch caritative Motive bestimmte. Nicht nur Menschen mit Behinderung erfahren sich als angenommen und beteiligt. Auch Menschen ohne Behinderung lernen sich selbst in ihren Schwächen, Fehlern und Gebrechen zu akzeptieren. Eine demokratische Gesellschaft ist auf enge Beziehungen zu Menschen mit Behinderung angewiesen. Soziale Isolation verbietet sich deshalb auf dieser normativen Ebene von selbst.

Dies wird ebenfalls deutlich sichtbar, wenn wir den Prozess der Teilhabe von Menschen mit Behinderung an dieser Gesellschaft genauer in den Blick nehmen. Teilhabe setzt *Verstehen* voraus, um mit Hans-Georg Gadamer (1900-2002) zu sprechen. Die hermeneutische Philosophie von Gadamer zeigt, dass menschliches Sein auf Verstehen hin angelegt ist[20] und dies wiederum einen Dialog voraussetzt (vgl. Gadamer [6]1990, S. 364ff.). Sowohl der Leser als auch der Kunstbetrachter treten in einen Dialog ein, um zu verstehen. Auch zwischen Menschen entsteht Verstehen erst aus dem Dialog. Die menschliche Situation wird deshalb von Gadamer in einem universellen Sinne als hermeneutische charakterisiert. Gemeinsamkeit setzt Verständigung voraus. Erst durch die Herausbildung einer gemeinsamen »Sprache« ist Verständigung möglich. »Sprache« umfasst bei Gadamer nicht nur das gesprochene Wort, sondern auch die Gebärden des Nicht-Hörenden und alle weiteren menschlichen Ausdrucksformen. Verstehen ist allerdings auf Begegnung angewiesen. Insofern können sich Menschen mit und ohne Behinderung nur dann verstehen lernen, wenn sie sich begegnen und in einen Dialog miteinander eintreten, wo immer das möglich ist. *Integrative Situationen sind* – mit Gadamer gespro-

---

20 Hermeneutik meint bei Gadamer mehr als eine »Kunstlehre«, mit deren Hilfe Texte ausgelegt werden. Vielmehr erweitert er den Gegenstandsbereich der Hermeneutik auf das Leben insgesamt (vgl. auch Hammermeister 1999).

chen – *Situationen, in denen durch Begegnung Verstehen möglich wird.*

In der Erziehungswissenschaft liegt uns nun eine lange Theorietradition vor, die sich um das Situationskonzept rankt, insbesondere im Anschluss an phänomenologische Ansätze (vgl. Heimlich 1995). In der zweiten Hälfte des vergangenen Jahrhunderts hat sich die pädagogische Auffassung von Situationen mehrfach gewandelt. Wir können heute im Rückblick ein *personalistisches, ein interaktionistisches und ein ökologisches Situationsverständnis* unterscheiden (vgl. Heimlich 1995, ²2001). Diese unterschiedlichen pädagogischen Zugangsweisen zur menschlichen Situation bedingen auch unterschiedliche Komplexitätsgrade unseres Verständnis der Integration von Menschen mit Behinderung.

Sehen wir *Integration* vor allem *als Aufgabe, die von der einzelnen Person zu lösen ist*, so schauen wir auch die Lebenssituation von Menschen mit Behinderung aus ihrer personalen Perspektive an. Als Person steht ihnen im Rahmen ihres unveräußerlichen Rechtes auf Selbstbestimmung die Entscheidung zu, wie sie sich selbst im Verhältnis zur Gesellschaft sehen möchten. In der Regel ist der Wunsch dominant, ebenso selbstverständlich dabei zu sein wie alle anderen und nicht ausgegrenzt zu werden. Wir kennen aber auch Entscheidungen von Menschen mit Behinderung, die in einer eigenständigen Gemeinschaft lieber unter sich bleiben wollen und sogar eine eigene Kultur ausbilden möchten, wie das etwa bei den Menschen mit Hörproblemen der Fall ist, die sich mit der Gebärdensprache verständigen. Letztlich hat jeder Mensch mit Behinderung das Recht, sich nicht integrieren zu lassen, wie das einmal von einem Rollstuhlfahrer ausgedrückt worden ist. Die *personale Dimension von integrativen Situationen* weist jedoch auch zurück auf den Menschen selbst, der sich mit einer Behinderung auseinander setzt. Er sollte wie jeder andere die Chance haben, mit sich selbst und seinen eigenen Möglichkeiten in Übereinstimmung zu leben, sich selbst zu verstehen. Dieser Umgang mit sich selbst, die Fähigkeit in einem personalen Sinne die Behinderung zu bewältigen, mit ihr leben zu lernen, das bleibt in jedem Fall die Aufgabe des Einzelnen, wie er sich auch immer zur Frage der gesellschaftlichen Integration stellt. Und aus der dialogischen Philosophie wissen wir, dass diese Aufgabe nicht ohne soziale Begegnung zu lösen ist. *Integrative Situationen* werden also stets auch eine *personale Erfahrung* enthalten.

Gesellschaftliche Integration von Menschen mit Behinderung ist indes nicht nur abhängig von der Entscheidung des Einzelnen. Der Horizont eines personalen Situationsmodells ist von daher begrenzt. Vielen Menschen mit Behinderung wird bis dato das selbstverständliche Recht auf Partizipation verwehrt. Gerade unter der Perspektive des Normalisierungsprinzips ist deutlich geworden, dass bis zu »normalen« Lebensverhältnissen für Menschen mit Behinderung noch viele Veränderungen in der Gesellschaft erforderlich sind, denken wir beispielsweise nur an die Möglichkeit, Tagesabläufe (etwa Freizeitaktivitäten) oder Jahresabläufe (etwa Urlaubsreisen) als Mensch mit einer Behinderung selbst zu bestimmen und zu organisieren. Die *Aufgabe der Integration erfordert* deshalb auch die *soziale Interaktion* mit anderen. In dieser Interaktion hat die Gesellschaft Rahmenbedingungen bereitzustellen, die soziale Partizipation von Menschen mit Behinderung ermöglichen. Dazu zählt zuallererst die Möglichkeit der Begegnung und der Überwindung von sozialer Isolation in allen Lebensbereichen. Die interaktionistische Perspektive erweitert nun den Horizont unserer Betrachtung und öffnet den Blick auf die Beziehungsstruktur von integrativen Situationen. Dazu zählen zum einen die Netzwerke der sozialen Kontakte, die ein Mensch mit einer Behinderung geknüpft hat (also beispielsweise Familie, Freunde, Nachbarn usf.). Ebenso gehören dazu die institutionellen Verknüpfungen, in denen sich ein Mensch mit einer Behinderung befindet. Und gerade weil er vielfach auf gesellschaftliche Ressourcen zur Gestaltung seiner persönlichen Lebensbedingungen angewiesen ist, haben Kontakte zu Institutionen für ihn eine außerordentliche Bedeutung. Neben die informellen Kontakte im persönlichen Netzwerk treten somit auch formelle Kontakte mit gesellschaftlichen Institutionen. Zugleich droht von dieser Seite die größte Gefahr einer fremdbestimmten Einschränkung der persönlichen Lebenssituation. Integrative Situationen werden so auch von rechtlichen und finanziellen Regelungen definiert und in ihrer potenziellen Vielfalt möglicherweise eingeschränkt (wenn wir nur an das Recht auf freie Wahl des Wohnsitzes für Menschen mit Behinderung denken). In jedem Fall werden *integrative Situationen* durch *soziale Erfahrungen* konstituiert, die erst die notwendigen gesellschaftlichen Veränderungen in der Einstellung gegenüber Menschen mit Behinderung und in der Wahrnehmung ihrer Rechte in Gang setzen.

Vernachlässigt wird im personalistischen und im interaktionistischen Situationsverständnis allerdings in der Regel der Ort, an dem integrative Erfahrungen möglich werden. Schon der sozialwissenschaftliche Behinderungsbegriff verweist uns allerdings auf das Phänomen, dass es offenbar Orte gibt, an denen Begegnung möglich ist, keine Aussonderung stattfindet und Behinderungen somit nicht auftreten (wenn wir etwa an öffentliche Verkehrsmittel oder Gebäude denken, die für Rollstuhlfahrer barrierefrei zugänglich sind). In der Regel ist es allerdings so, dass Menschen mit Behinderung an vielen Orten im öffentlichen Raum ausgeschlossen werden – auf jeden Fall nicht selbstbestimmt und selbstständig teilhaben können. In dieser *räumlichen Perspektive* kommen zusätzlich die gegenständlichen Beziehungen in den Blick, die auch Hindernisse für Menschen mit Behinderung enthalten können. Das *ökologische Situationsverständnis* erweitert den Horizont von integrativen Situationen in der räumlich-dinglichen Dimension insbesondere um sensorische und motorische Erfahrungsmöglichkeiten. Integrative Situationen sollten von daher vielfältige *sinnliche Erfahrungsmöglichkeiten* enthalten. Isolation kann nicht nur in sozialer, sondern auch in sensorischer Hinsicht stattfinden. Deshalb benötigen integrative Situationen eine sinnliche Erfahrungsvielfalt, die allen Menschen einen Zugang ermöglicht. Dazu zählen neben Orientierungshilfen beispielsweise Begegnungs- und Rückzugsmöglichkeiten, aber auch Gestaltungsmöglichkeiten im Sinne der Anpassung von Räumen und Dingen an die individuellen Fähigkeiten und die bewusste Einbeziehung aller Sinne in diese Gestaltungen. Letztlich knüpft die ökologische Perspektive über die Vorstellung von unterschiedlichen sozialräumlichen Zonen auch wieder an der gesamtgesellschaftlichen Dimension integrativer Pädagogik an. Nicht nur im »ökologischen Zentrum« (dem »Zuhause«) soll Selbstbestimmung und soziale Teilhabe für Menschen mit Behinderung möglich sein, sondern ebenso im »ökologischen Nahraum« der unmittelbaren Wohngegend und Nachbarschaft bis hin zu den ökologischen »Ausschnitten« (Schule, Dienstleistungsangebote) sowie der »Peripherie« (eher fremde und unbekannte Orte, vgl. Baacke [5]1991). Auch in der Initiierung und Begleitung von Integrationsentwicklung hat sich ein solches Mehrebenenmodell herausgebildet, in der um das praktizierte Miteinander von Menschen mit Behinderung herum Auswirkungen auf verschiedene Lebensbereiche bzw. sozialräumliche Zonen festzustellen sind.

Unter Rückgriff auf erziehungswissenschaftliche Situationsmodelle ergibt sich somit ein Konzept von integrativer Pädagogik, in dessen Mittelpunkt die Gestaltung von integrativen Situationen als demokratische Aufgabe begleitend zum Lebenslauf von Menschen mit Behinderung steht. Die dialogische Grundstruktur integrativer Situationen enthält sowohl personale als auch soziale und ebenso ökologische Erfahrungsdimensionen von Selbstbestimmung und sozialer Teilhabe der Menschen mit Behinderung. *Integrative Förderung* im pädagogischen Sinne *schafft* von daher *die personalen, sozialen und ökologischen Erfahrungsmöglichkeiten für ein selbstbestimmtes Leben von Menschen mit Behinderung in möglichst umfassender sozialer Teilhabe.*

Begleitend zur Integrationsentwicklung bilden sich ebenfalls umfassende Bemühungen im Bereich der erziehungswissenschaftlichen Forschung heraus. Neben dem hier vorgestellten Spektrum an Theoriemodellen zeigen die Beiträge zur Integrationsforschung die große Bandbreite an Forschungsfragestellungen und Forschungsmethoden.

3.3 Forschungsprogramm integrativer Pädagogik

In den Anfängen der Integrationsentwicklung ab den siebziger Jahren stehen in Westdeutschland vereinzelte Integrationsprojekte in Kindertageseinrichtungen und Schulen vor der Aufgabe, den Nachweis zu führen, dass integrative Förderung möglich ist und Effekte hervorbringt. Insbesondere wird immer wieder skeptisch gefragt, ob auch negative Effekte bezogen auf Kinder und Jugendliche ohne Behinderung auszuschließen seien. In dieser Phase stehen in enger Verbindung zu Modellversuchen vergleichende Fragen zwischen der Förderung in allgemeinen Bildungs- und Erziehungseinrichtungen und der Förderung in Sondereinrichtungen im Vordergrund (vgl. Preuss-Lausitz 1999). Nach drei Jahrzehnten Integrationsforschung ist die Bilanz der Forschungsergebnisse mittlerweile mehr als eindeutig. Kaum ein Arbeitsfeld der

Heil- und Sonderpädagogik wird derart gründlich und aufwändig empirisch erforscht. Insgesamt kann festgehalten werden, dass eine integrative Förderung von Kindern und Jugendlichen mit Behinderung im allgemeinen Bildungs- und Erziehungssystem mindestens ebenso positive Effekte hat wie eine separierende Förderung in Sondereinrichtungen. Die Integrationsforschung hat in zahlreichen Forschungsprojekten den empirisch gut gestützten Beweis geliefert, dass Integration von Kindern und Jugendlichen mit Behinderung in das allgemeine Bildungs- und Erziehungssystem möglich und für alle Beteiligten sinnvoll ist. Im Laufe dieses langwierigen Forschungsprozesses sind einige grundlegende Typen von Forschungsprojekten entstanden. Außerdem hat sich ein fundiertes Methodeninventar etabliert. Seit Mitte der achtziger Jahre treffen sich die Integrationsforscherinnen und -forscher aus Deutschland, Österreich, der Schweiz und Italien zum regelmäßigen Erfahrungsaustausch, in dem vor allem die aktuellen Integrationsentwicklungen in den Regionen, neue Forschungsergebnisse und Theoriekonzepte sowie die Weiterentwicklung des Methodenrepertoires der Integrationsforschung thematisiert wird (vgl. Preuss-Lausitz 1995). In den 1990-er Jahren richtet sich das Forschungsinteresse in der Integrationsforschung mehr auf die weitere Optimierung der Praxis des gemeinsamen Unterrichts. Integrationsforschung besteht in diesem Zeitraum vornehmlich aus Schul- und Unterrichtsforschung (vgl. Preuss-Lausitz 1999, S. 299f.). Erst Ende der neunziger Jahre weiten sich die Forschungsgegenstände begleitend zum Lebenslauf ebenfalls auf Fragen der beruflichen Integration aus.

3.3.1 Forschungsdesigns

Innerhalb der integrativen Pädagogik werden eine Reihe von typischen Forschungsdesigns bevorzugt, in denen bestimmte Grundentscheidungen bezogen auf den Forschungsgegenstand, den Zugang zum Forschungsfeld und die überprüften Hypothesen gebündelt sind (vgl. zum Begriff Forschungsdesign: Atteslander [8]1995, S. 66ff.). Nach Urs Haeberlin u.a. ([2]1991, S. 161ff.) steht die Integrationsforschung in einem unauflösbaren Spannungsverhältnis zwischen dem Anspruch, wissenschaftliche Erkenntnisse zur integrativen Förderung zu produzieren und dem Bedarf an

Handlungsanleitung für die integrative Förderpraxis zu entsprechen. Erziehungswissenschaftliche Erkenntnisbildung zielt auf Verallgemeinerbarkeit der Befunde und ist nur ohne den Handlungsdruck der Praxis realisierbar. Gleichzeitig kommt es dabei zu einer zunehmenden Distanz zum untersuchten Feld. Praktisches pädagogisches Handeln ist wiederum auf konkrete Fälle bezogen und nicht ohne weiteres auf andere Situationen zu übertragen. Der deutlichere Handlungsbezug von praxisnahen Integrationsforschungprojekten wird somit durch einen Mangel an Generalisierbarkeit erkauft. Dieser Widerspruch zwischen Erkenntnis und Handeln ist letztlich in der Integrationsforschung immer präsent gewesen und auch theoretisch nicht aufzulösen. Haeberlin schlägt deshalb vor, zwischen »teilnehmender Nähe und objektivierender Distanz« (Haeberlin 1993, S. 372) unterschiedliche Typen von Integrationsforschungsprojekten zu unterscheiden (vgl. Haeberlin 1994). Neben *empirisch ausgerichteten Forschungsprojekten (Typ I)*, die auf objektive und generalisierbare Befunde abzielen, stehen ebenso *Projekte, die sich auf einzelne Fälle bzw. einzelne Schulen beziehen (Typ II)*. Daneben ist es auch häufig erforderlich, *integrative Entwicklungen in Bildungs- und Erziehungseinrichtungen möglichst systematisch und methodisch kontrolliert zu dokumentieren (Typ III)*. Da in der Integrationsentwicklung zunächst die Anforderungen der Gestaltung einer alternativen pädagogischen Praxis in Kindertageseinrichtungen und Schulen dominiert, damit Kinder und Jugendliche mit Behinderung teilhaben können, sieht sich auch die Integrationsforschung zum überwiegenden Teil mit Aufgaben der *Evaluationsforschung* konfrontiert. Als spezielle Variante ist davon noch einmal die *Interventionsforschung* abzuheben, in der es besonders um die Konstruktion von pädagogischen Maßnahmen geht. Vielfach liegen zu Beginn der Integrationsentwicklung die pädagogischen Konzepte noch nicht vor, sondern werden erst im Laufe der Begleitforschungsprojekte entwickelt. Es gelingt in der Forschungspraxis jedoch nicht immer, Interventions- und Evaluationsforschung strikt voneinander zu trennen. Vielfach haben Integrationsforscherinnen und -forscher ihr Forschungsfeld mit generieren müssen, bevor sie dessen Effektivität überprüfen konnten. Insofern sind Interventions- und Evaluationsaspekte in der Integrationsforschung allenfalls phasenspezifisch zu differenzieren. Demgegenüber geraten Fragestellungen der *Grundlagenforschung* zur integrativen Pädagogik bislang noch eher in den Hintergrund (vgl. zur grundlegenden Systematik die Übersicht bei Bortz/Döring ²1995, S. 96-101). Besonders für die Aufgaben der Integrationsforschung in Bildungs- und Erziehungseinrichtungen und bezogen auf Unterricht sowie Lehr- und Lernprozesse ist der Überschneidungsbereich zwischen Integrationsforschung und Bildungsforschung offenkundig (vgl. Tippelt 2002).

Gehen wir mit Bortz/Döring (²1995, S. 96) davon aus, dass *Evaluationsforschung* die »Wirksamkeit sozialer Interventionsprogramme« überprüft und dabei empirische Forschungsmethoden in systematischer Weise anwendet, so ist zunächst festzuhalten, dass die Integrationsforschung hier ihren Schwerpunkt hat (vgl. Borchert/Schuck 1992). Die Überprüfung der gemeinsamen Erziehung von Kindern mit und ohne Behinderung in Tageseinrichtungen für Kinder oder die Untersuchung der Effekte des gemeinsamen Unterrichts zählt zu den Forschungsproblemen, die in diesem Feld am häufigsten bearbeitet werden. Integrationsforschung unterliegt von daher den Grundproblemen dieser auch als »Begleitforschung« bezeichneten Forschungsaufgabe, die durch das Interesse des Auftraggebers (z.B. Ministerien, Schulbehörden, freie Träger usf.) in der Regel klar begrenzt wird. Es geht darum, die Frage des Auftraggebers nach den Effekten einer Maßnahme der integrativen Förderung möglichst präzise zu beantworten. Von diesem Evaluationsergebnis hängen in der Regel weit reichende bildungspolitische Entscheidungen bezogen auf eine breitere Realisierung der untersuchten Maßnahme in weiteren Bildungs- und Erziehungseinrichtungen ab. Da solche Begleitforschungsprojekte in der Regel als Feldforschung zu realisieren sind, werden sie zusätzlich durch die dort tatsächlich vorhandenen Bedingungen tangiert. Eine Kontrolle der Einflussfaktoren einer Intervention ist in diesem Zusammenhang nur sehr eingeschränkt möglich (*Probleme in der internen Validität*). Demgegenüber ermöglicht die Alltagsnähe solcher Forschungsprojekte und der in der Regel erforderliche Verzicht auf experimentelle Forschungsdesigns meist eine gute Übertragbarkeit der Forschungsergebnisse (*hohe externe Validität*, vgl. Langfeldt 1999). In der Evaluation von Maßnahmen der integrativen Förderung wird die Vergleichbarkeit der vorliegenden Einzelstudien vor allem dadurch reduziert, dass die jeweiligen *treatments* sich teilweise extrem voneinander unterscheiden können. So ist es ein grundlegender Unterschied, ob in der Evaluation ein entfalteter gemeinsamer Unterricht mit umfangreichen Phasen des gemeinsamen Lernens von Kindern und Jugendlichen mit und ohne Behinderung überprüft wird oder etwa die Einzelförderung eines Kindes mit einer Behinderung außerhalb der Lerngruppe in der Allgemeinen Schule. Beide *treatments* werden jedoch innerhalb der Integrationsforschung als Maßnahme der integrativen Förderung bezeichnet. Hier dürfte zukünftig eine größere Präzision in der Kennzeichnung des überprüften »*treatments*« unabdingbar sein.

Von den untersuchten Arbeitsfeldern her dominieren der Bereich der Kindertageseinrichtungen (vgl. Staatsinstitut für Frühpädagogik und Familienforschung 1990; Heimlich 1995), der Grundschulen (vgl. Deppe-Wolfinger/Prengel/Reiser 1990; Feuser/Meyer 1987; Wocken/Antor 1987) und der Sekundarschulen (vgl. Preuss-Lausitz/Maikowski 1998; Köbberling/Schley 2000; Heimlich/Jacobs 2001) in der Integrationsforschung. In jüngster Zeit treten Evaluationsstudien für den Bereich der beruflichen Integration hinzu (vgl. Boban/Hinz 2001). Zu einzelnen Förderschwerpunkten bzw. Behinderungsarten liegen zwischenzeitlich auch kompakte Forschungsübersichten vor (vgl. zum Förderschwerpunkt Lernen bzw. zur Lernbehinderung: Hildeschmidt/Sander 1996; Hildeschmidt 1996).

In den *Kindertageseinrichtungen* richtet sich das Interesse der Integrationsforschung im Wesentlichen auf die sozialen Prozesse und deren Auswirkungen für die kindliche Entwicklung (vgl. Becker-Gebhard 1990, S. 82ff.). Dabei steht das kindliche Spiel im Mittelpunkt des pädagogischen Konzeptes einer gemeinsamen Erziehung im Elementarbereich (vgl. Heimlich 1995).

Für den *gemeinsamen Unterricht in der Grundschule* werden über die sozialen Prozesse hinaus auch die Schulleistungen erhoben. Außerdem richtet sich das Forschungsinteresse auch auf die *Unterrichtskonzepte* (vgl. Dumke ^{2}1993; Preuss-Lausitz 1997a). Probleme in der *Kooperation der Lehrerinnen und Lehrer* (vgl. Wocken 1988; Haeberlin u.a. 1992) sind ebenfalls inzwischen eingehend untersucht. Schließlich werden auch die Eltern zu ihrer Einschätzung von Integrationsentwicklungen befragt (vgl. Dumke/Krieger/Schäfer 1989).

Die wissenschaftliche Begleitung der *Integrationsentwicklung im Sekundarbereich* erweitert den Horizont der schulpädagogisch motivierten Integrationsforschung um systemisch-organisatorische Problemstellungen. In mehrzügigen Sekundarschulen (mit mehreren Klassen in einer Jahrgangsstufe) wird der gemeinsame Unterricht nicht nur durch eine veränderte didaktisch-methodische Konzeption erreicht (vgl. Preuss-Lausitz/Maikowski 1998; Schley/Boban/Hinz ²1992). Ebenso sind begleitende Maßnahmen in der Team- und Schulentwicklung erforderlich (vgl. Heimlich/Jacobs 2001). Eine besonders interessante Studie legt Almut Köbberling aus Hamburger Gesamtschulen vor. Über einen Zeitraum von zehn Schuljahren hinweg verfolgt sie die soziale Entwicklung der Integrationsschülerinnen und -schüler. Sie stellt fest, dass die anfänglich engen Sozialkontakte in Integrationsklassen im mittleren Jugendalter ab 13/14 Jahren durch eine Phase der selbstbewussten Abgrenzung abgelöst werden, um zum Ende der Schulzeit wieder auf einem reflektierten Niveau zusammenzufinden (vgl. Köbberling/Schley 2000).

In der beruflichen Integration liegen uns noch wenig Ergebnisse der Integrationsforschung vor. Eine differenzierte Evaluationsstudie haben Ines Boban und Andreas Hinz zur »Hamburger Arbeitsassistenz« erstellt (s. Kap. 1.3). Sie untersuchen das »Ambulante Arbeitstraining« und das »Integrationspraktikumsjahr«. Im Rahmen der externen Evaluation werden alle Beteiligten (auch die Teilnehmerinnen und Teilnehmer!) befragt. In der offenen Diskussion der Ergebnisse kommen Boban/Hinz zu dem Schluss, dass hier nicht nur einfach eine neue Organisationsform beruflicher Integration praktiziert wird, sondern vielmehr eine grundlegend veränderte Einstellung zu Menschen mit Behinderung und ihren Perspektiven in der Gesellschaft zum Ausdruck kommt (vgl. Hinz/Boban 2001, S. 401-404). Zu den Langzeitwirkungen schulischer Integration liegt eine aufschlussreiche Studie aus der Schweiz vor. Aus narrativen Interviews lässt sich hier der Schluss ableiten, dass die integrative Förderung von Kindern und Jugendlichen mit Behinderung in der allgemeinen Schule offenbar zu einem steigendem Anspruchsniveau bezogen auf die Berufsausbildung und die Berufstätigkeit führt. Problematisch erscheint demnach insbesondere, dass die Realität nach dem Verlassen der Schule nicht immer mit den hohen Erwartungen übereinstimmt (vgl. Riedo 2000).

Offen bleiben bislang noch Fragen des gemeinsamen Lebens von Menschen mit und ohne Behinderung etwa im Bereich des Wohnens aus der Sicht der Integrationsforschung. In dem Maße, wie sich hier jedoch weitere Praxisprojekte entwickeln, dürfte sich auch die Ausgangssituation für die weitere Begleitforschung nachhaltig verbessern.

Ulrike Schildmann (1996) stellt in einer Literaturanalyse die geschlechtsspezifische Aspekte integrativer Pädagogik zur Diskussion. Sie kommt zu dem Ergebnis, dass in der bisherigen Integrationforschung geschlechtsspezifische Fragen kaum untersucht worden sind (a.a.O., S. 49). Auf der anderen Seite stehe aber außer Zweifel, dass geschlechtsspezifische Wirkungen auf allen Ebenen integrativer Prozesse wirksam seien (ebd.). Aus den Frankfurter Studien zum gemeinsamen Unterricht hat Prengel bereits 1993 kritisch gefragt, ob Mädchen in Integrationsklassen hauptsächlich Integration ermöglichen und die »Integrationshelferinnen par excellence« (Prengel 1993, S. 55f.) seien. Nach wie vor öffnet sich hier ein weites Feld von bisher ungeklärten Forschungsfragen.

Unter methodischem Aspekt wird in der Integrationsforschung auf das gesamte Inventar der empirischen Sozialforschung zurückgegriffen.

3.3.2 Forschungsmethoden

Betrachten wir Forschungsmethoden im Anschluss an Heinz-Hermann Krüger (1997, S. 177ff.) als den »Weg, die Art und Weise, wie zu Erkenntnissen über die erzieherische Realität gelangt werden kann«, so wird von vornherein deutlich, dass sich auf diesem Weg viele unterschiedliche Möglichkeiten des Zugangs zur Realität ergeben (vgl. Danner ³1994). Als Standards gelten auch für die erziehungswissenschaftliche Forschung die Kriterien der intersubjektiven Überprüfbarkeit und der methodischen Kontrolle. Von daher dominieren die Methoden der Beobachtung und der Befragung zur Erhebung visueller oder verbaler Daten (vgl. Flick ²1998). Zugleich zeigt die Integrationsforschung, dass ein Zugang zur integrativen Erziehungswirklichkeit nicht ausschließlich über eine Quantifizierung zu erreichen ist. Integrative Prozesse und Situationen müssen auch verstanden werden, bedürfen von daher ebenso der hermeneutischen Erschließung (vgl. zu den hermeneutischen Methoden erziehungswissenschaftlicher Forschung: Tenorth/Lüders 1994). Erfahrungsgemäß erbringen standardisierte Beobachtungs- und Befragungsinstrumente stets nur einen bestimmten Aspekt der integrativen Erziehungswirklichkeit hervor (vgl. Atteslander [8]1995). Insofern steht hinter dem Einsatz der jeweiligen Forschungsmethoden stets auch die Frage nach dem zugrunde liegenden Theoriemodell der integrativen Pädagogik im Sinne einer erziehungswissenschaftlichen Methodologie (als Lehre vom Zusammenhang zwischen Methoden und Theorien, vgl. Krüger 1997, S. 177). Eine mögliche Unterscheidung des Methodenrepertoires der Integrationsforschung besteht zwischen quantitativen und qualitativen Methoden.

Quantitative Methoden

Bestimmte Fragestellungen der Integrationsforschung eignen sich durchaus für eine quantifizierende Untersuchung. In dem Maße, wie die Untersuchungsgruppen aufgrund der ausgeweiteten Integrationspraxis größere Umfänge annehmen, lässt sich auch das Inventar der quantitativen Methoden erziehungswissenschaftlicher Forschung verbunden mit entsprechenden statistischen Auswertungsmethoden für die Integrationsforschung erschließen (vgl. Kuckartz 1994). Der Einsatz quantitativer Methoden setzt voraus, dass die Hypothesen einer Untersuchung in messbare Operationen übersetzt worden sind (sog. »Operationalisierung«, vgl. Krüger 1997, S. 226; Atteslander [8]1995, S. 51ff.). Die eingesetzten Methoden messen dann die Häufigkeit der definierten Variable (z.B. Variable Geschlecht mit den Ausprägungen männlich und weiblich). Aus der Summe der Merkmalsmessungen ergeben sich die empirischen Daten (vgl. Bortz/Döring [2]1995, S. 5f.). Diese wiederum sollen einen möglichst exakten Aufschluss über die soziale Wirklichkeit liefern und beinhalten somit die Annahme, dass es eine objektive, vom menschlichen Wahrnehmen und Denken unabhängige Wirklichkeit gibt. Als wissenschaftstheoretischer Hintergrund dieses Wirklichkeitsmodell sei auf die Theorie des kritischen Rationalismus im Anschluss an Karl Raimund Popper (1902-1994) verwiesen (vgl. Popper [10]2002). Das Ziel quantifizierender Untersuchungen ist letztlich die Hervorbringung gesetzmäßiger Aussagen über Zusammenhänge von Variablen in der objektiv erfassten Wirklichkeit (deduktiv-nomologische Erklärungen, vgl. Bortz/ Döring [2]1995, S. 17). Die klassische Methode der Überprüfung ist in diesem Fall das Experiment verbunden mit dem Nachweis des nicht zufälligen Unterschiedes zwischen einer Experimental- und einer Kontrollgruppe (Signifikanztest). Experimente im strengen Sinne werden zwar in der Integrationsforschung nicht realisiert, da sich zufällige (randomisierte) Aufteilung der untersuchten Kinder und Jugendlichen auf Versuchs- und Kontrollgruppen (also z.B. Klassen mit und ohne Integration) meist als undurchführbar erweisen. Quantitative Methoden wie Befragung und Beobachtung kommen jedoch sehr wohl zum Einsatz.

- So entwickeln Haeberlin u.a. (1989) einen »*Fragebogen zu Dimensionen der Integration (FDI 4-6)*« für die Schulklassen des fünften und sechsten Jahrgangs. Mithilfe einer vierstufigen Rating-Skala sollen Schülerinnen und Schüler in Integrationsklassen die soziale, emotionale und leistungsmotivationale Dimension der Integration einschätzen. In der groß angelegten Schweizer Studie zur »Integration von Lernbehinderten« (vgl. Haeberlin u.a. ²1991, S. 330ff.) kann gezeigt werden, dass niedrige Werte in der Selbsteinschätzung der sozialen, emotionalen und leistungsmotivationalen Integration bei integrierten Schülerinnen und Schülern mit Lernbehinderung mit verbesserten Schulleistungen einhergehen. Die etwas höheren Werte der sozialen, emotionalen und leistungsmotivationalen Selbsteinschätzung bei Schülerinnen und Schülern mit Lernbehinderung in Sonderklassen wirken sich also keineswegs als Verbesserung von Schulleistungen aus. Ergänzend kommen in dieser Studie auch Schulleistungs- und Intelligenztests zum Einsatz.
- Ebenfalls als Methode für Schülerinnen und Schüler konzipiert Hans Wocken (1993) seinen »*Fragebogen Soziale Distanz (FSD)*« als Gruppentest. In einer Studie mit über 1.000 Schulklassen in Hamburg kann Wocken zeigen, dass sich Prozesse der sozialen Ablehnung zu einem erheblichen Anteil auch in Sonderschulen zeigen. In Integrationsklassen beziehen sich soziale Ablehnungen, wenn sie auftreten, nicht auf Kinder und Jugendliche, die Schwierigkeiten beim Lernen haben, sondern vielmehr auf Verhaltensprobleme.
- Eine der wenigen methodisch fundierten *Beobachtungsstudien* in der Integrationsforschung stammt von Dieter Dumke (²1993, S. 109ff.). Zur »Unterrichtsorganisation in Integrationsklassen« werden in Bonner Grundschulen und Gesamtschulen über 16.000 Beobachtungseinheiten (jeweils 1 Minute) mithilfe eines komplexen Beobachtungsinstrumentariums erhoben. Im Ergebnis können Dumke u.a. zeigen, dass schon die Aufnahme einzelner Kinder oder Jugendlicher mit Behinderung erhebliche Änderungen für das Unterrichtskonzept nach sich ziehen (a.a.O., S. 160). Insgesamt dominiert beim gemeinsamen Unterricht ein Unterrichtsmodell, das durch hohe Anteile an Selbststeuerung der Schülerinnen und Schüler und eine rückläufige Lehrerdominanz gekennzeichnet ist (a.a.O., S. 152ff.). Zum »Schülerverhalten in Integra-

tionsklassen« werden erneut über 9.000 Beobachtungseinheiten (jeweils 1 Minute) erhoben und mit Parallelklassen (ohne Integration) verglichen. Die Ergebnisse zeigen hier, dass die Zahl der sozialen Kontakte sowohl bei den Schülern/-innen mit als auch bei den und Schülern/-innen ohne Behinderung in Integrationsklassen deutlich höher lag im Vergleich zu Parallelklassen (a.a.O., S. 185ff.).
- Eine der wenigen *flächendeckenden empirischen Studien zur Integrationsentwicklung* liegt uns aus dem neuen Bundesland Brandenburg vor. Hier hat Ulf Preuss-Lausitz auf dem Hintergrund eines sozialökologischen Mehrebenenmodells bezogen auf ein gesamtes Bundesland die *Lehrer-, Schüler- und Elternmeinungen zum gemeinsamen Unterricht* in den Klassen 1-6 erhoben (vgl. Heyer/Preuss-Lausitz/Schöler 1997). Für alle drei Gruppen werden schriftliche Fragebögen entwickelt. Die Lehrerinnen und Lehrer (n=90) befürworten im Ergebnis das Konzept eines zieldifferenten und individualisierten Unterrichts und wirken auch als Multiplikatoren des Integrationsgedankens. Allerdings schätzen sie die Rahmenbedingungen für den gemeinsamen Unterricht zugleich kritisch ein. Die Eltern (n=252) bringen in der Befragung eine hohe Zufriedenheit mit dem gemeinsamen Unterricht zum Ausdruck und bestätigen erneut, dass anfängliche Skepsis gegenüber der Arbeit in den Integrationsklassen durch Erfahrungen zu größerer Akzeptanz führen. Die Schülerinnen und Schüler (n=584) demonstrieren in der Befragung ihr eigenes Verständnis von Behinderung, wenn sie damit eher »Menschen mit sichtbaren Einschränkungen« (a.a.O., S. 181) verbinden, zeigen aber ebenso eine hohe Akzeptanz der Integration und unterscheiden sich in dieser grundlegenden Orientierung nicht nach Geschlechtern.

Grenzen des Einsatzes von quantitativen Forschungsmethoden werden innerhalb der Integrationsforschung immer dann deutlich, wenn die subjektiven Sichtweisen einzelner Beteiligter von Interesse sind (beispielsweise der Lehrer/-innen oder Eltern), biografische Verläufe erforscht werden sollen (z.B. die Lerngeschichten von Schülerinnen und Schülern) oder der Alltag einzelner Bildungs- und Erziehungseinrichtungen evaluiert wird (etwa in der Schulentwicklungsforschung). Hier bleibt das quantitative Methodeninventar an der Oberfläche integrativer Prozesse und Situationen stehen. Es muss um solche »Wege« ergänzt werden, die einen Zugang zur immer schon gemeinsam interpretierten Integrationswirklichkeit eröffnen.

Qualitative Methoden

Qualitativ meint in diesem Zusammenhang keineswegs eine Beurteilung der Güte von Forschung. Vielmehr kommt die Bezeichnung qualitative Methoden bzw. qualitative Forschung durch die Betonung der Eigenschaften (lat. »*qualia*«) von Phänomenen in sozialen Feldern wie der Erziehung zustande (vgl. Krüger 1997, S. 202). Die qualitative Forschung geht davon aus, dass diese Erziehungswirklichkeit nicht unabhängig von menschlichen Wahrnehmungs- und Denkprozessen existiert, sondern immer schon von Menschen interpretierte Wirklichkeit ist, letztlich von Menschen hervorgebracht wird (vgl. Flick [3]1998, S. 43ff.). Wissenschaftstheoretisch liegt dieser Annahme die Theorie des symbolischen Interaktionismus zugrunde (vgl. Mead 1973), die in der Sozialphänomenologie (vgl. Berger/Luckmann [18]2001) und im sozialen Konstruktivismus (vgl. Gergen 2002) fortgesetzt wird. Auch integrative Prozesse und Situationen sind durch menschliche Vorstellungen geprägt und immer schon vorgeformt. Jeder Versuch der wissenschaftlichen Erschließung der integrativen Erziehungswirklichkeit ist also darauf angewiesen, sich dieser Interpretationen und Konstruktionen bewusst zu bleiben. Insofern wird über qualitative Methoden nicht versucht, Merkmale zu messen und zu erklären, sondern vielmehr Eigenschaften der integrativen Erziehungswirklichkeit aus der Perspektive der Beteiligten zu verstehen. Qualitative Methoden zeichnen sich deshalb durch Offenheit gegenüber den Untersuchungsfeld aus und stellen in kommunikativen Prozessen gemeinsam eine Vorstellung von der integrativen Erziehungswirklichkeit her (vgl. Lamnek [3]1995). Sie ermöglichen von daher eine hohe Alltagsnähe, die gerade in der Integrationsforschung immer wieder von den pädagogisch Tätigen eingefordert wird. Andererseits dürften die Befunde aufgrund qualitativer Methoden nur unter großem Vorbehalt auf andere Situationen verallgemeinerbar sein.

Für die Integrationsforschung hat vor allem Hans Eberwein (1999b, S. 374) im Anschluss an die ethnografische Feldforschung gefordert, auf »Kontrollgruppenvergleiche« ganz zu verzichten und sich vielmehr mit einer verstehenden Perspektive »pädagogischen Problemsituationen« und der »Person des Schülers« zu nähern. Unterstützend wirkt hier die forschungspraktische Erfahrung, dass quantitative Forschungsmethoden sich nur eingeschränkt zur Einbeziehung von Kindern und Jugendlichen mit Behinderung eignen. Gerade Kinder und Jugendliche mit schweren Behinderungen stellen die Anwendung konventioneller Forschungsmethoden meist völlig in Frage und bereiten uns bis heute immer wieder ungelöste Forschungsprobleme. Ohne einen hermeneutischen Zugang hätte Integrationsforschung hier möglicherweise überhaupt keine »Datenbasis«. Von daher sind für die erziehungswissenschaftliche Untersuchung integrativer Prozesse und Situationen qualitative Methoden wie teilnehmende Beobachtung, Einzelfallstudien und Gruppendiskussion unverzichtbar.

- Mit dem Ziel, den gemeinsamen Unterricht für Kinder mit dem Förderschwerpunkt Lernen und Verhalten weiterzuentwickeln, führt Rainer Benkmann (1995) eine *Einzelfallstudie* durch. Im Vordergrund steht die Untersuchung von »lern- und erziehungsschwierigen Situationen« (a.a.O., S. 345) über *teilnehmende Beobachtung*. Begleitend dazu werden Gespräche mit der Klassenlehrerin geführt. Die Beobachtungen des Schülers finden im gemeinsamen Unterricht auf der Basis vorher festgelegter Beobachtungskategorien statt, allerdings ohne Beobachtungsbogen. Zusätzlich werden die Beobachtungsstunden mit dem Cassettenrecorder aufgezeichnet. Für die Auswertung der Beobachtungsprotokolle stehen 189 Beobachtungsszenen (a.a.O., S. 347) zur Verfügung, davon 121 Beobachtungsszenen mit problematischen Situationen. Beim beobachteten Schüler zeigen sich im Wesentlichen vier problematische Verhaltensmuster: »Quatschmachen, Ablenken, körperliche Aggressionen und Unselbstständigkeit« (a.a.O., S. 359). Durch die teilnehmende Beobachtung wird von vornherein verhindert, das Verhalten des Schülers ohne den Kontext der Lernsituation insgesamt zu betrachten. Außerdem erlauben die Beobachtungsergebnisse die Ableitung differenzierter Fördermaßnahmen, die wiederum unterschiedliche Lernsituationen berücksichtigen.
- Jutta Schöler macht in der Integrationsforschung immer wieder über Einzelfallstudien auf die Notwendigkeit der individuellen Förderung von einzelnen Schülern/-innen aufmerksam. In der Begleitforschung zur Integrationsentwicklung im Bundesland Brandenburg hat sie die *Methode der Einzelfallstudie auch auf einzelne Schulen übertragen* (vgl. Schöler 1997b). Zugrunde liegen insgesamt 15 qualitative Interviews sowie die Protokollnotizen aus der vierjährigen externen Beratung von Schulleitungen und Lehrerkollegien bei der Weiterentwicklung des gemeinsamen Unterrichts in insgesamt fünf Schulen. Neben den hochdifferenzierten Schulporträts, die auf diesem Weg entstehen, wird auch gezeigt, wie die einzelnen Schulen sich auf einen Weg der inneren Schulreform und pädagogischen Profilbildung begeben.

- Nach einer ausführlichen Herleitung der Tradition der Gruppendiskussion in der qualitativen Forschung führt Petra Gehrmann (2001) eine entsprechende Studie mit Grundschulpädagogen/-innen und Sonderpädagogen/-innen aus Integrationsklassen durch. Vier Gruppen mit vier, fünf und sechs Teilnehmern/-innen werden gebildet und über gezielte Gesprächsimpulse zu Gruppendiskussionen bezogen auf den gemeinsamen Unterricht angeregt. Die Gruppendiskussionen werden mit der Videokamera aufgezeichnet und mit einem Textverarbeitungssystem protokolliert (sog. »Transkription«). Sodann folgt eine Inhaltsanalyse (a.a.O, S. 185-210). Die Reaktionen der Teilnehmer/-innen auf die Gesprächsimpulse sind höchst unterschiedlich und reichen von klarer Zustimmung bis hin zu völliger Ablehnung. Es zeigt sich, dass Sonderschullehrer/-innen ihre fachliche Kompetenz im gemeinsamen Unterricht eher kritisch oder unsicher einschätzen, während Grundschullehrer/-innen diese fachliche Kompetenz der Sonderschullehrer/-innen sehr genau beschreiben können (a.a.O., S. 295). Übereinstimmend sind die Lehrkräfte der Meinung, dass gesellschaftliche Teilhabe von Menschen mit Behinderung einen schulischen und gesellschaftlichen Fortschritt beinhaltet (a.a.O., S. 303).

Diese wenigen ausgewählten Beispiele an qualitativen Studien aus der Integrationsforschung können veranschaulichen, wie vielschichtig das Bild der gemeinsamen Erziehung und des gemeinsamen Unterrichts in dem Moment wird, in dem wir uns auf die Perspektiven der Handelnden in integrativen Situationen einlassen. Damit soll jedoch die Bedeutung der quantitativen Methoden in der Integrationsforschung keineswegs grundsätzlich in Frage gestellt werden. In der Praxis der Integrationsforschung dominiert eher ein Methodenpluralismus, wobei darauf zu achten ist, dass nicht unterschiedliche Forschungslogiken vermischt werden. Entsprechend der untersuchten Fragestellung sollten vielmehr die adäquaten Methoden ausgesucht werden, wobei die Begrenztheit des jeweiligen methodischen Zugriffs – sei er nun quantitativ oder qualitativ – bewusst bleiben muss. Beide Wege der Integrationsforschung runden erst im Zusammenwirken das Bild von integrativen Prozessen und Situationen ab.

3.4 Zusammenfassung: Integrative Situationen

Fassen wir den theoretische Gehalt einer integrativen Pädagogik im Rückblick zusammen, so können wir quer zu den vorhandenen Theoriemodellen eine Reihe von unverzichtbaren Grundbestandteilen hervorheben. Integrative Pädagogik basiert auf einem kompetenzorientierten Menschenbild im Sinne einer anthropologischen Grundannahme (Jeder Mensch kann etwas!). Integration von Menschen mit Behinderung wird im Rahmen einer demokratischen Gesellschaftstheorie zur Aufgabe aller (Alle Menschen sind frei und gleich!). Menschen mit Behinderung fordern die Dialogfähigkeit einer Gesellschaft in besonderer Weise heraus. Integrative Pädagogik findet ihre Grundlage deshalb in einer dialogischen Philosophie der Gemeinsamkeit (Wenn sich Menschen verstehen sollen, müssen sie sich begegnen können.). Zusammengeführt werden diese Grundbestandteile einer integrativen Pädagogik in einer Theorie integrativer Situationen, die personale, soziale und ökologische Aspekte eines Lebens von Menschen mit Behinderung in Selbstbestimmung und sozialer Teilhabe beschreibt. Sowohl in der pädagogischen Handlungsperspektive der integrativen Förderung als auch in der erziehungswissenschaftlichen Forschungsperspektive der Integrationsforschung bezieht sich integrative Pädagogik letztlich stets auf die Gestaltung und das Verständnis integrativer Situationen.

Literaturempfehlungen

Eberwein, Hans (Hrsg.): Integrationspädagogik. Kinder mit und ohne Behinderung lernen gemeinsam. Ein Handbuch. Weinheim u. Basel: Beltz, [5]1999a, S. 299-376

Haeberlin, Urs: Heilpädagogik als wertgeleitete Wissenschaft. Ein propädeutisches Einführungsbuch in Grundfragen einer Pädagogik für Benachteiligte und Ausgegrenzte. Bern, Stuttgart, Wien: Haupt, 1996

Hildeschmidt, Anne/Schnell, Irmtraud (Hrsg.): Integrationspädagogik. Auf dem Weg zu einer Schule für alle. Weinheim u. München: Juventa, 1998

Hinz, Andreas: Heterogenität in der Schule. Integration – interkulturelle Erziehung – Koedukation. Hamburg: Curio, 1993

Prengel, Annedore: Pädagogik der Vielfalt. Verschiedenheit, Gleichberechtigung in Interkultureller, Feministischer und Integrativer Pädagogik. Opladen: Leske+Budrich, ²1995

Sander, Alfred: Ökosystemische Ebenen integrativer Schulentwicklung – ein organisatorisches Entwicklungsmodell. In: Heimlich, Ulrich (Hrsg.): Sonderpädagogische Fördersysteme – auf dem Weg zur Integration. Stuttgart u.a.: Kohlhammer, 1999, S. 33-44

Ausblick: Kooperation als Kern der Integration? – eine Anregung für zukünftige Diskurse

>»Teilnahme setzt Zugehörigkeit
>voraus.« (Habermas 1995,
>S. 160)

Wie so häufig in der erziehungswissenschaftlichen Analyse entstehen im Fortgang der Arbeit zusätzlich zum »Mainstream« der untersuchten Fragestellung Nebenstränge und neue Fragestellungen. So hat sich bei der Erstellung dieser Einführung ein Begriff immer mehr als unverzichtbar erwiesen, wenn versucht wird, die Vorgehensweisen und Begründungszusammenhänge integrativer Pädagogik zu erläutern. Es ist der Begriff der »Kooperation«. Deshalb soll hier am Ende dieses Einführungsbandes die möglicherweise provokante Frage gestellt werden, ob nicht die Kooperation als Kern der integrativen Pädagogik anzusehen ist. Provokant ist diese These deshalb, weil Kooperation im Diskurs zur integrativen Pädagogik gegenwärtig meist mit den »Kooperationsklassen« gleich gesetzt wird (vgl. Feuser 1995, S. 200). Diese wiederum seien hingegen deutlich von »Integrationsklassen« zu unterscheiden und deshalb auch als falscher Weg zur Integration im Bereich der Schule zu kritisieren und abzulehnen.

Kooperation wird allerdings immer dann herangezogen, wenn es darum geht, Integration im Kern zu erläutern. Als »Wiederherstellung einer Ganzheit« von bisher unverbundenen Teilen setzt Integration von der Logik des Begriffs voraus, dass eine Separation, eine Teilung bereits stattgefunden hat, dass eine Ganzheit erst wieder gefunden werden muss. Kooperation hingegen umfasst im Sinne der dialogischen Philosophie von Martin Buber »Einigungsprozesse« im Sinne der »gegenseitigen Annäherung und Abgrenzung auf der Basis der Wertschätzung der Individualität des anderen« (vgl. Kreie 1999, S. 287). Das ist erst der Kern des gemeinsamen Lernens und des gemeinsamen Unterrichts. Kooperation setzt keineswegs die Separation voraus, bedeutet nicht Wiederherstellung, findet folglich bereits im Vorfeld von Separation statt. Von daher führt Kooperation nicht nur dazu, dass Integration überhaupt erst gelingt, sondern sie umfasst zusätzlich auch die Prävention, versucht Separation zu verhindern und Integration als Aufgabe überflüssig zu machen. Es müsste deshalb nicht nur »Integration durch Kooperation« heißen, sondern vielmehr »Prävention und Integration durch Kooperation«. Von daher gewinnt Kooperation auch die Funktion eines neuen Leitbildes für die sonderpädagogische Förderung. Kooperation ist Weg und Ziel sonderpädagogischer Förderung, ist ihre Voraussetzung und ihr Zweck.

Eine Definition des gemeinsamen Unterrichts bzw. der Integration ist ebenfalls nicht ohne Bezug zur Kooperation möglich. So spricht Georg Feuser beispielsweise von »Kooperation am gemeinsamen Gegenstand« als Kern integrativer Prozesse (vgl. Feuser 1998, S. 32). Und Hans Wocken betont die »kooperative Lernsituation« neben anderen Situationen des gemeinsamen und individuellen Lernens als »Sternstunden« des gemeinsamen Unterrichts (vgl. Wocken 1998, S. 50). Jutta Schöler sieht in der Kooperationsbereitschaft von Kindern und Jugendlichen sowie pädagogisch Tätigen und Eltern eine der wichtigsten (wenn nicht gar die einzige) Voraussetzung für einen gelingenden Integrationsprozess (vgl. Schöler 1997a). Auch Ulf Preuss-Lausitz bestätigt aus seiner reichhaltigen Forschungserfahrung zur Integration die Bedeutung kooperativer Prozesse für den gemeinsamen Unterricht, wenn er die Meinung der brandenburger Lehrer/-innen zum gemeinsamen Unterricht zusammenfasst: »Erfahrung und Kooperation befördern Integration« (vgl. Preuss-Lausitz 1997a). Empirische Studien haben hier erneut zu einer Infragestellung von festgefahrenen Ideologien beigetragen. Auch wenn Kooperation der Kern des gemeinsamen Spielens, Lernens und Arbeitens ist, so kann doch keineswegs davon ausgegangen werden, dass Kinder und Jugendliche im gemeinsamen Unterricht ständig und ausschließlich kooperativ tätig sind. Sie benötigen beim gemeinsamen Lernen ebenfalls Phasen des Rückzugs und individuellen Lernens und eine Vielfalt an sozialen Beziehungen zu ihren Mitschülern/-innen. Kooperation ist lediglich ein Spezialfall der Interaktionen zwischen Kindern und Jugendlichen mit und ohne sonderpädagogischem Förderbedarf im gemeinsamen Unterricht, wenn auch sicher der wichtigste.

Es lohnt sich deshalb, einen Blick in die philosophischen Grundlagen dieses Leitbildes Kooperation zu werfen. Die dialogische Philosophie von Martin Buber (1997; 2000) ist bereits mehrfach genannt worden. Es gibt zahlreiche weitere theoretische Quellen für dieses Konzept. Hier sind beispielsweise der symbolische Interaktionismus im Anschluss an die amerikanischen Soziologen Georg Herbert Mead (1973) und Erving Goffman (^{14}1999) zu nennen. Anregungen können wir ebenfalls aus der sozialen Phänomenologie erfahren (vgl. Berger/Luckmann ^{18}2001). Neue Anstösse kommen gegenwärtig aus der philosophischen Schule des sozialen Konstruktivismus mit seinen mittlerweile recht zahlreichen Spielarten (vgl. für die Sonderpädagogik: Benkmann 1998). Der amerikanische Sozialpsychologe Kenneth J. Gergen[21] führt in seinem Werk »Konstruierte Wirklichkeiten« (2002) in den Vorgang ein, in dem wir Menschen eine gemeinsame Welt hervorbringen. Der soziale Konstruktivismus spricht hier von Ko-Konstruktion, die wiederum die enge Kooperation voraussetzt. Gergen behauptet, dass wir gar nicht anders können, als gemeinsam unsere Vorstellungen auszubilden, dass wir gleichsam aufeinander angewiesen sind, wenn wir wissen wollen, wer wir sind. Und er zeigt an vielen anschaulichen Beispielen, wie im therapeutischen oder bildungspolitischen und auch sozialpolitischen Bereich gesellschaftliche Veränderungen gemeinsam konstituiert werden. Gergen spricht hier von sog. »transformativen Dialogen« (a.a.O., S. 193ff.), die sich unter anderem durch gemeinsame Verantwortlichkeit, subjektive Beteiligung, Anerkennung des Anderen sowie Koordination der Handlungen auszeichnen. Es geht nicht nur darum, mehr Kooperation als abstrakte Zielsetzung individualistisch zu formulieren und als externen Anspruch an pädagogisch Tätige, Kinder und Jugendliche sowie die Eltern heranzutragen, um integrative Pädagogik in einem umfassenden Sinne praktisch werden zu lassen. Das wäre nichts weiter als ein Appell für mehr Kooperation, der vermutlich ungehört verhallt. Es geht vielmehr darum, das Ziel der Kooperation in eine gemeinsame Entwicklungsstrategie zu übersetzen, um so kooperative Prozesse auf allen Ebenen erfahrbar

---

21 Gergen bevorzugt zwar den Begriff des »Konstruktionismus«, allerdings hat der Oberbegriff »sozialer Konstruktivismus« weiterhin Geltung.

zu machen. Erst auf diesem Wege ließe sich die konkrete Utopie einer vollen gesellschaftlichen Partizipation von Menschen mit Behinderung erreichen, eine Utopie, von der wir möglicherweise einmal rückblickend das Folgende sagen werden:

Es war einmal eine Zeit,
da kostete ein Stern
auf der Brust das Leben.
Es war einmal ein Land,
da durften Weiß und Schwarz
nicht heiraten.
Es war einmal eine Stadt,
da lief eine Mauer mitten durch.
Es war einmal eine Universität,
an der Frauen nicht studieren durften.
Es war einmal eine Schule,
die keine behinderten
Kinder aufnahm.
Können Sie sich das
heute noch vorstellen?
(aus: Zeitschrift »betrifft:integration« Wien)

Literaturverzeichnis

Allgäuer, Ruth: Evaluation macht uns stark! Zur Unverzichtbarkeit von Praxisforschung im schulischen Alltag. Frankfurt a.M.: Lang, 1997

Antor, Georg: Integrative Pädagogik – Überlegungen zu einer normativen Grundlegung. In: Myschker, Norbert/Ortmann, Monika: Integrative Schulpädagogik. Stuttgart u.a.: Kohlhammer, 1999, S. 26-36

Apel, Hans-Jürgen: Team-Teaching. In: Keck, Rudolf W./Sandfuchs, Uwe (Hrsg.): Wörterbuch Schulpädagogik. Bad Heilbrunn: Klinkhardt, 1994, S. 331-332

Arnade, Sigrid: Arbeitsförderung in der Krise? Neue Wege sind erforderlich. In: Heiden, Hans-Günter (Hrsg.): «Niemand darf wegen seiner Behinderung benachteiligt werden» Reinbek b. Hamburg: Rowohlt, 1996, S. 68-80

Atteslander, Peter: Methoden der empirischen Sozialforschung. Berlin, New York: Walter de Gruyter, ^{8}1995

Ayres, A. Jean: Bausteine der kindlichen Entwicklung. Berlin u.a.: Springer, ^{2}1992

Baacke, Dieter: Die 13- bis 18jährigen. Einführung in Probleme des Jugendalters. Weinheim u. Basel: Beltz, ^{5}1991

Bach, Heinz: Sonderpädagogik im Grundriß. Berlin: Edition Marhold, ^{15}1995 (Erstausgabe: 1975)

Bach, Heinz: Grundlagen der Sonderpädagogik. Bern, Stuttgart, Wien: Haupt, 1999

Bach, Heinz/Pfirrmann, Fredy: Reform schulischer Förderung beeinträchtigter Kinder. Mainz: v. Hase & Koehler, 1994

Bartz, Elke: Selbstbestimmt leben mit Assistenzbedarf – bald Utopie? In: Arnade, Sigrid u.a. (Red.): Die Gesellschaft der Behinderer. Das Buch zur Aktion Grundgesetz. Reinbek b. Hamburg: Rowohlt, 1997, S. 232-236

Bastian, Johannes (Hrsg.): Pädagogische Schulentwicklung, Schulprogramm und Evaluation. Hamburg: Bergmann+Helbig, 1998

Bastian, Johannes/Schnack, Jochen: Projektunterricht und Schulentwicklung. Zur schultheoretischen Begründung eines neuen Verhältnisses von Unterrichtsreform und Schulentwicklung. In: Bastian, Johannes u.a.

(Hrsg.): Theorie des Projektunterrichts. Hamburg: Bergmann+Helbig, 1997, S. 165-183
Beauftragter der Bundesregierung für die Belange der Behinderten (Hrsg.): Finanzielle Förderung behinderungsgerechten Wohnens. Bonn 1997a
Beauftragter der Bundesregierung für die Belange der Behinderten (Hrsg.): Spaziergang durch einen barrierefreien Lebensraum. Bonn 1997b
Beck, Iris: Neuorientierung in der Organisation pädagogisch-sozialer Dienstleistungen für behinderte Menschen. Zielperspektiven und Bewertungsfragen. Frankfurt a.M. u.a.: Peter Lang, 1994
Beck, Ulrich: Risikogesellschaft. Auf dem Weg in eine andere Moderne. Frankfurt a.M.: Suhrkamp, 1986
Becker-Gebhard, Bernd: Ansätze zur Förderung sozialer Beziehungen zwischen behinderten und nichtbehinderten Kindern. In: Staatsinstitut für Frühpädagogik und Familienforschung (Hrsg.): Hb. d. integrativen Erziehung behinderter und nichtbehinderter Kinder. München u. Basel: E. Reinhardt, 1985, S. 82-94
Begemann, Ernst: Lebens- und Lernbegleitung konkret. Bad Heilbrunn: Klinkhardt, 1997
Benkmann, Rainer: Dekategorisierung und Heterogenität – Aktuelle Probleme schulischer Integration von Lernschwierigkeiten in den Vereinigten Staaten und der Bundesrepublik Deutschland. In: Vierteljahresschrift Sonderpädagogik 24 (1994), S. 4-13
Benkmann, Rainer: Diagnose und Förderung in lern- und erziehungsschwierigen Situationen – Zur Bedeutung teilnehmender Beobachtung und problemzentrierter Gespräche im binnendifferenzierenden Unterricht. In: Eberwein, Hans/Mand, Johannes (Hrsg.): Forschung für die Schulpraxis. Weinheim: Deutscher Studien Verlag, 1995, S. 344-363
Benkmann, Rainer: Entwicklungspädagogik und Kooperation. Sozial-konstruktivistische Perspektiven der Förderung von Kindern mit gravierenden Lernschwierigkeiten in der allgemeinen Schule. Weinheim: Deutscher Studien Verlag, 1998
Berger, Peter L./Luckmann, Thomas: Die gesellschaftliche Konstruktion der Wirklichkeit. Eine Theorie der Wissenssoziologie. Frankfurt a.M.: Fischer, [18]2001 (Erstausgabe: 1969, amerikan. Originalausgabe: 1966)
Bews, Susanne: Integrativer Unterricht in der Praxis. Erfahrungen, Probleme, Analysen. Innsbruck: Österreichischer Studienverlag, 1992
Biewer, Gottfried: Diagnose-Förderklassen als Alternativmodell im Eingangsbereich heilpädagogischer Schulen. Eine kritische Bilanz der bisherigen Entwicklung in Bayern. In: Zeitschrift für Heilpädagogik 52 (2001), S. 152-158
Bildungskommission NRW: Zukunft der Bildung, Schule der Zukunft. Denkschrift der Kommission »Zukunft der Bildung – Schule der Zukunft« beim Ministerpräsidenten des Landes Nordrhein-Westfalen. Berlin u.a.: Luchterhand, 1995

Binding, Karl/Hoche, Alfred: Die Freigabe der Vernichtung unwerten Lebens. Ihr Maß und ihre Form. Leipzig: Meiner, 1920

Bleidick, Ulrich: Pädagogik der Behinderten. Grundzüge einer Theorie der Erziehung behinderter Kinder und Jugendlicher. Berlin: Marhold, ⁴1983 (Erstausgabe: 1972)

Bleidick, Ulrich: Einführung in die Behindertenpädagogik. Stuttgart u.a.: Kohlhammer, ⁶1998

Bleidick, Ulrich: Behinderung als pädagogische Aufgabe. Behinderungsbegriff und behindertenpädagogische Theorie. Stuttgart, Berlin, Köln: Kohlhammer, 1999

Bless, Gérard: Zur Wirksamkeit der Integration. Forschungsüberblick, praktische Umsetzung einer integrativen Schulform, Untersuchungen zum Lernfortschritt. Bern u.a.: Haupt, 1995

Bless, Gérard: Förderklassen – ein Weg zur integrationsfähigen Schule? In: Heimlich, Ulrich (Hrsg.): Sonderpädagogische Fördersysteme – Auf dem Weg zur Integration. Stuttgart u.a.: Kohlhammer, 1999, S. 97-109

Boban, Ines/Hinz, Andreas: Diagnostik für Integrative Pädagogik. In: Eberwein, Hans/Knauer, Sabine (Hrsg.): Hb. Lernprozesse verstehen. Wege einer neuen (sonder-) pädagogischen Diagnostik. Weinheim u. Basel: Beltz, 1998, S. 151-164

Boban, Ines/Hinz, Andreas: Förderpläne – für integrative Erziehung überflüssig!? Aber was dann?? In: Mutzeck, Wolfgang (Hrsg.): Förderplanung. Grundlagen, Methoden, Alternativen. Weinheim: Deutscher Studien Verlag, 2000, S. 131-144

Boenisch, Jens: Integrationspädagogik in der sonderpädagogischen Lehrerbildung. Analysen und Perspektiven für die Zweite Ausbildungsphase. Bad Heilbrunn: Klinkhardt, 2000

Borchert, Johann/Schuck, Karl Dieter: Integration: Ja! Aber wie? Ergebnisse aus Modellversuchen zur Förderung behinderter Kinder und Jugendlicher. Hamburg: Hamburger Buchwerkstatt, 1992

Bortz, Jürgen/Döring, Nicola: Forschungsmethoden und Evaluation. Berlin u.a.: Springer, ²1995

Breitenbach, Erwin: Unterricht in Diagnose- und Förderklassen. Neuropsychologische Aspekte schulischen Lernens. Bad Heilbrunn: Klinkhardt, 1992

Bronfenbrenner, Urie: Die Ökologie der menschlichen Entwicklung. Natürliche und geplante Experimente. Hrsg. v. K. Lüscher. Frankfurt a.M.: Fischer, 1989 (engl. Originalausgabe: 1979, deutsche Erstausgabe: 1981)

Buber, Martin: Ich und Du. Gerlingen: Schneider, ¹³1997

Buber, Martin: Reden über Erziehung. Gütersloh: Lambert/Schneider, ¹⁰2000

Buchka, Maximilian/Grimm, Rüdiger/Klein, Ferdinand (Hrsg.): Lebensbilder bedeutender Heilpädagoginnen und Heilpädagogen im 20. Jahrhundert. München u. Basel: E. Reinhardt, 2000
Bundesministerium für Arbeit und Sozialordnung (BMA) (Hrsg.): Die Lage der Behinderten und die Entwicklung der Rehabilitation. Bonn, 1998 (zu beziehen über den Herausgeber)
Bundesministerium für Familie und Senioren (BMFS) (Hrsg.): Familien und Familienpolitik im geeinten Deutschland – Zukunft des Humanvermögens. Fünfter Familienbericht. Bonn, 1994
Bundesministerium für Jugend, Familie, Frauen und Gesundheit (BMJFFG) (Hrsg.): Achter Jugendbericht. Bericht über Bestrebungen und Leistungen der Jugendhilfe. Bonn, 1990
Bundesvereinigung Lebenshilfe für geistig Behinderte e.V. (Hrsg.): Offene Hilfe zum selbstbestimmten Leben für Menschen mit (geistiger) Behinderung und ihre Angehörigen. Marburg: Lebenshilfeverlag, 1995a
Bundesvereinigung Lebenshilfe für geistig Behinderte e.V. (Hrsg.): Familienentlastende Dienste. Selbstverständnis und Konzeption, Arbeitsweisen und Finanzierung. Marburg: Lebenshilfe, 1995b
Bundschuh, Konrad: Einführung in die sonderpädagogische Diagnostik. München u. Basel: E. Reinhardt, ^{4}1996
Bundschuh, Konrad/Heimlich, Ulrich/Krawitz, Rudi (Hrsg.): Wörterbuch Heilpädagogik. Bad Heilbrunn: Klinkhardt, ^{2}2002

Christ, Klaus u.a.: Ökosystemische Beratung. Berichte aus dem Projekt Integrationsorientierte Frühberatung. Arbeitsberichte aus der Fachrichtung Allgemeine Erziehungswissenschaft Nr. 35. Saarbrücken: Universität des Saarlandes, 1986
Christie, James F.: Frühe Literalität und Spiel. Förderung der Schreib-/Lesekompetenz durch Fiktions- und Rollenspiele. In: Retter, Hein (Hrsg.): Kinderspiel und Kindheit in Ost und West. Bad Heilbrunn: Klinkhardt, 1991, S. 107-122
Ciolek, Achim: Die Hamburger Arbeitsassistenz. Konzept, Realisierung, Finanzierung. In: Rosenberger, Manfred (Hrsg.): Ratgeber gegen Aussonderung. Heidelberg: Edition Schindele, ^{2}2001, S. 257-273
Cloerkes, Günter: Soziologie der Behinderten. Eine Einführung. Heidelberg: Edition Schindele, 1997
Cohn, Ruth: Von der Psychoanalyse zur themenzentrierten Interaktion: von der Behandlung einzelner zu einer Pädagogik für alle. Stuttgart: Klett, ^{12}1994 (Erstausgabe: 1975)
Coleman, Roger (Hrsg.): Design für die Zukunft. Wohnen und Leben ohne Barrieren. Köln: Dumont, 1997

Dahlinger, Erich: Die Eingliederung Behinderter. Frankfurt a.M.: Deutscher Verein für öffentliche und private Fürsorge, 1991

Danner, Helmut: Methoden geisteswissenschaftlicher Pädagogik. München u. Basel: E. Reinhardt, ³1994

Demmer-Dieckmann, Irene: Innere Differenzierung als wesentlicher Aspekt einer integrativen Didaktik. Beispiele aus dem projektorientierten Unterricht einer Integrationsklasse in der Primarstufe. Bremen: Wissenschaftliches Institut für Schulpraxis, 1991

Demmer-Dieckmann, Irene/Struck, Bruno (Hrsg.): Gemeinsamkeit und Vielfalt. Pädagogik und Didaktik einer Schule ohne Aussonderung. Weinheim u. München: Juventa, 2001

Department of Education and Science: Special Educational Needs: Report of the Committee of Enquiry into the Education of Handicapped Children and Young People (Warnock Report). London, 1978

Deppe-Wolfinger, Helga: Die gesellschaftliche Dimension der Integration. In: Gehrmann, Petra/Hüwe, Birgit (Hrsg.): Forschungsprofile der Integration. Essen: neue deutsche schule, 1993, S. 13-21

Deppe-Wolfinger, Helga/Prengel, Annedore/Reiser, Helmut: Integrative Pädagogik in der Grundschule. Bilanz und Perspektiven der Integration behinderter Kinder in der Bundesrepublik Deutschland 1976-1988. München: Deutsches Jugendinstitut, 1990

Deutscher Bildungsrat: Zur pädagogischen Förderung behinderter und von Behinderung bedrohter Kinder und Jugendlicher. Stuttgart: Klett, 1974

Deutsches PISA-Konsortium (Hrsg.): PISA 2000. Basiskompetenzen von Schülerinnen und Schülern im internationalen Vergleich. Opladen: Leske+Budrich, 2001

Devivere, Beate von/Irskens, Beate: »Mit uns auf Erfolgskurs«. Fachberatung in Kindertagesstätten. Materialien für die sozialpädagogische Praxis (MSP 26). Frankfurt a.M.: Deutscher Verein für öffentliche und private Fürsorge, 1996

Dewey, John: Demokratie und Erziehung. Eine Einleitung in die philosophische Pädagogik. Hrsg. v. Jürgen Oelkers, übers. v. Erich Hylla. Weinheim u. Basel: Beltz, 1993 (amerikan. Originalausgabe: 1916)

Dewey, John: Creative Democracy – The Task Before Us. In: John Dewey. The Later Works, 1925-1953. Vol 14: 1939-1941. Ed. by Boydston, J.A. Carbondale u. Edwardsville: Southern Illinois University Press, 1988, S. 225-230

Dichans, Wolfgang: Der Kindergarten als Lebensraum für behinderte und nichtbehinderte Kinder. Köln u.a.: Kohlhammer, 1990

Diehm, Isabell/Radtke, Frank-Olaf: Erziehung und Migration. Eine Einführung. Stuttgart u.a.: Kohlhammer, 1999

Diller-Murschall, Ilsa/Haucke, Karl/Breuer, Anne (Hrsg.): Qualifizierung lohnt sich! Perspektiven der Fachberatung für Kindertageseinrichtungen. Freiburg i.Br.: Lambertus, 1997

Drave, Wolfgang/Rumpler, Franz/Wachtel, Peter (Hrsg.): Empfehlungen zur sonderpädagogischen Förderung. Allgemeine Grundlagen und För-

derschwerpunkte (KMK) mit Kommentaren. Würzburg: edition bentheim, 2000
Duden-Redaktion (Hrsg.): Duden. Deutsches Universalwörterbuch. Mannheim u.a.: Dudenverlag, ⁵2003
Dumke, Dieter (Hrsg.): Integrativer Unterricht. Gemeinsames Lernen von Behinderten und Nichtbehinderten. Weinheim: Deutscher Studien Verlag, ²1993
Dumke, Dieter/Krieger, Gertrude/Schäfer, Georg: Schulische Integration in der Beurteilung von Eltern und Lehrern. Weinheim: Deutscher Studien Verlag, 1989
Duncker, Ludwig/Popp, Walter (Hrsg.): Fächerübergreifender Unterricht in der Sekundarstufe I und II. Bad Heilbrunn: Klinkhardt, 1998

Ebert, Elke: »Zwischen Vergangenheit und Zukunft leben« – Projektwoche in einer integrativ arbeitenden Jahrgangsstufe der Gesamtschule. In: Heimlich, Ulrich: Gemeinsam lernen in Projekten. Bad Heilbrunn: Klinkhardt, 1999, S. 107-112
Eberwein, Hans (Hrsg.): Integrationspädagogik. Kinder mit und ohne Behinderung lernen gemeinsam. Ein Handbuch. Weinheim u. Basel: Beltz, ⁵1999a
Eberwein, Hans: Zur Bedeutung qualitativ-ethnografischer Methoden für die integrationspädagogische Forschung. In: Eberwein, Hans (Hrsg.): Integrationspädagogik. Weinheim u. Basel: Beltz, ⁵1999b, S. 369-376
Eberwein, Hans: Zur dialektischen Selbstaufhebung der Sonderpädagogik. In: Eberwein, Hans (Hrsg.): Integrationspädagogik. Weinheim u. Basel: Beltz, ⁵1999c, S. 423-428
Eberwein, Hans/Sasse, Ada (Hrsg.): Behindert sein oder behindert werden? Interdisziplinäre Analysen zum Behinderungsbegriff. Neuwied u.a.: Luchterhand, 1998
Einsiedler, Wolfgang: Das Spiel der Kinder. Zur Pädagogik und Psychologie des Kinderspiels. Bad Heilbrunn: Klinkhardt, ³1999
Elterngruppe integratives Wohnen: Ein Dach für Euer Leben. Erfahrungsbericht von Eltern für Eltern. Essen: Selbstverlag/Behindertenreferat des Evgl. Stadtkirchenverbandes Essen, 1996
Engel, Frank/Nestmann, Frank: Beratung: Lebenswelt, Netzwerk, Institutionen. In: Krüger, Heinz-Hermann/Rauschenbach, Thomas (Hrsg.): Einführung in die Arbeitsfelder der Erziehungswissenschaft. Opladen: Leske+Budrich, 1995, S. 177-188

Faust-Siehl, Gabriele u.a. (Hrsg.): Die Zukunft beginnt in der Grundschule. Empfehlungen zur Neugestaltung der Primarstufe. Frankfurt a.M.: Ak Grundschule, 1996

Fend, Helmut: Qualität im Bildungswesen. Schulforschung zu Systembedingungen, Schulprofilen und Lehrerleistung. Weinheim u. München: Juventa, 1998

Feuser, Georg: Gemeinsame Erziehung behinderter und nichtbehinderter Kinder im Kindertagesheim. Ein Zwischenbericht. Bremen: Diakonisches Werk, ⁴1987 (Erstausgabe: 1984)

Feuser, Georg: Behinderte Kinder und Jugendliche. Zwischen Aussonderung und Integration. Darmstadt: Wissenschaftliche Buchgesellschaft, 1995

Feuser, Georg: Gemeinsames Lernen am gemeinsamen Gegenstand. Didaktisches Fundamentum einer Allgemeinen (integrativen) Pädagogik. In: Hildeschmidt, Anne/Schnell, Irmtraud (Hrsg.): Integrationspädagogik. Auf dem Weg zu einer Schule für alle. Weinheim, München: Juventa, 1998, S. 19-35

Feuser, Georg/Meyer, Heike: Integrativer Unterricht in der Grundschule: ein Zwischenbericht. Solms-Oberbiel: Jarick Oberbiel, 1987

Flick, Uwe: Qualitative Forschung. Theorien, Methoden, Anwendung in Psychologie und Sozialwissenschaften. Reinbek b. Hamburg: Rowohlt, ³1998

Freiburger Projektgruppe: Heilpädagogische Begleitung in Kindergarten und Regelschule. Dokumentation eines Pilotprojektes zur Integration. Bern u.a.: Haupt, 1993

Frey, Karl: Die Projektmethode. Der Weg zum bildenden Tun. Weinheim u. Basel: Beltz, ⁹2002

Frey, Michael/Haffner, Ariane/Rudnick, Martin: Die Arbeit der Förderausschüsse und der Sonderpädagogischen Förder- und Beratungsstellen. In: Heyer, Peter/Preuss-Lausitz, Urs/Schöler, Jutta: »Behinderte sind doch Kinder wie wir!«. Berlin: Wissenschaft und Technik, 1997, S. 325-348

Fritzsche, Rita/Schastok, Alrun: Ein Kindergarten für alle – Kinder mit und ohne Behinderung spielen und lernen gemeinsam. Hrsg. v. Jutta Schöler. Neuwied u.a.: Luchterhand, 2001

Fthenakis, Wassilios E./Textor, Martin R. (Hrsg.): Qualität von Kinderbetreuung. Konzepte, Forschungsergebnisse, internationaler Vergleich. Weinheim u. Basel: Beltz, 1998

Füssel, Hans-Peter/Kretschmann, Rudolf: Gemeinsamer Unterricht für behinderte und nichtbehinderte Kinder. Witterschlick/Bonn: Verlag Marg. Wehle, 1993

Fussek, Claus: Wohnen ohne Heime – Ambulante Dienste zur Vermeidung von Aussonderung am Beispiel der VIF in München. In: Rosenberger, Manfred: Ratgeber gegen Aussonderung. Heidelberg: Edition Schindele, ²1998, S. 284-291

Gadamer, Hans-Georg: Wahrheit und Methode. Grundzüge einer philosophischen Hermeneutik. Tübingen: Mohr/Siebeck, ^{6}1990
Gehrmann, Petra: Zur Dialektik von Differenzierung und Integration im Rahmen schülerorientierter Förderung. In: Heimlich, Ulrich (Hrsg.): Zwischen Aussonderung und Integration. Neuwied u.a.: Luchterhand, 1997, S. 119-137
Gehrmann, Petra: Gemeinsamer Unterricht. Fortschritt an Humanität und Demokratie. Literaturanalyse und Gruppendiskussionen mit Lehrerinnen und Lehrern zur Theorie und Praxis der Integration von Menschen mit Behinderungen. Opladen: Leske+Budrich, 2001
Geißler, Karlheinz A./Hege, Marianne: Konzepte sozialpädagogischen Handelns. Ein Leitfaden für soziale Berufe. Weinheim u. Basel: Beltz, ^{10}2001
Gergen, Kenneth J.: Konstruierte Wirklichkeiten. Eine Hinführung zum sozialen Konstruktionismus. Stuttgart u.a.: Kohlhammer, 2002
Ginnold, Antje: Schulende – Ende der Integration? Integrative Wege von der Schule in das Arbeitsleben. Hrsg. v. Jutta Schöler. Neuwied u.a.: Luchterhand, 2000
Glöckel, Hans: Vom Unterricht. Bad Heilbrunn: Klinkhardt, ^{3}1996
Goffman, Erving: Stigma. Über Techniken der Bewältigung beschädigter Identität. Frankfurt a.M.: Suhrkamp, ^{14}1999 (Erstausgabe: 1967)
Grissemann, Hans: Diagnostik nach der Diagnose. Förderimmanente Prozessdiagnostik in der integrationsorientierten Sonderpädagogik. Bern u.a.: Huber, 1998
Gröschke, Dieter: Praxiskonzepte der Heilpädagogik. Anthropologische, ethische und pragmatische Dimensionen. München u. Basel: E. Reinhardt, ^{2}1997
Gudjons, Herbert: Handlungsorientiert lehren und lernen. Schüleraktivierung, Selbsttätigkeit, Projektarbeit. Bad Heilbrunn: Klinkhardt, ^{4}1994
Gudjons, Herbert: Didaktik zum Anfassen. Lehrer/in-Persönlichkeit und lebendiger Unterricht. Bad Heilbrunn: Klinkhardt, ^{2}1998a
Gudjons, Herbert: Fallbesprechungen in Lehrer/-innengruppen. Berufsbezogene Selbsterfahrung: Ein Leitfaden, wie man es macht. In: Gudjons, Herbert: Didaktik zum Anfassen. Bad Heilbrunn: Klinkhardt, ^{2}1998b, S. 41-53

Haberkorn, Rita: Qualität im Dialog entwickeln. Das Konzept des Kronberger Kreises. In: Colberg-Schrader, Hedi u.a. (Hrsg.): Kinder in Tageseinrichtungen. Ein Handbuch für Erzieherinnen. Seelze-Velber: Kallmeyersche Verlagsbuchhandlung, 1999, S. 227-230
Habermas, Jürgen: Theorie des kommunikativen Handelns. Bd. 1. Frankfurt a.M.: Suhrkamp, 1995 (Erstausgabe: 1981)

Haeberlin, Urs: Begleitforschung in sonder- und heilpädagogischen Praxisprojekten. In: Zeitschrift für Heilpädagogik 44 (1993), S. 369-374

Haeberlin, Urs: Integrationsforschung zwischen objektivierender Distanz und teilnehmender Nähe. In: Vierteljahresschrift für Heilpädagogik und ihre Nachbargebiete 63 (1994), S. 362-366

Haeberlin, Urs: Heilpädagogik als wertgeleitete Wissenschaft. Ein propädeutisches Einführungsbuch in Grundfragen einer Pädagogik für Benachteiligte und Ausgegrenzte. Bern u.a.: Haupt, 1996

Haeberlin, Urs: Paul Moor als Herausforderung. Anfragen an die Aktualität seiner Schriften zur Heilpädagogik und Erinnerungen von Zeitzeugen an seine Person. Bern u.a.: Haupt, 2000

Haeberlin, Urs u.a.: Integration in die Schulklasse. Fragebogen zur Erfassung von Dimensionen der Integration von Schülern (FDI 4-6). Bern u.a.: Haupt, 1989

Haeberlin, Urs u.a.: Die Integration von Lernbehinderten. Versuche, Theorien, Forschungen, Enttäuschungen, Hoffnungen. Bern u.a.: Haupt, ²1991

Haeberlin, Urs/Jenny-Fuchs, Elisabeth/Moser Opitz, Elisabeth: Zusammenarbeit. Wie Lehrpersonen Kooperation zwischen Regel- und Sonderpädagogik in integrativen Kindergärten und Schulklassen erfahren. Bern u.a.: Haupt, 1992

Hammermeister, Kai: Hans-Georg Gadamer. München: Beck, 1999

Hans, Maren/Ginnold, Antje (Hrsg.): Integration von Menschen mit Behinderung – Entwicklungen in Europa. Neuwied u.a.: Luchterhand, 2000

Hegele, Irmtraut (Hrsg.): Lernziel: Stationenarbeit. Eine neue Form des offenen Unterrichts. Weinheim u. Basel: Beltz, 1996

Heimlich, Ulrich: Der Situationsansatz für die Lernbehindertenpädagogik. Ökologisch orientierte Förderkonzepte bei erschwerten Lernsituationen. In: Zeitschrift für Heilpädagogik 45 (1994), S. 578-587

Heimlich, Ulrich: Behinderte und nichtbehinderte Kinder spielen gemeinsam. Konzept und Praxis integrativer Spielförderung. Bad Heilbrunn: Klinkhardt, 1995

Heimlich, Ulrich: Orte und Konzepte sonderpädagogischer Förderung. Ökologische Entwicklungsperspektiven der Heilpädagogik. In: Z. Heilpäd. 47 (1996a), S. 46-54

Heimlich, Ulrich: Neue Konzepte sonderpädagogischer Förderung, neue Aufgabenstellung für Lehrkräfte – Konsequenzen für die Ausbildung von Pädagogen. In: VBE-Bundesverband (Hrsg.): Sonderpädagogische Förderung neu verstehen. Bonn: VBE-Bundesverband, 1996b, S. 49-60

Heimlich, Ulrich (Hrsg.): Zwischen Aussonderung und Integration. Schülerorientierte Förderung bei Lern- und Verhaltensschwierigkeiten. Neuwied u.a.: Luchterhand, 1997

Heimlich, Ulrich: 25 Jahre Integration – Bilanz und Perspektiven einer Bildungsreform. In: Forum E. Zeitschrift des Verbandes Bildung und Erziehung 51 (1998a), S. 8-13
Heimlich, Ulrich: Von der sonderpädagogischen zur integrativen Förderung – Umrisse einer heilpädagogischen Handlungstheorie. In: Zeitschrift für Heilpädagogik 49 (1998b), S. 250-258
Heimlich, Ulrich: Gemeinsame Erziehung im Elementarbereich – Bilanz und Perspektiven der Integrationspraxis in Tageseinrichtungen für Kinder. In: Rosenberger, Manfred (Hrsg.): Ratgeber gegen Aussonderung. Heidelberg: Edition Schindele, ²1998c, S. 73-89
Heimlich, Ulrich: Gemeinsam lernen in Projekten. Bausteine für eine integrationsfähige Schule. Bad Heilbrunn: Klinkhardt, 1999a
Heimlich, Ulrich: Subsidiarität sonderpädagogischer Förderung – Organisatorische Innovationsprobleme auf dem Weg zur Integration. In: Heimlich, Ulrich (Hrsg.): Sonderpädagogische Fördersysteme – Auf dem Weg zur Integration. Stuttgart u.a.: Kohlhammer, 1999b, S. 13-32
Heimlich, Ulrich (Hrsg.): Sonderpädagogische Fördersysteme – Auf dem Weg zur Integration. Stuttgart u.a.: Kohlhammer, 1999c
Heimlich, Ulrich: Der heilpädagogische Blick – Sonderpädagogische Professionalisierung auf dem Weg zur Integration. In: Heimlich, Ulrich (Hrsg.): Sonderpädagogische Fördersysteme – Auf dem Weg zur Integration. Stuttgart u.a.: Kohlhammer, 1999d, S. 163-182
Heimlich, Ulrich: 10 Jahre Integrationsentwicklung in Ostdeutschland – Ein Rückblick nach vorn. In: Gemeinsam leben 8 (2000a) 4, S. 156-159
Heimlich, Ulrich: Zur Entwicklung der schulischen Integration in den neuen Bundesländern. In: Ellger-Rüttgardt, Sieglind/Wachtel, Grit (Hrsg.): Zehn Jahre Sonderpädagogik und Rehabilitation im vereinten Deutschland. Neuwied u.a.: Luchterhand, 2000b, S. 176-191
Heimlich, Ulrich: Integration und Frühförderung. Ein ökologisches Entwicklungsmodell. In: Kinderärztliche Praxis 71 (2000c), S. 184-189
Heimlich, Ulrich: Auf der Suche nach einer neuen Solidarität. Heilpädagogisches Handeln in der Zweiten Moderne. In: Bundschuh, Konrad (Hrsg.): Wahrnehmen, Verstehen, Handeln. Bad Heilbrunn: Klinkhardt, 2000d, S. 97-110
Heimlich, Ulrich: Einführung in die SpielPädagogik. Eine Orientierungshilfe für sozial-, schul- und heilpädagogische Arbeitsfelder. Bad Heilbrunn: Klinkhardt, ²2001
Heimlich, Ulrich: Probleme einer prozessorientierten Förderdiagnostik im Förderschwerpunkt »Lernen« – Anregungen für die Praxis. In: Mutzeck, Wolfgang (Hrsg.): Förderdiagnostik. Konzept und Methoden. Weinheim u. Basel: Beltz, ³2002, S. 60-74
Heimlich, Ulrich/Höltershinken, Dieter (Hrsg.): Gemeinsam spielen. Integrative Spielprozesse im Regelkindergarten. Seelze-Velber: Kallmeyersche Verlagsbuchhandlung, 1994

Heimlich, Ulrich/Jacobs, Sven: Integrative Schulentwicklung. Das Beispiel der Integrierten Gesamtschule Halle/S. Bad Heilbrunn: Klinkhardt, 2001

Heinrich-Willke GmbH (Hrsg.): Barrierefreies Wohnen – Leben ohne Ausgrenzung. Dokumentation HEWI-Forum am 25. und 26. September 1996 in Arolsen

Heitmeyer, Wilhelm: Bundesrepublik Deutschland: Auf dem Weg von der Konsens- zur Konfliktgesellschaft. Bd. 1: Was treibt die Gesellschaft auseinander? Bd. 2: Was hält die Gesellschaft zusammen? Frankfurt a.M.: Suhrkamp, 1997

Hentig, Hartmut von: Die Schule neu denken. Eine Übung in praktischer Vernunft. München: Hanser, ²1993

Hentig, Hartmut von: Bildung. Ein Essay. München: Hanser, 1996

Heuser, Christoph/Schütte, Marlene/Werning, Rolf: Kooperative Lernbegleitung von Kindern und Jugendlichen mit besonderem Förderbedarf in heterogenen Gruppen. In: Heimlich, Ulrich (Hrsg.): Zwischen Aussonderung und Integration. Neuwied u.a.: Luchterhand, 1997, S. 102-118

Heyer, Peter u.a. (Hrsg.): Zehn Jahre wohnortnahe Integration. Behinderte und nichtbehinderte Kinder gemeinsam an ihrer Grundschule. Frankfurt a.M.: Ak Grundschule, 1993

Heyer, Peter: Ambivalenzen und Widersprüche in der allgemeinen Schulerneuerung und bei der Entwicklung einer integrativen Grundschulpraxis. In: Heyer, Peter/Preuss-Lausitz, Ulf/Schöler, Jutta: »Behinderte sind doch Kinder wie wir!« Berlin: Handwerk und Technik, 1997, S. 79-98

Heyer, Peter/Preuss-Lausitz, Ulf/Zielke, Gitta: Wohnortnahe Integration. Gemeinsame Erziehung behinderter und nichtbehinderter Kinder in der Uckermark-Grundschule in Berlin. Weinheim u. München: Juventa, 1990

Hildeschmidt, Anne: Die schulische Integration lernbehinderter Schüler und Schülerinnen – eine Utopie? Oder die Frage nach der Effizienz integrativen Unterrichts. In: Stein, Roland/Brilling, Oskar (Hrsg.): Ökologische Perspektiven für pädagogische Handlungsfelder. Pfaffenweiler: Centaurus, 1996, S. 21-38

Hildeschmidt, Anne: Integrative Beratung – theoretische Grundlagen und Praxis. In: Sander, Alfred/Hildeschmidt, Anne/Schnell, Irmtraud: Integrationsentwicklungen. Gemeinsamer Unterricht für behinderte und nichtbehinderte Kinder und Jugendliche im Saarland 1994 bis 1998. St. Ingbert: Röhrig, 1998, S. 177-199

Hildeschmidt, Anne/Sander, Alfred: Integration behinderter Schüler und Schülerinnen in der Sekundarstufe I. In: Heilpädagogische Forschung. Bd. XXI (1995), S. 14-25

Hildeschmidt, Anne/Sander, Alfred: Zur Effizienz der Beschulung so genannter Lernbehinderter in Sonderschulen. In: Eberwein, Hans

(Hrsg.): Hb. Lernen und Lern-Behinderungen. Weinheim u. Basel: Beltz, 1996, S. 115-134

Hildeschmidt, Anne/Schnell, Irmtraud (Hrsg.): Integrationspädagogik. Auf dem Weg zu einer Schule für alle. Weinheim u. München: Juventa, 1998

Hinz, Andreas: Heterogenität in der Schule. Integration – interkulturelle Erziehung – Koedukation. Hamburg: Curio, 1993

Hinz, Andreas u.a.: Die integrative Grundschule im sozialen Brennpunkt. Ergebnisse eines Hamburger Schulversuchs. Hamburg: Hamburger Buchwerkstatt, 1998

Hinz, Andreas: Von der Integration zur Inklusion – terminologisches Spiel oder konzeptionelle Weiterentwicklung. In: Zeitschrift für Heilpädagogik 53 (2002), S. 354-361

Hinz, Andreas/Boban, Ines: Integrative Berufsvorbereitung. Unterstütztes Arbeitstraining für Menschen mit Behinderung. Neuwied u.a.: Luchterhand, 2001

Hörster, Reinhard: Bildung. In: Krüger, Heinz Hermann/Helsper, Werner (Hrsg.): Einführung in Grundbegriffe und Grundfragen der Erziehungswissenschaft. Opladen: Leske+Budrich, 1995, S. 43-52

Hoessl, Alfred: Die Entwicklung integrativer Erziehung im Elementarbereich. Eine Bestandsaufnahme. Ergebnisüberblick, Entwicklung in Bundesländern. In: Gemeinsam leben, Nr. 24/90 (Themenheft)

Hoffmann, Hilmar: Fachberatung: Tätigkeit ohne Ausbildung – Beruf ohne Profession? In: Thiersch, Renate u.a. (Hrsg.): Die Ausbildung der Erzieherinnen. Entwicklungstendenzen und Reformansätze. Weinheim u. München: Juventa, 1999, S. 197-209

Homfeldt, Hans Günther: Die Schule für Lernbehinderte unter labelingtheoretischen Aspekten – Konsequenzen für schulisches Lernen. In: Eberwein, Hans (Hrsg.): Hb. Lernen und Lern-Behinderungen. Weinheim u. Basel: Beltz, 1996, S. 176-191

HORIZON-Arbeitsgruppe (Hrsg.): Unterstützte Beschäftigung. Hb. zur Arbeitsweise von Integrationsfachdiensten für Menschen mit geistiger Behinderung. Berlin: Institut für Sozialforschung und BetriebsPädagogik e.V. (ISB), 1995

Hüwe, Birgit/Roebke, Christa/Rosenberger, Manfred (Hrsg.): Leben ohne Aussonderung. Eltern kämpfen für Kinder mit Beeinträchtigungen. Neuwied u.a.: Luchterhand, 2000

Irskens, Beate/Engler, Renate: Fachberatung zwischen Beratung und Politik. Eine kritische Bestandsaufnahme. Materialien für die sozialpädagogische Praxis (MSP 23). Frankfurt a.M.: Deutscher Verein für öffentliche und private Fürsorge, 1992

Jank, Werner/Meyer, Hilbert: Didaktische Modelle. Frankfurt a.M.: Cornelsen Scriptor, ^{3}1994 (^{5}2002)

Jantzen, Wolfgang: Materialistische Theorie der Behindertenpädagogik. In: Bleidick, Ulrich (Hrsg.): Theorie der Behindertenpädagogik. Berlin: C. Marhold, 1985, S. 322-342

Jantzen, Wolfgang: Allgemeine Behindertenpädagogik. Bd. 1: Sozialwissenschaftliche und psychologische Grundlagen, Weinheim u. Basel: Beltz, 1987, Bd.2: Neurowissenschaftliche Grundlagen, Diagnostik, Pädagogik und Therapie. Weinheim u. Basel: Beltz, 1990

Jantzen, Wolfgang: Möglichkeiten und Chancen des gemeinsamen Unterrichts von behinderten und nichtbehinderten Kindern: Didaktische Grundfragen. In: Zeitschrift für Heilpädagogik. 51 (2000), S. 46-55

Jaumann-Graumann, Olga/Riedinger, Werner: Integrativer Unterricht in der Grundschule. Gemeinsam leben und lernen – Unterrichtsbeispiele. Frankfurt a.M.: Diesterweg, 1996

Jaumann-Graumann, Olga: Gemeinsames Leben und Lernen in integrativen Klassen. In: Leonhardt, Annette (Hrsg.): Gemeinsames Lernen von hörenden und hörgeschädigten Schülern. Hamburg: Verlag hörgeschädigte Kinder, [2]2001, S. 55-63

Jülich, Martina: Schulische Integration in den USA. Bisherige Erfahrungen bei der Umsetzung des Bundesgesetzes »Public Law 94-142« – dargestellt anhand einer Analyse der »Annual Reports to Congress«. Bad Heilbrunn: Klinkhardt, 1996

Junge, Hubertus/Lendermann, Heiner B.: Das Kinder- und Jugendhilfegesetz (KJHG). Einführende Erläuterungen. Freiburg i. Br.: Lambertus, 1990 (mit Gesetzestext)

Kaplan, Karlheinz: Behinderungsspezifische Förderung in integrativen Gruppen. In: Kaplan, Karlheinz/Rückert, Erdmuthe/Garde, Dörte u.a.: Gemeinsame Förderung behinderter und nichtbehinderter Kinder. Weinheim u. Basel: Beltz, 1993, S. 99-160

Kercher, Angelika/Behrends, Irene: Fachberatung. Interview mit Ilse Keppler. In: Klein & Gross 49 (1996), S. 228-230

Klafki, Wolfgang: Neue Studien zur Bildungstheorie und Didaktik. Zeitgemäße Allgemeinbildung und kritisch-konstruktive Didaktik. Weinheim u. Basel: Beltz, [5]1996 (Erstausgabe: 1985)

Kleber, Eduard W.: Diagnostik in pädagogischen Handlungsfeldern. Einführung in Bewertung, Beurteilung, Diagnose und Evaluation. Weinheim u. München: Juventa, 1992

Klein, Ferdinand: Janusz Korczak. Sein Leben für Kinder – sein Beitrag für die Heilpädagogik. Bad Heilbrunn: Klinkhardt, 1996

Klein, Ferdinand/Meinertz, Friedrich/Kausen, Rudolf: Heilpädagogik. Bad Heilbrunn: Klinkhardt, [10]1999

Klein, Gerhard: Soziale Benachteiligung: Zur Aktualität eines verdrängten Begriffs. In: Opp, Günther/Peterander, Franz (Hrsg.): Focus Heilpädagogik. München u. Basel: E. Reinhardt, 1996, S. 140-149

Klippert, Heinz: Pädagogische Schulentwicklung. Planungs- und Arbeitshilfen zur Förderung einer neuen Lernkultur. Weinheim u. Basel: Beltz, ²2000

Kniel, Adrian: Die Schule für Lernbehinderte und ihre Alternativen. Eine Analyse empirischer Untersuchungen. Rheinstetten: Schindele, 1979

Kobi, Emil E.: Grundfragen der Heilpädagogik. Eine Einführung in heilpädagogisches Denken und Handeln. Bern, Stuttgart, Wien: Haupt, ⁵1993

Kobi, Emil E.: Was bedeutet Integration? Analyse eines Begriffs. In: Eberwein, Hans (Hrsg.): Integrationspädagogik. Kinder mit und ohne Behinderung lernen gemeinsam. Ein Handbuch. Weinheim u. Basel: Beltz, ⁵1999, S. 71-79

Köbberling, Almut/Schley, Wilfried: Sozialisation und Entwicklung in Integrationsklassen. Untersuchungen zur Evaluation eines Schulversuchs in der Sekundarstufe. Weinheim u. München: Juventa, 2000

Kornmann, Reimer: Förderdiagnostik zur schulischen Integration. In: Hildeschmidt, Anne/Schnell, Irmtraud (Hrsg.): Integrationspädagogik. Auf dem Weg zu einer Schule für alle. Weinheim u. München: Juventa, 1998, S. 293-300

Krawitz, Rudi: Pädagogik statt Therapie. Vom Sinn individualpädagogischen Sehens, Denkens und Handelns. Bad Heilbrunn: Klinkhardt, ³1997

Krawitz, Rudi: Integrative Bildung. Chancen und Möglichkeiten für eine neue pädagogische Praxis der Schule. In: Leonhardt, Annette (Hrsg.): Gemeinsames Lernen von hörenden und hörgeschädigten Schülern. Hamburg: Verlag hörgeschädigte Kinder, ²2001, S.25-37

Krawitz, Rudi (Hrsg.): Die Integration behinderter Kinder in die Schule. Ein Schulversuch von der Grundschule zur Sekundarstufe I. Bad Heilbrunn: Klinkhardt, 1995

Kreie, Gisela: Integrative Kooperation. Über die Zusammenarbeit von Sonderschullehrer und Grundschullehrer. Weinheim u. Basel: Beltz, 1985

Kreie, Gisela: Integrative Kooperation – Ein Modell der Zusammenarbeit. In: Eberwein, Hans (Hrsg.): Integrationspädagogik. Weinheim u. Basel: Beltz, ⁵1999, S. 285-290

Krüger, Heinz-Hermann/Lersch, Rainer: Lernen und Erfahrung. Perspektiven einer Theorie schulischen Handelns. Opladen: Leske+Budrich, ²1993

Krüger, Heinz-Hermann: Einführung in Theorien und Methoden der Erziehungswissenschaft. Opladen: Leske+Budrich, 1997

Krug, Siegbert/Rheinberg, Falko/Peters, Joachim: Einflüsse der Sonderbeschulung und eines zusätzlichen Motivänderungsprogrammes auf die Persönlichkeitsentwicklung von Sonderschülern. In: Zeitschrift für Heilpädagogik 28 (1977), S. 431-439

Kuckartz, Udo: Methoden der erziehungswissenschaftlichen Forschung 2: Empirische Methoden. In: Lenzen, Dieter (Hrsg.): Erziehungswissenschaft. Reinbek b. Hamburg: Rowohlt, 1994, S. 543-567

Laing, Ronald D.: Phänomenologie der Erfahrung. Frankfurt a.M.: Suhrkamp, 1969

Lamnek, Siegfried: Qualitative Sozialforschung. Bd. 1: Methodologie. Bd. 2: Methoden und Techniken. Weinheim: Beltz/Psychologie Verlags Union, [3]1995

Langfeldt, Hans-Peter: Wissenschaftliche Begleitung von Integrationsversuchen als Forschungsproblem. In: Eberwein, Hans (Hrsg.): Integrationspädagogik. Weinheim u. Basel: Beltz, [5]1999, S. 359-368

Lenzen, Dieter: Orientierung Erziehungswissenschaft. Was sie kann, was sie will. Reinbek b. Hamburg: Rowohlt, 1999

Lersch, Rainer: Gemeinsamer Unterricht – Schulische Integration Behinderter. Berlin u.a.: Luchterhand, 2001

Lévinas, Emmanuel: Zwischen uns. Versuche über das Denken an den anderen. München: Hanser, 1995

Liebert, Hans-Jürg: Gemeinsamer Unterricht in den Jahrgangsstufe 5 bis 10 – oder der Weg wird, indem wir ihn gehen. In: Krawitz, Rudi (Hrsg.): Die Integration behinderter Kinder in die Schule. Bad Heilbrunn: Klinkhardt, 1995, S. 156-167

Lindmeier, Christian: Behinderung – Phänomen oder Faktum? Bad Heilbrunn: Klinkhardt, 1993

Lindmeier, Bettina/Lindmeier, Christian/Ryffel, Gaby/Skelton, Rick: Integrative Erwachsenenbildung für Menschen mit Behinderung. Praxis und Perspektiven im internationalen Vergleich. Hrsg. v. Jutta Schöler. Neuwied u.a.: Luchterhand, 2000

Lipski, Jens: Integration im Elementarbereich – Entwicklungsstand und Aufgaben für die Zukunft. Bericht von der Abschlusstagung des Projektes »Integration von Kindern mit besonderen Problemen« am 12.-13. November 1990 im Deutschen Jugendinstitut München. In: Gemeinsam leben, Sonderheft Nr. 3/90 (Themenheft)

Lorenzer, Alfred: Zur Begründung einer materialistischen Sozialisationstheorie. Frankfurt a.M.: Suhrkamp, 1972

Lüpke, Klaus von: Nichts Besonderes. Zusammen-Leben und Arbeiten von Menschen mit und ohne Behinderung. Essen: Klartext, 1994

Luhmann, Niklas: Soziale Systeme. Grundriss einer allgemeinen Theorie. Frankfurt a.M.: Suhrkamp, [4]1991 (Erstausgabe: 1984)

Lumer, Beatrix: Auf dem Weg zu einer Schule für alle Kinder – Gemeinsamer Unterricht und Schulentwicklung. In: Lumer, Beatrix (Hrsg.): Integration behinderter Kinder. Erfahrungen, Reflexionen, Anregungen. Berlin: Cornelsen Scriptor, 2001, S. 111-120

Mahlke, Wolfgang/Schwarte, Norbert: Raum für Kinder. Ein Arbeitsbuch zur Raumgestaltung in Kindergärten. Weinheim u. Basel: Beltz, ⁴1997
Mahnke, Ursula: Qualifikation ist mehr als Fortbildung. Erwerb integrationspädagogischer Kompetenzen im Prozess. St. Ingbert: Röhrig, 2002
Markowetz, Reinhard: Freizeit behinderter Menschen. In: Cloerkes, Günter: Soziologie der Behinderten. Heidelberg: Edition Schindele, 1997a, S. 269-299
Markowetz, Reinhard: Soziale Integration von Menschen mit Behinderungen. In: Cloerkes, Günther: Soziologie der Behinderten. Eine Einführung. Heidelberg: Edition Schindele, 1997b, S. 187-237
Marte, Fritz: Evaluation integrativer Erziehungsmaßnahmen. In: Staatsinstitut für Frühpädagogik und Familienforschung (Hrsg.): Hb. d. integrativen Erziehung behinderter und nichtbehinderter Kinder. München, Basel: E. Reinhardt, 1990, S. 292-307
Mead, George Herbert: Geist, Identität und Gesellschaft aus der Sicht des Sozialbehaviorismus. Frankfurt a.M.: Suhrkamp, 1973 (Erstausgabe: 1968, amerikan. Originalausgabe: 1934)
Meier, Richard/Rampillon, Ute/Sandfuchs, Uwe/Stäudel, Lutz (Hrsg.): Üben und Wiederholen. Sinn schaffen – Können entwickeln. In: Friedrich Jahresheft XVIII 2000 (Themenheft)
Meister, Hans: Gemeinsamer Kindergarten für nichtbehinderte und behinderte Kinder. St. Ingbert: Röhrig, 1991
Meister, Hans/Sander, Alfred (Hrsg.): Qualifizierung für Integration. St. Ingbert: Röhrig, 1993
Merker, Helga (Hrsg.): Beratung von Tageseinrichtungen mit behinderten und nichtbehinderten Kindern. Stuttgart u.a.: Kohlhammer, 1993
Merleau-Ponty, Maurice: Phänomenologie der Wahrnehmung. Berlin: de-Gruyter, 1966 (Erstausgabe: 1945)
Métroz, Gérald: »Ich lasse mich nicht behindern!« Bern, München, Wien: Scherz, 2002
Meyer, Hilbert: UnterrichtsMethoden. Bd. I: Theorieband. Frankfurt a.M.: Cornelsen scriptor, ⁶1994
Meyer, Hilbert: UnterrichtsMethoden. Bd. II: Praxisband. Frankfurt a.M.: Cornelsen scriptor, ⁵1993
Meyer-Drawe, Käthe: Leiblichkeit und Sozialität. Phänomenologische Beiträge zu einer pädagogischen Theorie der Inter-Subjektivität. München: Fink, ²1987
Möckel, Andreas: Geschichte der Heilpädagogik. Stuttgart: Klett-Cotta, 1988
Montessori, Maria: Schule des Kindes. Montessori-Erziehung in der Grundschule. Hrsg. v. Paul Oswald und Günter Schulz-Benesch. Freiburg i. Br.: Herder, ²1987
Moor, Paul: Heilpädagogische Psychologie. Bd. 1. Bern: Huber, 1951

Moor, Paul: Heilpädagogik. Ein pädagogisches Lehrbuch. Bern, Stuttgart: Huber, ²1969 (Erstausgabe: 1965)

Mühl, Heinz: Integrative Pädagogik bei Kindern und Jugendlichen mit geistiger Behinderung. In: Myschker, Norbert/Ortmann, Monika (Hrsg.): Integrative Schulpädagogik. Stuttgart u.a.: Kohlhammer, 1999, S. 150-181

Muth, Jakob: Differenzierung des Unterrichts. In: Baier, Herwig/Bleidick, Ulrich (Hrsg.): Hb. d. Lernbehindertendidaktik. Stuttgart u.a.: Kohlhammer, 1983, S. 94-104

Muth, Jakob: Die Integration von Behinderten. Über die Gemeinsamkeit im Bildungswesen. Essen: neue deutsche Schule, 1986

Mutzeck, Wolfgang: Kooperative Förderplanung. In: Mutzeck, Wolfgang (Hrsg.): Förderplanung. Grundlagen, Methoden, Alternativen. Weinheim: Deutscher Studien Verlag, 2000, S. 199-226

Mutzeck, Wolfgang (Hrsg.): Förderdiagnostik. Konzepte und Methoden. Weinheim: Deutscher Studien Verlag, ³2002a

Mutzeck, Wolfgang: Kooperative Beratung. Grundlagen und Methoden der Beratung und Supervision im Berufsalltag. Weinheim u. Basel: Beltz, ⁴2002b

Myschker, Norbert: Integrative Pädagogik bei Kindern und Jugendlichen mit Verhaltensstörungen. In: Myschker, Norbert/Ortmann, Monika (Hrsg.): Integrative Schulpädagogik. Stuttgart u.a.: Kohlhammer, 1999, S. 238-284

Myschker, Norbert/Ortmann, Monika (Hrsg.): Integrative Schulpädagogik. Grundlagen, Theorie und Praxis. Stuttgart u.a.: Kohlhammer, 1999

Nassehi, Armin: Inklusion, Exklusion – Integration, Desintegration. Die Theorie funktionaler Differenzierung und die Desintegrationsprobleme. In: Heitmeyer, Wilhelm (Hrsg.): Was hält die Gesellschaft zusammen? Frankfurt a.M.: Suhrkamp, 1997, S. 113-148

Obolenski, Alexandra: Integrationspädagogische Lehrerinnen- und Lehrerbildung. Grundlagen und Perspektiven für »eine Schule für alle«. Bad Heilbrunn: Klinkhardt, 2001

Odom, Samuel L. u.a.: Promoting Social Interaction of Young Children at Risk for Learning Disabilities. In: Learning Disabilities Quarterly 5 (1982), S. 379-387

Oerter, Rolf: Psychologie des Spiels. Eine handlungstheoretische Grundlegung. München: Quintessenz, 1993 (Weinheim: Beltz/Psychologie Verlags Union, ²1997)

Österreichische UNESCO-Kommission (Hrsg.): Pädagogik für besondere Bedürfnisse. Die Salamanca Erklärung und der Aktionsrahmen zur Pädagogik für besondere Bedürfnisse. Wien 1996

Opp, Günther: Ein Spielplatz für alle. Zur Gestaltung barrierefreier Spielbereiche. München, Basel: E. Reinhardt, 1992a
Opp, Günther: Mainstreaming in den USA. Heilpädagogische Integration im Vergleich. München, Basel: E. Reinhardt, 1992b

Palmowski, Winfried: Der Anstoß des Steines. Systemische Beratungsstrategien im schulischen Kontext. Ein Einführungs- und Lehrbuch. Dortmund: borgmann, ²1996
Pelzer, Susanne: Darstellung aktueller Projektergebnisse: Integrative Arbeit aus der Sicht der Erzieherinnen. In: Gemeinsam leben. Sonderheft 3/90, S. 38-53
Peterander, Franz/Speck, Otto: Kooperation Frühfördereinrichtungen – Regelkindergärten unter dem Aspekt von verschiedenen Berufsgruppen. In: Dittrich, Gisela (Red.): Die Entwicklung der Einzelintegration und Erfahrungen mit Kooperationen zwischen Erzieherinnen und Frühförderinnen. Reihe: Gemeinsam leben, Heft 25/90, München: DJI, 1990, S. 75-80
Petersen, Peter: Der kleine Jena-Plan. Weinheim u. Basel: Beltz, [52/53]1972
Philipp, Elmar: Teamentwicklung in der Schule. Konzepte und Methoden. Weinheim u. Basel: Beltz, ²1998
Philippen, Dieter P.: Gemeinsam und chancengleich. Einführung in ein neues Verständnis der Spielraumgestaltung. In: Spielraum Nr. 1/1992, S. 8-11
Pluhar, Christine: Integration von behinderten und nichtbehinderten Kindern und Jugendlichen als Auftrag für die Bildungsverwaltung. In: Hildeschmidt, Anne/Schnell, Irmtraud (Hrsg.): Integrationspädagogik. Weinheim u. München: Juventa, 1998, S. 89-100
Podlesch, Wolfgang: Basale Didaktik für elementar begabte Kinder (»Geistigbehinderte«) und Kinder mit elementaren Lernbedürfnissen (»Schwerstmehrfachbehinderte«). In: Rosenberger, Manfred (Hrsg.): Schule ohne Aussonderung – Idee, Konzepte, Zukunftschancen. Neuwied u.a.: Luchterhand, 1998, S. 116-128
Pontiggia, Guiseppe: Zwei Leben. Roman. München: Hanser, 2002
Popper, Karl R.: Logik der Forschung. Tübingen: Mohr Siebeck, ¹⁰2002
Prengel, Annedore: Sind Mädchen die Integrationshelferinnen par excellence? – Mädchen im Modernisierungsprozess. In: Gehrmann, Petra/Hüwe, Birgit (Hrsg.): Forschungsprofile der Integration von Behinderten. Essen: neue deutsche schule, 1993, S. 54-62
Prengel, Annedore: Pädagogik der Vielfalt. Verschiedenheit, Gleichberechtigung in Interkultureller, Feministischer und Integrativer Pädagogik. Opladen: Leske+Budrich, ²1995
Preuss-Lausitz, Ulf: Sonderpädagogische Forschung im Kontext neuerer Schulentwicklung. In: Rolff, Hans-Günter (Hrsg.): Zukunftsfelder der Schulforschung. Weinheim: Deutscher Studien Verlag, 1995, S. 211-223

Preuss-Lausitz, Ulf: Erfahrungen und Kooperation befördern Integration – Lehrermeinungen zum gemeinsamen Unterricht. In: Heyer, Peter/ Preuss-Lausitz, Ulf/Schöler, Jutta (Hrsg.): »Behinderte sind doch Kinder wie wir!« Berlin: Wissenschaft und Technik, 1997a, S. 123-150

Preuss-Lausitz, Ulf: Erfahrungen fördern Akzeptanz – Elternmeinungen zur gemeinsamen Erziehung. In: Heyer, Peter/Preuss-Lausitz, Ulf/Schöler, Jutta (Hrsg.): »Behinderte sind doch Kinder wie wir!« Berlin: Wissenschaft und Technik, 1997b, S. 151-170

Preuss-Lausitz, Ulf: Integration und Toleranz – Erfahrungen und Meinungen von Kindern innerhalb und außerhalb von Integrationsklassen. In: Heyer, Peter/Preuss-Lausitz, Ulf/Schöler, Jutta (Hrsg.): »Behinderte sind doch Kinder wie wir!« Berlin: Wissenschaft und Technik, 1997c, S. 171-204

Preuss-Lausitz, Ulf: Integrationskonzept des Landes Brandenburg. In: Heyer, Peter/Preuss-Lausitz, Ulf/Schöler, Jutta (Hrsg.): »Behinderte sind doch auch Kinder wie wir!« Berlin: Wissenschaft und Technik, 1997d, S. 15-31

Preuss-Lausitz, Ulf: Integrationsforschung: Ergebnisse und »weiße Flecken«. In: Eberwein, Hans (Hrsg.): Integrationspädagogik. Weinheim u. Basel: Beltz, ^{5}1999, S. 299-306

Preuss-Lausitz, Ulf: Kosten bei integrierter und separater sonderpädagogischer Unterrichtung. Eine vergleichende Analyse in den Bundesländern Berlin, Brandenburg und Schleswig-Holstein. Forschungsbericht und Empfehlungen. Frankfurt a.m.: Max-Träger-Stiftung, 2000

Preuss-Lausitz, Ulf/Maikowski, Rainer (Hrsg.): Integrationspädagogik in der Sekundarstufe. Gemeinsame Erziehung behinderter und nichtbehinderter Jugendlicher. Weinheim u. Basel: Beltz, 1998

Projektgruppe Integrationsversuch (Hrsg.): Unser Fläming-Modell. Weinheim u. Basel: Beltz, 1988

Putnam, Hilary: Für eine Erneuerung der Philosophie. Stuttgart: Reclam, 1997

Ratzki, Anne u.a.: Team-Kleingruppen-Modell Köln-Holweide. Theorie und Praxis. Frankfurt a.M. u.a.: Peter Lang, 1994

Reich, Kersten: Systemisch-konstruktivistische Pädagogik: Einführung in Grundlagen einer interaktionistisch-konstruktivistischen Pädagogik. Neuwied u.a.: Luchterhand, 1996

Reiser, Helmut: Wege und Irrwege zur Integration. In: Sander, Alfred/ Raith, Peter (Hrsg.): Integration und Sonderpädagogik. St. Ingbert: Röhrig, ^{2}1992, S. 13-33

Reiser, Helmut/Klein, Gabriele/Kreie, Gisela/Kron, Maria: Integration als Prozess. In: Sonderpädagogik 16 (1986) Heft 3, S. 155-122/Heft 4, S.154-160

Reiser, Helmut u.a.: Integrative Prozesse in Kindergartengruppen. Über die gemeinsame Erziehung von behinderten und nichtbehinderten Kindern. München: DJI, 1987

Reiß, Günter/Eberle, Gerhard (Hrsg.): Offener Unterricht Freie Arbeit mit lernschwachen Schülerinnen und Schülern. Weinheim: Deutscher Studien Verlag, ²1994

Rheinberg, Falko: Bezugsnormen und schulische Leistungsbeurteilung. In: Weinert, Franz E. (Hrsg.): Leistungsmessungen in Schulen. Weinheim u. Basel: Beltz, ²2002, S. 59-71

Riedo, Dominicq: «Ich war früher ein sehr schlechter Schüler«. Schule, Beruf und Ausbildungswege aus der Sicht ehemals schulleistungsschwacher junger Erwachsener. Analyse von Langzeitwirkungen schulischer Integration oder Separation. Bern u.a.: Haupt, 2000

Rogers, Carl R.: Die klient-bezogene Gesprächspsychotherapie. Frankfurt a.M.: Fischer, 1992 (Erstausgabe: 1973, amerikan. Originalausgabe: 1951)

Rolff, Hans-Günter: Wandel durch Selbstorganisation. Theoretische Grundlagen und praktische Hinweise für eine bessere Schule. Weinheim u. München: Juventa, 1993

Rolff, Hans-Günter: Steuerung, Entwicklung und Qualitätssicherung von Schulen durch Evaluation. In: Rolff, Hans-Günter (Hrsg.): Zukunftsfelder der Schulforschung. Weinheim: Deutscher Studien Verlag, 1995, S. 375-392

Rosenberger, Manfred: Zur Entwicklung der Idee einer »Schule ohne Aussonderung«. In: Rosenberger, Manfred (Hrsg.): Schule ohne Aussonderung – Idee, Konzepte, Zukunftschancen. Pädagogische Förderung behinderter und von Behinderung bedrohter Kinder und Jugendlicher. Neuwied u.a.: Luchterhand, 1998a, S. 12-37

Rosenberger, Manfred: Eine Elternbewegung ist entstanden: »Gemeinsam leben – gemeinsam lernen/Eltern gegen Aussonderung«. In: Rosenberger, Manfred (Hrsg.): Ratgeber gegen Aussonderung. Heidelberg: Edition Schindele, ²1998b, S. 13-25

Rosenberger, Manfred (Hrsg.): Schule ohne Aussonderung – Idee, Konzepte, Zukunftschancen. Pädagogische Förderung behinderter und von Behinderung bedrohter Kinder und Jugendlicher. Neuwied u.a.: Luchterhand, 1998c

Rückert, Erdmuthe: Pädagogische Konzeption zur Unterstützung sozialintegrativer Prozesse. In: Kaplan, Karlheinz/Rückert, Erdmuthe/Garde, Dörte u.a.: Gemeinsame Förderung behinderter und nichtbehinderter Kinder. Weinheim u. Basel: Beltz, 1993, S. 73-98

Sander, Alfred: Zum Problem der Klassifikation in der Sonderpädagogik: Ein ökologischer Ansatz. In: Vierteljahresschrift für Heilpädagogik und ihre Nachbargebiete 54 (1985), S. 15-31

Sander, Alfred: Behinderungsbegriffe und ihre Konsequenzen für die Integration. In: Eberwein, Hans (Hrsg.): Integrationspädagogik. Weinheim u. Basel: Beltz, 1999a, S. 99-107

Sander, Alfred: Ökosystemische Ebenen integrativer Schulentwicklung – ein organisatorisches Entwicklungsmodell. In: Heimlich, Ulrich (Hrsg.): Sonderpädagogische Fördersysteme – auf dem Weg zur Integration. Stuttgart u.a.: Kohlhammer, 1999b, S. 33-44

Sander, Alfred: Kind-Umfeld-Analyse: Diagnostik bei Schülern und Schülerinnen mit besonderem Förderbedarf. In: Mutzeck, Wolfgang (Hrsg.): Förderdiagnostik. Konzept und Methoden. Weinheim u. Basel: Beltz, ³2002a, S. 12-24

Sander, Alfred: Von der integrativen zur inklusiven Bildung. Internationaler Stand und Konsequenzen für die sonderpädagogische Förderung in Deutschland. In: Hausotter, Anette/Boppel, Werner/Menschenmoser, Helmut (Hrsg.): Perspektiven Sonderpädagogischer Förderung in Deutschland. Middelfart: European Agency, 2002b, S. 143-164

Schall, Jürgen: Melanies pädagogisches Tagebuch – Einzelfallbeschreibung einer integrierten sonderpädagogischen Förderung. In: Krawitz, Rudi (Hrsg.): Die Integration behinderter Kinder in die Schule. Bad Heilbrunn: Klinkhardt, 1995, S. 61-92

Scheller, Ingo: Erfahrungsbezogener Unterricht. Praxis, Planung, Theorie. Königstein/Ts.: Scriptor, 1981

Schildmann, Ulrike: Integrationspädagogik und Geschlecht. Theoretische Grundlegung und Ergebnisse der Forschung. Opladen: Leske+Budrich, 1996

Schildmann, Ulrike: Normalisierung. In: Bundschuh, Konrad/Heimlich, Ulrich/Krawitz, Rudi (Hrsg.): Wörterbuch Heilpädagogik. Bad Heilbrunn: Klinkhardt, ²2001, S. 212-214

Schlack, Hans G.: Sozialpädiatrie. Gesundheit, Krankheit, Lebenswelten. Stuttgart u.a.: G. Fischer, 1995 (²2000)

Schley, Wilfried/Boban, Ines/Hinz, Andreas (Hrsg.): Integrationsklassen in der Sekundarstufe I. Hamburg: Curio, ²1992

Schley, Wilfried/Köbberling, Almut: Integration in der Sekundarstufe. Hamburg: Curio, 1994

Schmetz, Ditmar: Schulprogrammentwicklung und sonderpädagogische Förderung in der Allgemeinen Schule und in der Schule für Lernbehinderte. In: Baudisch, Winfried/Schmetz, Ditmar (Hrsg.): Lernbehinderung und Wege zur differenzierten Förderung. Reihe: Sonderpädagogische Beiträge, Bd. 1. Frankfurt a.M.: Diesterweg, 1993, S. 10-22

Schmidt, Horst-Friedrich/Wachtel, Peter (Hrsg.): Sonderpädagogische Förderzentren. Grundlegungen, Erfahrungen, Ausblicke. Würzburg: vds, 1996

Schnell, Irmtraud: Geschichte schulischer Integration. Gemeinsames Lernen von SchülerInnen mit und ohne Behinderung in der BRD seit 1970. Weinheim u. München: Juventa, 2003

Schor, Bruno J.: Mobile Sonderpädagogische Dienste. Ein Integrationsmodell mit Zukunft. Fakten, Analyse, Perspektive. Donauwörth: Auer, 2002

Schöler, Jutta: Leitfaden zur Kooperation von Lehrerinnen und Lehrern – nicht nur in Integrationsklassen. Heinsberg: Agentur Dieck, 1997a

Schöler, Jutta: Die unterschiedliche Entwicklung einzelner Schulen. In: Heyer, Peter/Preuss-Lausitz, Ulf/Schöler, Jutta (Hrsg.): »Behinderte sind doch Kinder wie wir« Berlin: Wissenschaft und Technik, 1997b, S. 231-270

Schöler, Jutta: Integrative Schule – Integrativer Unterricht. Ratgeber für Eltern und Lehrer. Neuwied u.a.: Luchterhand, ²1999

Schulze, Theodor: Situation, pädagogische. In: Lenzen, Dieter (Hrsg.): Enzyklopädie Erziehungswissenschaft. Bd. 1: Theorien und Grundbegriffe der Erziehung und Bildung. Stuttgart: Klett-Cotta, 1983, S. 537-541

Sekretariat der ständigen Konferenz der Kultusminister der Länder der BRD (Hrsg.): Empfehlungen zur sonderpädagogischen Förderung in den Ländern der BRD. Bonn 1994a

Sekretariat der Kultusministerkonferenz (Hrsg.): Sonderpädagogische Förderung in der BRD. Bonn, März 2002 (Internet: http://www.kmk.org/doku/home.htm)

Speck, Otto: System Heilpädagogik. Eine ökologisch reflexive Grundlegung. München u. Basel: E. Reinhardt, ²1991 (⁵2003)

Speck, Otto: Die Ökonomisierung sozialer Qualität. Zur Qualitätsdiskussion in Behindertenhilfe und Sozialer Arbeit. München u. Basel: E. Reinhardt, 1999

Spiess, Kurt: Qualität und Qualitätsentwicklung. Eine Einführung. Aarau: Sauerländer, 1997

Staatsinstitut für Frühpädagogik und Familienforschung (Hrsg.): Hb. d. integrativen Erziehung behinderter und nichtbehinderter Kinder. München, Basel: E. Reinhardt, 1990

Steiner, Franz/Steiner, Renate: Die Sinne. Spielen, Gestalten, Freude entfalten. Förderung der Wahrnehmungsfähigkeit bei Kindern. Ein Arbeitsbuch für Kindergarten, Schule und Eltern. Linz: Veritas, 1993

Störmer, Norbert: Die Bedeutung der Pädagogik des Jan Amos Komensky im Rahmen der Diskussion um die Entwicklung einer allgemeinen, integrativen Pädagogik. In: Behindertenpädagogik 37 (1998), S. 239-260

Strain, Philipp S./Odom, Samuel L.: Peer Social Initiations: Effective Intervention for Social Skill Development of Exceptional Children. In: Exceptional Children 52 (1986), S. 543-551

Sucharowski, Wolfgang (Hrsg.): Wandel durch Annäherung. Integrative Effekte bei einem kooperativ organisierten Unterricht. Rostock: Universität Rostock, 1999

Sünkel, Wolfgang: Phänomenologie des Unterrichts. Grundriss der theoretischen Didaktik. Weinheim u. München: Juventa, 1996

Tenorth, H.- Elmar/Lüders, Christian: Methoden erziehungswissenschaftlicher Forschung 1: Hermeneutische Methoden. In: Lenzen, Dieter (Hrsg.): Erziehungswissenschaft. Reinbek b. Hamburg: Rowohlt, 1994, S. 519-542

Theunissen, Georg: Enthospitalisierung – ein Etikettenschwindel? Neue Studien, Erkenntnisse und Perspektiven der Behindertenhilfe. Bad Heilbrunn: Klinkhardt, 1998

Thiersch, Hans: Die Erfahrung der Wirklichkeit. Perspektiven einer alltagsorientierten Sozialpädagogik. Weinheim u. München: Juventa, 1986

Thiersch, Hans: Lebensweltorientierte Soziale Arbeit. Aufgaben der Praxis im sozialen Wandel. Weinheim u. München: Juventa, 1992

Thiersch, Hans: Integration im Gegenwind. In: Vereinigung für interdisziplinäre Frühförderung (Hrsg.): Frühförderung und Integration. München u. Basel: E. Reinhardt, 1998, S. 116-124

Thurmair, Martin: Zur Situation der Frühförderung in der Bundesrepublik. In: Rosenberger, Manfred (Hrsg.): Ratgeber gegen Aussonderung. Heidelberg: Edition Schindele, ^{2}1998, S. 59-70

Tietze, Fritz, Paula: Integrative Förderung in der Früherziehung. Dortmund: borgmann, 1997

Tietze, Wolfgang (Hrsg.): Wie gut sind unsere Kindergärten? Eine Untersuchung zur pädagogischen Qualität in deutschen Kindergärten. Neuwied, Berlin: Luchterhand, 1998

Thimm, Walter: Leben in Nachbarschaften. Hilfen für Menschen mit Behinderungen. Freiburg i.Br.: Herder, ^{5}1994a

Thimm, Walter: Das Normalisierungsprinzip – Eine Einführung. Marburg: Lebenshilfe-Verlag, 1994b

Thomas, Gary/Walker, David/Webb, Julie: The Making of The Inclusive School. London, New York, Routledge, 1998

Tippelt, Rudolf (Hrsg.): Hb. Bildungsforschung. Opladen: Leske+Budrich, 2002

Vaudlet, Werner (Hrsg.): Das große Nashornbuch. München: dtv, 2001

Vester, Fredric: Denken, Lernen, Vergessen. Was geht in unserem Kopf vor, wie lernt das Gehirn und wann lässt es uns im Stich? München: dtv, ^{23}1996

Vygotskij, Lev S.: Denken und Sprechen. Psychologische Untersuchungen. Weinheim u. Basel: Beltz, 2002 (russ. Originalausgabe: 1934)

Wacker, Elisabeth: Qualitätssicherung in der sozialwissenschaftlichen Diskussion. Grundfragestellungen und ihr Transfer in die bundesdeutsche Behindertenhilfe. In: Geistige Behinderung 33 (1994), S. 267-281

Wacker, Elisabeth: Leben im Heim. Angebotsstrukturen und Chancen selbstständiger Lebensführung in Wohneinrichtungen der Behindertenhilfe. Bericht zu einer bundesweiten Untersuchung im Forschungsprojekt »Möglichkeiten und Grenzen selbstständiger Lebensführung in Einrichtungen«. Baden-Baden: Nomos, 1998

Waldenfels, Bernhard: In den Netzen der Lebenswelt. Frankfurt a.M.: Suhrkamp, 1985

Wallrabenstein, Wulf: Offene Schule – Offener Unterricht. Ratgeber für Eltern und Lehrer. Reinbek b. Hamburg: Rowohlt, ^{4}1994

Weinert, Franz E. (Hrsg.): Leistungsmessungen in Schulen. Weinheim u. Basel: Beltz, ^{2}2002a

Weinert, Franz E.: Vergleichende Leistungsmessung in Schulen – eine umstrittene Selbstverständlichkeit. In: Weinert, Franz E. (Hrsg.): Leistungsmessungen in Schulen. Weinheim u. Basel: Beltz, ^{2}2002b, S. 17-31

Weiß, Hans: Armut als gesellschaftliche Normalität: Implikationen für die kindliche Entwicklung. In: Opp, Günther/Peterander, Franz (Hrsg.): Focus Heilpädagogik. München u. Basel: E. Reinhardt, 1996, S. 150-162

Weltgesundheitsorganisation (WHO): Internationale Klassifikation der Schäden, Aktivitäten und Partizipationen (ICIDH-2). Ein Handbuch der Dimensionen von gesundheitlicher Integrität und Behinderung. Genf: WHO, 1998

Werning, Rolf: Anmerkungen zu einer Didaktik des Gemeinsamen Unterrichts. In: Zeitschrift für Heilpädagogik 47 (1996), S. 463-469

Werning, Rolf: Kooperative Lernbegleitung – Ein Konzept zur integrativen Förderung von SchülerInnen mit Lern-, Leistungs- und Verhaltensauffälligkeiten im gemeinsamen Unterricht. In: Mutzeck, Wolfgang (Hrsg.): Förderdiagnostik. Konzept und Methoden. Weinheim u. Basel: Beltz, ^{3}2002, S. 227-238

Wiater, Werner/Dalla Torre, Elisabeth/Müller, Jürgen: Werkstattunterricht. Theorie, Praxis, Evaluation. München: Vögel, 2002

Wocken, Hans: Integrationsklassen in Hamburg. In: Wocken, Hans/Antor, Georg (Hrsg.): Integrationsklassen in Hamburg. Solms Oberbiel: Jarick Oberbiel, 1987a, S. 65-87

Wocken, Hans: Schulleistungen in Integrationsklassen. In: Wocken, Hans/Antor, Georg (Hrsg.): Integrationsklassen in Hamburg. Solms Oberbiel: Jarick Oberbiel, 1987b, S. 276-306

Wocken, Hans: Kooperation von Pädagogen in integrativen Grundschulen. In: Wocken, Hans/Antor, Georg/Hinz, Andreas (Hrsg.): Integrationsklassen in Hamburger Grundschulen. Hamburg: Curio, 1988, S. 199-268

Wocken, Hans: Bewältigung von Andersartigkeit. Untersuchungen zur Sozialen Distanz in verschiedenen Schulen. In: Gehrmann, Petra/Hüwe, Birgit (Hrsg.): Forschungsprofile der Integration von Behinderten. Essen: neue deutsche schule, 1993, S. 86-106

Wocken, Hans: Das Sonderpädagogische Förderzentrum. Theorie, Konzept und Kritik. In: Schmetz, Ditmar/Wachtel, Peter (Hrsg.): Schüler mit sonderpädagogischem Förderbedarf. Unterricht mit Lernbehinderten. Rheinstetten: Dürr & Kessler, 1994, S. 43-51

Wocken, Hans: Gemeinsame Lernsituationen. Eine Skizze zur Theorie des gemeinsamen Unterrichts. In: Hildeschmidt, Anne/Schnell, Irmtraud (Hrsg.): Integrationspädagogik. Auf dem Weg zu einer Schule für alle. Weinheim, München: Juventa, 1998, S. 37-52

Wocken, Hans/Antor, Georg (Hrsg.): Integrationsklassen in Hamburg. Solms Oberbiel: Jarick Oberbiel, 1987

Wopp, Christel: Offener Unterricht. In: Jank, Werner/Meyer, Hilbert: Didaktische Modelle. Frankfurt a.M.: Cornelsen Scriptor, ³1994, S. 322-335

Ziller, Hannes: Zur Finanzierung integrativer Kindergärten. In: Rosenberger, Manfred (Hrsg.): Ratgeber gegeben Aussonderung. Heidelberg: Edition Schindele, ²1998, S. 108-112

Ziller, Hannes/Saurbier, Helmut: Rechtliche und finanzielle Grundlagen der Integration behinderter Kinder im Kindergarten. München: DJI, ³1992

Zimmer, Jürgen: Eine Politik für Kinder als konkrete Utopie. In: Ebert, Sigrid (Hrsg.): Zukunft für Kinder. München, Wien: Profil, 1991, S. 237-252

Anhang

Vorbemerkung: Die folgenden Empfehlungen sind lediglich eine kleine Auswahl aus dem vorhandenen Angebot und basieren auf einer aktuellen Internetrecherche (Stand: Mai 2003). Diese Auswahl erhebt nicht den Anspruch auf Vollständigkeit. Auswahlkriterium war jeweils der Bezug zur integrativen Pädagogik.

1. Berufsverbände

Berufsverband der Heilpädagogen (BHP) e.V.
Geschäftsführer: Wolfgang van Gulijk
Andreas-Gayk-Straße 13
D-24103 Kiel
(www.heilpaedagogik.de)

Gewerkschaft Erziehung und Wissenschaft (GEW)
Fachgruppe Sonderpädagogische Berufe
Ansprechpartnerin: Irmtraud Schnell
Reifenbergerstr. 21
D-60489 Frankfurt a.M.
(www.gew.de)

Verband deutscher Sonderschulen,
Fachverband für Behindertenpädagogik (vds)
Bundesvorsitzender: Franz Rumpler
Ohmstr. 7
D-97076 Würzburg
(www.vds-bundesverband.de)

2. Forschungs- und Serviceeinrichtungen

Arbeitsstelle Integrationspädagogik (ASI)
Universität Hamburg
Fachbereich Erziehungswissenschaften
Institut für Behindertenpädagogik
Prof. Dr. Alfons Welling
Sedanstr. 19
D-20146 Hamburg
(www.erwiss.uni-hamburg.de/institute/integration/htm)

Arbeitsstelle integrative Förderung schulschwacher/behinderter Kinder und Jugendlicher
Technische Universität Berlin
Institut für Erziehungswissenschaften, Sekr.: FR 4-3
Leitung: Prof. Dr. Jutta Schöler/Prof. Dr. Ulf Preuss-Lausitz
Franklinstr. 28/39
D-10587 Berlin
(www.tu-berlin.de/fak1/ewi/arbeitsstellen/astif.htm)

Forschungsstelle integrative Förderung (FiF)
Ludwig-Maximilians-Universität München
Leitung: Prof. Dr. Ulrich Heimlich
Leopoldstr. 13
D-80802 München
(www.paed.uni-muenchen.de/~lkp)

Intsep-Forschungsprogramm des Heilpädagogischen Instituts der Universität Freiburg
Ansprechpartner: Prof. Dr. Urs Haeberlin
Petrus-Kanisius-Gasse 21
CH-1700 Freiburg
(http://pedcurmac13.unifr.ch/Integration/INTSEPd/html)

3. Internetservice/Datenbanken

Bidok: Behindertenintegration – Dokumentation
Institut für Erziehungswissenschaften
der Universität Innsbruck
Ansprechpartner: Prof. Dr. Volker Schönwiese
(http://bidok.uibk.ac.at)

3. Internetservice/Datenbanken

Bundesarbeitsgemeinschaft Gemeinsam leben –
Gemeinsam lernen e.V.
1. Vorsitzender: Manfred Rosenberger
(www.gemeinsamleben-gemeinsamlernen.de)

Bundesarbeitsgemeinschaft
Unterstützte Beschäftigung (BAG UB)
(www.arbeitsassistenz.de)

Center for Studies on Inclusive Education (CSIE),
Bristol (Großbritannien)
(http://inclusion.uwe.ac.uk/index/htm)

European Agency for Development
in Special Needs Education
National Working Partner: Annette Hausotter
(www.european-agency.org)

Informationssystem zur beruflichen Rehabilitation,
Institut der Deutschen Wirtschaft in Köln
Ansprechpartner: Ansgar Pieper
(www.rehadat.de)

Interessenvertretung Selbstbestimmt Leben (ISL) e.V.
Geschäftsführerin: Barbara Vieweg
(www.isl-ev/org/)

Portal für Sonder- und sonstige Pädagogen
(mit ausführlicher Linksammlung)
Universität Köln, Heilpädagogische Fakultät
Ansprechpartner: Sebastian Barsch/Tim Bendokat,
(www.sonderpaedagoge.de)

Sonderpädagogische Datenbanken
Universität Hamburg
Fachbereich Erziehungswissenschaften
Institut für Behindertenpädagogik
Ansprechpartner: Prof. Dr. Hans Wocken
(http://erzwiss.uni-hamburg.de/soda)

4. Studium, Fort- und Weiterbildung

Fortbildung zur gemeinsamen Erziehung in Kindertageseinrichtungen
Pädagogische Initiative für Kindliche Entwicklung (PIKE) e.V.
Ansprechpartner: André Dupuis
Mainzer Str. 56
12053 Berlin

INTEGER – Ein europäisches Curriculum
für eine integrative LehrerInnenausbildung
Koordination: Dr. Ewald Feyerer
Pädagogische Akademie des Bundes in Linz (Österreich)
(http://integer.pa-linz/ac.at)

Qualifikationsschwerpunkt Integrationspädagogik
Freie Universität Berlin
Arbeitsbereich: Grundschulpädagogik/Integrationspädagogik
Prof. Dr. Hans Eberwein
(www.erwiss.fu-berlin.de/einrichtungen/fachbereiche/ewiss-psy/weitere/intpaed.html)

Studienangebote der sonderpädagogischen Studienstätten
im deutschsprachigen Raum (BRD, Österreich, Schweiz)
(www.sonderpaedagoge.de)

Studienvertiefungsgebiet Integrationspädagogik
Fachbereich Erziehungswissenschaften
Institut für Behindertenpädagogik
Prof. Dr. Alfons Welling
(www.erwiss.uni-hamburg.de/institute/integration/htm)

Weiterbildendes Studium Integrationspädagogik (WESiP)
Universität des Saarlandes
Arbeitseinheit Sonderpädagogik/Integrationspädagogik
Prof. Dr. Alfred Sander/Prof. Dr. Hans Meister)
(www.uni-saarland.de/fak5/ezw/personal/sander/homesander/htm)

5. Nachschlagewerke/Zeitschriften/AV-Medien

5.1 Nachschlagewerke

Antor, Georg/Bleidick, Ulrich (Hrsg.): Handlexikon der Behindertenpädagogik. Schlüsselbegriffe aus Theorie und Praxis. Stuttgart u.a.: Kohlhammer, 2001

Bundschuh, Konrad/Heimlich, Ulrich/Krawitz, Rudi (Hrsg.): Wörterbuch Heilpädagogik. Bad Heilbrunn: Klinkhardt, ²2002

Eberwein, Hans (Hrsg.): Integrationspädagogik. Kinder mit und ohne Behinderung lernen gemeinsam. Ein Handbuch. Weinheim u. Basel: Beltz, ⁵1999

Werning, Rolf u.a.: Sonderpädagogik: Lernen, Verhalten, Sprache, Bewegung und Wahrnehmung. München, Wien: Oldenbourg, 2002

5.2 Zeitschriften

»Behindertenpädagogik«, Vierteljahresschrift für Behindertenpädagogik in Praxis, Forschung und Lehre und Integration Behinderter

»Behinderung in Familie, Schule und Gesellschaft« (Österreich)

»Gemeinsam leben«, Zeitschrift für integrative Erziehung

»Sonderpädagogische Förderung« (bis Ende 2002: Die neue Sonderschule)

»Vierteljahrsschrift für Heilpädagogik und ihre Nachbargebiete« (VHN, Schweiz)

»Zeitschrift für Heilpädagogik«

5.3 AV-Medien

Arbeitsgemeinschaft Behinderte in den Medien (abm) e.V.
Geschäftsführer: Dr. Peter Ratke
Bonner Platz 1
D-80803 München
(www.abm-medien.de/)

Mahnke, Ursula u.a. (Red.): Integration von Menschen mit Behinderung. Medienkatalog (zu beziehen über: Arbeitsstelle integrative Förderung schulschwacher/behinderter Kinder und Jugendlicher, Institut für Erziehungswissenschaften der TU Berlin, Franklinstr. 28/29, D-10587 Berlin)

Georg Peez
Einführung in die Kunstpädagogik

2002. 168 Seiten mit
14 Abb. Kart. € 17,–
ISBN 3-17-16961-0
Grundriss der Pädagogik, Bd. 16
Urban-Taschenbuch. Nr. 676

Kunstpädagogik hat sich über den das Fach immer noch prägenden Kunstunterricht in der Schule längst weitere Handlungsfelder erschlossen, vom Kinderhort über das Museum bis zur Arbeit in Alten- und Pflegeheimen. Das Buch bietet zunächst eine aktuelle Standortbestimmung des Fachs angesichts dieser fortgeschrittenen Ausdifferenzierung. Das komplexe Bedingungsgefüge zwischen Pädagogik und Kunst ist Ausgangspunkt und roter Faden der Darstellung. Vorgestellt werden dann aktuelle Konzepte der Kunstpädagogik und die historischen Wurzeln des Faches. Anschließend werden die Berufsfelder der Kunstpädagogik, ihre Zielgruppen und Methoden ausführlich erläutert. Der Band bietet darüber hinaus eine profunde Einführung in zentrale wissenschaftliche Forschungsfelder des Fachs und gibt Auskunft über die wichtigsten Fragen zum Studium der Kunstpädagogik. Über Berufsverbände, Forschungseinrichtungen, Zeitschriften, Handbücher, Sites im Internet und Unterrichtsmaterialien informiert ein ausführlicher "Support".

Der Autor: **PD Dr. Georg Peez** ist Wissenschaftlicher Mitarbeiter am Institut für Kunstpädagogik der Johann Wolfgang Goethe-Universität, Frankfurt am Main.

▶ **www.kohlhammer.de**

W. Kohlhammer GmbH · 70549 Stuttgart

Sigrid Nolda
Pädagogik und Medien
Eine Einführung

2002. 214 Seiten mit
10 Abb. Kart. € 17,–
ISBN 3-17-16960-2
Grundriss der Pädagogik, Bd. 15
Urban-Taschenbuch. Nr. 675

Medien lösen gegenwärtig ebenso große Hoffnungen wie Befürchtungen aus. Eine herausgehobene Rolle spielen dabei pädagogische Argumente. Die Beziehungen zwischen Pädagogik und Medien erschöpfen sich aber weder in medienpädagogischen Empfehlungen noch in der Forderung nach einem verstärkten Einsatz von Medien zu pädagogischen Zwecken.

In dieser Einführung wird das Verhältnis zwischen Pädagogik und Medien unter den Gesichtspunkten ihrer Gemeinsamkeiten, ihrer wechselseitigen Beobachtungen und ihrer gegenseitigen Indienstnahmen behandelt. Dabei werden Interpretationen von Medien als Behinderung von Bildung und Aufklärung, als Herausforderung für die pädagogische Praxis und als Bildungsmittel und Identitätserprobung angesprochen, die Berichterstattung über Pädagogisches in den Medien skizziert, die diversen pädagogischen Anwendungen medialer Präsentationsformen (von der Visualisierung von Lehrinhalten zur Virtuellen Universität) behandelt sowie Ansätze einer Pädagogik des Fernsehens und des Internet entwickelt.

Die Autorin: **Prof. Dr. Sigrid Nolda** lehrt und forscht mit dem Schwerpunkt

▶ **www.kohlhammer.de**

W. Kohlhammer GmbH · 70549 Stuttgart

Friedrich Schweitzer

Pädagogik und Religion

Eine Einführung

2003. 224 Seiten mit
Kart. € 17,–
ISBN 3-17-16963-7
Grundriss der Pädagogik, Bd. 19
Urban-Taschenbuch. Nr. 679

Eine Einführung in den Zusammenhang von Pädagogik und Religion muss sich den aktuellen Herausforderungen widmen, wie sie in einer multikulturellen und multireligiösen Gesellschaft zunehmend an der Tagesordnung sind – Herausforderungen, die nach einem bewussteren Umgang mit der Religion auch in der Erziehung verlangen. Der Zusammenhang von Pädagogik und Religion wird zunächst anhand der Geschichte von Erziehung, Pädagogik und Erziehungswissenschaft herausgearbeitet. Unter empirischen Aspekten werden Theorien und Modelle der religiösen Entwicklung und Sozialisation in Kindheit, Jugend und Erwachsenenalter unter Berücksichtigung der Religionspsychologie und Religionssoziologie referiert. In theoretisch-systematischer Hinsicht lässt sich der Zusammenhang von Pädagogik und Religion im Blick auf Anthropologie, Ethik und Religionsverständnis erschließen. Ein eigenes Kapitel beschreibt Berufsfelder und Studienmöglichkeiten.

Der Autor: **Professor Dr. Friedrich Schweitzer** ist Pädagoge und Theologe. Er arbeitet als Professor für Religionspädagogik an der Universität Tübingen.

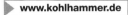

▶ **www.kohlhammer.de**

W. Kohlhammer GmbH · 70549 Stuttgart